易中天 著

先秦诸子

THE HUNDRED
SCHOOLS
OF THOUGHT

浙江文艺出版社

果麦文化 出品

目录

第一章 / 实话孔子

夫子何人 _ 002　　学而优则仕 _ 011

君子固穷 _ 020　　头号教书匠 _ 029

谁是好学生 _ 039　　伤心事与玩笑话 _ 048

第二章 / 儒墨之争

儒与侠 _ 059　　孔子的药方 _ 068

墨子的药方 _ 077　　两位侠士 _ 086

三大分歧 _ 096　　儒墨再评价 _ 105

第三章 / 儒道之争

隐士哲学家 _ 116　　从杨朱到老庄 _ 125

无为之谜 _ 134　　道之谜 _ 143

老庄之别 _ 152　　儒道再评价 _ 162

第四章 / 儒法之争

血染的思想 _ 173　　谋士的哲学 _ 182

横行霸道 _ 191　　两面三刀 _ 201

人性是个问题 _ 210　　儒法再评价 _ 220

第五章 / 前因后果

事出有因 _ 231　　以人为本 _ 240

好大一个家 _ 250　　命运呼叫转移 _ 259

士人的崛起 _ 268　　魅力所在 _ 278

第六章 / 继往开来

灰色的船票 _ 289　　墨子与杨朱 _ 298

老子与庄子 _ 307　　再说法家 _ 317

爱的呼唤 _ 326　　正义与自强 _ 336

重读诸子歌并注（代后记）346

卷首语

许多民族都有独特的智慧，许多民族都有曾经的辉煌，他们也都会有自己引以为荣的黄金时代。因此，当他们打开国门，放眼天下，自立于世界民族之林时，不会因精彩纷呈而眼花缭乱，不会因变化万千而张皇失措，也不会因日新月异而妄自菲薄。因为他们有自己的根，有自己源远流长和不可替代的文化，有自己的精神支柱。

我们民族也不例外。春秋战国，就是我们的辉煌时代之一；诸子百家，就是我们智慧的结晶；而先秦诸子的百家争鸣，则是我们民族历史上的华彩乐章。

这是一些脍炙人口的故事，这是一些必须铭记的姓名，这是一些仍在闪光的思想，这是一些难以忘却的情怀。这也是一场历时约三百年之久的跨世纪大辩论，儒墨争雄，儒道争锋，儒法争用，可谓纵横捭阖，机锋迭起，智慧纷呈，展现出无穷的魅力。何况这场大辩论，还留下了那么多宝贵的思想文化遗产，留下了建设家园的美好理想、应对变革的思想资源、凝聚民心的价值体系、指导人生的智慧结晶，让我们受益至今。诸子争鸣，岂能淡忘？

但，我们该说些什么，又从哪里说起呢？

也许，我们要先说到一个人。他是诸子百家第一人，也是影响最大的人。百家争鸣因他而起，由他而终。他，承前启后，继往开来；是风气之先，也是众矢之的；不可超越又必须超越，难以尽说又不能不说，是一个无论如何也绕不过去的话题。

这个人，就是孔子。

第一章
实话孔子

夫子何人

要说孔子,得先知道他是什么人。

孔子是什么人?拿这问题问中国人,十有八九会说是"圣人"。孔圣人嘛,谁不知道?孟子就说得更明确,孔子是"圣之时者"(《孟子·万章下》)。这话什么意思?鲁迅先生说除了翻译为"摩登圣人",没有别的法子。(鲁迅《在现代中国的孔夫子》)但照我看来,如果搁到现在,大约也可以叫"文化超男"。

当然"摩登圣人"也好,"文化超男"也罢,都不是孟子的原意。孟子的原意,是"圣人当中最识时务的"。孟子说,圣人,有四种。伯夷,是"圣之清者",也就是"圣人中最清高的"。伊尹,是"圣之任者",也就是"圣人中最负责的"。柳下惠,是"圣之和者",也就是"圣人中最随和的"。孔子,是"圣之时者",也就是"圣人中最识时务的"。为什么这样说?因为孔子善于处世。孟子说,孔夫子的处世之道,是"可以速而速,可以久而久,可以处而处,可以仕而仕"(《孟子·万章下》)。什么意思呢?就是该离开就离开,走得快快的;该待着就待着,待得久久的;该隐居就隐居,绝不贪图名利;该做官就做官,也不自命清高。总而言之,该怎么着就怎么着,很知道因时制宜,所以是"圣之时者"。

孟子这话可以讨论。孔子的选择,恐怕没那么自如,很多时候是不得已。这一点，读完本章就会明白。同样，"圣人"这个头衔，孔子也十有八九不会认同。孔子自己说得很清楚，"若圣与仁，则吾岂敢"（《论语·述而》）！只不过去世以后，管不着了，只能由着别人说。但倘若知道孟子称他为'圣之时者"，则多半会怀疑是不是讽刺。

孔子不是圣人，是什么人？用他老人家自己的说法，是普通人。《论语》一书中，孔子两次说到"吾犹人也"，一次在《述而》，一次在《颜渊》。就是说，我和别人差不多。或者说，我也是个人，与别人没什么两样。

那么，孔子是普通人吗？

是，至少原本是。孔子，名丘，字仲尼，尊称孔子，生于公元前551年，卒于公元前479年，活了七十三岁或者七十四岁（算法不同）。根据众多学者的研究，孔子的祖上本是宋国的贵族，而且追根溯源，还是商汤的后代。后来，孔氏家道中落，又受到权贵威胁，便迁到了鲁国，其实是移民。孔子本人，则生于鲁国，长于鲁国。就是说，他祖籍是宋，国籍是鲁。宋为商之后，鲁为周之后。孔子身上，有两种文化的交融。

移民到鲁国的孔家，已经没有了在宋国的风光。孔子的父亲叔梁纥（音核），只当过"县级干部"（邑宰），而且在孔子三岁那年就去世了。所以，孔子的童年，很苦；他的一生，也不顺。不过这种苦，这种不顺，反倒成全了孔子，使他成为一个博学多才的人。也就是说，孔子即便是圣人，那也是苦出来、逼出来的圣人。

这样说，有证据吗？有。据《论语·子罕》，有一个高官（太宰）曾惊异于孔子的学问，就去问他的一个学生：你们老师只怕是圣人吧（**夫子圣者与**），怎么会有这样多的才能（**何其多能也**）？这个学生马上就回应说：当然啦，老天爷原本就要我们先生当圣人，又让他多才多艺嘛（固天纵之将圣，又多能也）！

孔子的这个学生，就是子贡。子贡，端沐氏，名赐，子贡是他的字。端沐，也有写成"端木"的；子贡，也有写成"子赣"的。子贡是卫国人，生于公元前520年，比孔子小三十一岁。此人的特点，是头脑灵光，能说会道。无论办外交，还是做生意，都得心应手。他和颜回、子路一样，是孔子最重要的学生。子贡在《论语》中出现的次数也很多（28次），仅次于子路（42次），排第二（并列第三的，是颜回和子夏，21次）。孔子的许多名言，比如"己欲立而立人，己欲达而达人"（《论语·雍也》），都是对子贡说的；孔子学说的一些重要特征，比如"夫子之言性与天道，不可得而闻也"（《论语·公冶长》），也是子贡总结出来的。如果他不是孔子的得意门生，这话就没资格说。

子贡与孔子的关系很亲密，也很随便，随便到孔子常常会调侃他。据《论语·公冶长》，有一次子贡问孔子：先生看我这个人怎么样？孔子说：你是个东西，是个器皿（器也）。子贡又问：是什么器皿？孔子说：瑚琏呀！瑚琏，是宗庙里的礼器，与簠簋同类，也有人说就是簠簋，总之是用来放米饭之类食物的，说白了就是饭桶。但用于宗庙，又很高贵，是既贵重又华美。那么，孔子说子贡是瑚琏，是什么意思呢？这就看我们怎么理解了。钱穆先生取其贵重华美，认为这是赞许子贡为"廊庙之材"（钱穆《论语新解》，下引钱穆语均见该书，不再注明）。李零先生认为是有分寸的肯定，因为"瑚琏是重器，但不是最重要的器"（李零《丧家狗》，下引李零语未另注者，均见该书）。李泽厚先生认为是有褒有贬，半开玩笑（李泽厚《论语今读》，下引李泽厚语未另注者，均见该书），这个我比较赞同。我也认为孔子是半开玩笑。他的意思是：阿赐呀阿赐，你是一个"又贵重又华美的高级饭桶"。

孔子为什么要这样说呢?敲打子贡。孔子带学生,有个特点:因材施教。有的学生要鼓励,有的学生要敲打。子贡就经常被敲打,因为子贡太聪明。一个人,如果太聪明,就容易自作聪明,也容易耍小聪明。这很危险,当老师的不能不敲打敲打。比方说,据《论语·宪问》,子贡喜欢"方人"。方,有人说是讥讽,也有人说是比较,其实一回事,就是子贡喜欢拿自己跟别人比。比较的结果,是觉得别人都不如自己,便难免讥讽。这就是卖弄聪明了。于是孔子就说:阿赐呀,你就那么优秀吗?(赐也贤乎哉)我就没那闲工夫(夫我则不暇)!的确,一个人,管好自己就行了,何必对别人说三道四,品头论足?

不过敲打归敲打,欣赏归欣赏,孔子其实是很喜欢子贡的。据《史记·孔子世家》,孔子去世七天前,子贡去看他。孔子说:阿赐呀,你怎么来得这样晚啊!又说:天下无道已经很久了,谁能继承我呢?说着说着,眼泪就流下来了。

孔子这话,就有点托以后事的意思了。事实上子贡对孔子,也是忠心耿耿,情深谊长。孔子去世后,学生们都守丧三年,唯独子贡在墓前守了六年。后来,又力排众议,力挽狂澜,极力维护孔子的光辉形象。当时,社会上刮起了一股贬低否定孔子之风,而且都拿子贡来说事,说子贡比孔子优秀多了。子贡说:这是什么话!就像盖房子,我的院墙只有肩膀那么高,当然一眼就看清楚了。我们老师却是深宅大院,你们只怕连门都摸不着,哪里知道他老人家的深浅?别人再优秀,也只是丘陵而已;我们老师却是太阳和月亮,永远都不可超越!(《论语·子张》)实际上,孔子去世以后,尊奉孔子为圣人的"造圣运动",就由子贡发起。太宰问他孔夫子为什么多能,他说"天纵之将圣",并不奇怪。

然而孔子听说却不以为然。他说:太宰这些人能了解我吗(太宰知我乎)？我的童年是很苦的，很卑贱的（吾少也贱），所以会干许多脏活、累活、苦活、下贱活（故多能鄙事）。一个君子，能有这么多本事吗？不能吧（君子多乎哉？不多也）！

孔子这话不好懂。什么叫"君子多乎哉？不多也"？这个"多"，是"多才多艺"的"多"，还是"多能鄙事"的"多"？太宰问的，显然是前者（夫子圣者与？何其多能也）。孔子的回答，却显然是后者（吾少也贱，故多能鄙事）。多能鄙事是不能算作多才多艺的。因此许多学者的解释，是认为孔子并不欣赏这个"多"。比如李泽厚先生的《论语今读》，就直接翻译为"君子需要这么多的技术吗？不需要"。

李泽厚先生的翻译是有依据的，依据就是朱熹的注。朱熹认为，孔子虽然承认自己"多能"，却又特别说明那不过是一些下贱的技艺而已（所能者鄙事尔），不足为道，与圣不圣的也没关系（非以圣而无不通也）。据此，则孔子的话就可以这么理解：我因为少年贫贱，多少能干一些粗活。如果是真正的君子，会有这么多技术吗？不会的。

这当然也通。但这样一来，孔子的话，就不但答非所问（何其多能也），而且连多才多艺和自己是君子，也都否定了。这好像有问题。因此，我更赞成李零先生的解释：孔子认为"多能"这事，与是不是圣人没关系，与出身好坏也没关系，恰恰相反，就他个人而言，反倒正是少年时代的贫贱所造成的。实际上，同在《论语·子罕》中，就有孔子的一句话："吾不试，故艺。"试，就是举用、出仕、做官。因此，孔子这话的意思就是：我不被国家任用，所以才艺特多。多艺既因"不试"，多能岂非因为"贫贱"？

那么，"君子多乎哉？不多也"又怎么解释？原来这里说的君子，并非道德意义上的，而是阶级意义上的，指的是那些出身高贵、生活优越的贵族子弟。这也是"君子"一词的本来意义——"君之子"或"上等人"。这些人,饭来开口,衣来伸手,用不着亲自干活,哪会"多能"?穷人的孩子倒是早当家。因此,孔子的话就可以这样翻译:太宰这些人真能了解我吗?我的童年是很苦、很卑贱的,所以会干许多下贱活。那些养尊处优的上等人(**君之子**),能有这么多本事吗?不能吧(**君子多乎哉?不多也**)!

孔子的话如果能做这种解释,那我对他老人家真是要肃然起敬。许多人只知道孔子是大圣人,不知道他小时候是苦孩子。事实上,为了谋生,孔子当过季氏的家臣,看仓库、管牲畜、做会计,一步一步升上去,有机会就学习,终于自学成才,成为当时顶尖级的大学问家。而且,我认为,孔子做学问能够融会贯通,古为今用,很大程度上与他懂得民间疾苦,懂得世事艰难,曾经亲身实践有关。正是由于这个原因,我一贯主张年轻人应该吃一些苦,甚至主张高中生考上大学以后,应该保留学籍,先去当一年兵,或者当一年农民。

其实,即便孔子的话不能这样理解,也很难得。因为当时他已经名满天下,否则太宰就不会那么问。然而,盛名之下的孔子,并没有接受"天纵之将圣"的哄抬和吹捧,反倒将"吾少也贱"的真实情况和盘托出。也就是说,他不但告诉我们他是普通人,还告诉我们他曾经是"贱人"。而且,尽管他瞧不起那些"鄙事",却还是承认自己"多能鄙事"。这说明孔子是坦诚的,他愿意把真实的自我呈现出来。就凭这一点,我们将永远敬重他老人家。

孔子不拿自己当圣人,我们也同意。至少,得尊重他老人家的意思。不过,要说孔子就是普通得不能再普通的普通人,怕也不通。那么,他该是什么人?

学人。

孔子作为学人,有三大特点:好学、博学、活学。他的名言,是

"学而不厌，诲人不倦"（《论语·述而》），"敏而好学，不耻下问"（《论语·公冶长》）。孔子说，他十五岁就"志于学"（《论语·为政》）。直到晚年，依然是"发愤忘食，乐以忘忧，不知老之将至"（《论语·述而》），可谓活到老，学到老。他还说，像他这样忠厚诚信的人，一个十户人家的地方就会有，却都"不如丘之好学也"（《论语·公冶长》）。可见孔子对好学的看重，还在忠信之上。这两个字，他只给过一个学生，那就是颜回。孔子曾两次对人说，自从颜回去世，就再没有听说有好学的人了。这两次，一次是对鲁哀公，一次是对季康子，两次都说"有颜回者好学"，都说"今也则亡"（《论语·雍也》《论语·先进》）。好学，太重要了！

孔子好学，学什么呢？什么都学，学无常师，多才多艺。据《论语·子张》，有一个卫国人（名叫公孙朝）曾经问子贡，说"仲尼焉学"？这话的意思很清楚，就是要问仲尼先生的学问，究竟是从哪里来的？或者说，你的老师是孔子，孔子的老师又是谁？他这样问，可能是好奇，也可能是质疑。因为一个人如果学问很大，人们就会关心，他是什么学校毕业，师从何方神圣，几岁开始读经典，对这问题研究多少年了，等等。如果答不上来，大家就会怀疑他是文化骗子。所以，正如李零先生所说，老师的老师是谁，有时是大问题。

然而孔子却恰恰是个没有老师，也没有学历和文凭，自学成才的人。那么，子贡又怎么回答呢？子贡说：文王和武王留下的文化遗产（文武之道），并没有丢失（未坠于地），而是散落在民间（在人）。每个人都能在民间学习，只不过"贤者识其大者，不贤者识其小者"而已。文武之道既然遍地都是（莫不有文武之道焉），我们先生在哪里不能学习（夫子焉不学），为什么一定要有固定的老师、专门的传授呢（亦何常师之有）？

好一个子贡，回答得真是漂亮！俗话说，英雄不问出处。一个人，只要他有真学问，课上得好，你管他学问是从哪里来的，你又管他的老师是谁。难道一定非得是什么门什么派，才是正宗？我同意李零先生的观点："学无常师，才叫大师。"因为只有学无常师，才能兼收并蓄，自成一家，也才能成为大师。何以谓之大？有容乃大。何以谓之师？可法曰师。因此，堪称大师的人，一定是博学多才、融会贯通，而且可以学习、可以效法的。

孔子就是这样的大师，他这个学人也不是专家型的。《论语·子罕》记载了一件事：有个村民（达巷党人）评论孔子，说是"大哉孔子，博学而无所成名"。孔子听说后，就对自己的学生说：那我做什么人？马车夫，还是射击手？还是做马车夫吧（吾何执？执御乎，执射乎？吾执御矣）！这段话，历来也有两种解释。郑玄、朱熹他们的解释，是说达巷党人赞美孔子，说孔子这人太伟大了，六艺都通，没办法用一门学科来称他为专家。孔子自己谦虚，选择了地位最低的马车夫。我倒是更赞成杨伯峻、林语堂、李零等先生的解释。李零先生的解释见于何书，前面说过了。杨伯峻先生和林语堂先生的解释，则分别见于《论语译注》和《孔子的智慧》（以后引用这两位先生的观点，亦均见于以上两书，也不再注明）。按照这三位先生的解释，所谓"博学而无所成名"，或者是叹息，或者是讥讽。叹息的意思是：孔子博学是博学，可惜没有足以树立名声的专长。（杨伯峻的解释）讥讽的意思则是：孔子博学是博学，可惜样样都通，件件稀松。（林语堂的解释）李零先生也认为是讥讽，且认为孔子的回答很巧妙。李零先生说，孔子是拿马车夫和射击手做比方。射击手是只盯着一个目标，马车夫是到处跑。孔子选择马车夫，就是选择广博，不选择专精，也不在乎能不能当专家。看来，他老人家要是活在今天，就不会说学中文的怎么可以讲历史了。

孔子是好学的，也是博学的。更重要的是，他的学问做得很活，不是那种死学问。他认为"三人行必有我师"（《论语·述而》），生活中处处有学问，跟谁学并不重要（亦何常师之有），重要的是活学活用，举一反三，卓有成效。那么，怎样才能把学问做活？两条：一是悟性，二是贯通。据《论语·公冶长》，有一次孔子问子贡：阿赐呀，你和颜回比，哪个更强些？子贡说：阿赐怎么敢比阿回？阿回听到一就能想到十（回也闻一以知十），阿赐顶多才想到二（赐也闻一以知二）。这里有个细节请大家注意，就是孔子说到颜回和子贡，都是称名不称字（子贡名赐，颜回名回，字子渊）。子贡回答孔子的话，说到自己，说到颜回，也都称名，这就是"礼"。依礼，与长者、尊者说话，无论提到自己，还是同辈，都是只能称名的。所以孔子的问话，是"女（汝）与回也孰愈"；子贡的回答，则是"赐也何敢望回"。于是孔子说，是比不上（弗如也）。他还说："吾与女，弗如也！"这话什么意思？一种解释是：我赞成你的说法，你是比不上他。另一种解释是：我和你，都比不上他。两种解释，都通。

孔子对颜回的评价，为什么这么高呢？就因为颜回有悟性。孔子做学问，最反对四种毛病，叫意、必、固、我（《论语·子罕》）。意，就是凭空想象；必，就是绝对肯定；固，就是固执拘泥；我，就是自以为是。这四种毛病，孔子都没有，今人都不少。原因之一，就是没悟性，一根筋，认死理，画地为牢，还死不开窍。

当然，光有悟性不够，还得贯通。据《论语·卫灵公》，有一次，孔子还是问子贡：阿赐呀，你认为我这个人，就是书读得多，又都记得住吗（赐也，女以予为多学而识之者与）？子贡惊异地说：是啊！难道不是吗（然，非与）？孔子说：当然不是（非也）！我是靠一个东西来贯通它（予一以贯之）。我认为，这是孔子治学箴言中最重要的一句话。不要以为知识多、记性好，就一定是大学问家，还要看他有没有一以贯之的东西。这个东西，可以是基本观点（看法），也可以是基本方法（逻辑）。但如果没有，则所谓学问云云，不过是一地鸡毛。可惜，许多人做学问正是"鸡零狗碎"，不是一以贯之。就连民间一些人，崇拜的也是四书五经倒背如流，炫耀"回"字的四种写法他都清楚。三皇五帝，子曰诗云，甲乙丙丁，开中药铺——这样的人，能算知识分子吗？我看只能算字纸篓，或者王朔说的"知道分子"。

孔子不是这样的人，他的学问也不是这样的学问。这当然因为他少年贫贱，多能鄙事；又学无常师，自学成才。但也还有一个重要原因，就是他的学问要有用。用在哪里？官场，社会。为什么？因为孔子的学问，主要是关于政治和伦理的。政治的要用于官场，伦理的要用于社会。没有用，也等于白搭。

那么，他用上了吗？

学而优则仕

孔子的学问要想用得上，只有一条路：做官。

孔子想做官吗？想。有多想？跃跃欲试，蠢蠢欲动，急不可待。据《论语·子罕》，有一次，还是前面说到的那个学生——子贡，忽然问他的老师：如果这里有一块美玉（*有美玉于斯*），咱们是把它藏起来呢（*韫椟而藏诸*），还是找个合适的人卖了呢（*求善贾而沽诸*）？前面说过，子贡这人，很会做生意，是孔门弟子中唯一的大商人。孔子周游列国，据说就是他赞助的（当然只是据说）。现在时兴讲儒商，子贡便可算作祖师爷。他既有学问又有钱,还有官衔,是儒商中的顶级儒商。在商言商,所以子贡会有这话。

不过,孔门师生之间的对话,往往不能就事论事,只做字面理解。比如据《论语·学而》,有一次,还是子贡,他问老师:"贫而无谄,富而无骄,何如?"谄,就是低三下四,讨好巴结;骄,就是趾高气扬,盛气凌人。所谓"贫而无谄,富而无骄,何如",就是说,穷不傍大款,阔不耍大牌,怎么样?孔子说,可以。但不如贫穷却快乐,富有也好礼(可也。未若贫而乐,富而好礼者也)。子贡又问:《诗经》上说,要像对待象牙和玉石一样切磋琢磨(如切如磋,如琢如磨)。是这个意思吧(其斯之谓与)?孔子一听,十分高兴地说:阿赐呀阿赐,我可以和你谈《诗》了(始可与言《诗》已矣)!告诉你前面的,就知道后面的(告诸往而知来者)。

这话听得我们一头雾水,这都是哪跟哪呀?原来,孔子的说法,确实比子贡的境界高。"贫而无谄,富而无骄",只是避免了"不应该";"贫而乐,富而好礼",却是提出了"该怎么样"。前者是对别人,后者是对自己。前者易,后者难;前者要求低,后者要求高。因此是"如切如磋,如琢如磨",即精益求精。从前者到后者,是精益求精;从子贡到孔子,也是精益求精。子贡浮想联翩,举一反三,悟出了这个道理,所以孔子夸他。

孔门师生之间的对话既然像打哑谜,不能就事论事,则子贡前面说的话,也就不是要做买卖,而是在打比方。子贡的问题很清楚:一个人才,一个士(美玉),是应该隐居呢(韫椟而藏诸),还是应该从政(求善贾而沽诸)?这个意思,孔子当然懂,便飞快地说:卖了吧,卖了吧(沽之哉,沽之哉)!我正等着卖呢(我待贾者也)!

这里的问题是"贾"。贾,音古,商人的意思;也同"价",价钱的意思。如果是后者，则孔子的"待贾"，就要读作"待价"，也就是在等好价钱。事实上"待价而沽"这个成语，就从这里来。但我更赞成许多学者的观点，所谓"待贾"，是在等好买主，即子贡说的"善贾"，也就是识货的人。当然，"善贾"也可以读如"善价"，即理解为好价钱。不过，宝刀赠烈士，货卖与识家。对于孔子来说，识货恐怕还是比价高重要。这当然也可以讨论，但不管怎么说，孔子一口气说了两个"沽之哉"，他急于从政的心情，已是跃然纸上。既然孔子都在"待贾"，则后世的读书人如果"待贾"，也不丢人。说他们"待贾"，也无贬意。认为待价而沽不清高、庸俗，其实是后世腐儒的看法，虚伪得很。

孔子的急于从政，还惹得他另一个学生不高兴。这个学生就是子路。子路就是仲由，子路是他的字，也叫季路（季是排行）。子路生于公元前542年，卒于公元前480年，比孔子小九岁。他是孔门中的老前辈，不但年龄大，而且辈分高。据李零先生考证，孔子三十五岁以前居鲁时，子路就跟了孔子，是"孔门一期"。他在《论语》一书中出现的次数最多，其次是子贡，再次是颜回和子夏。实际上孔门弟子中最重要的也是这四个人。颜回是"学习标兵"，子夏是"文化传人"，子贡是"造圣运动"的领袖，但他们的辈分都比子路低。颜回和子贡是"孔门二期"（孔子自齐返鲁后招收的学生），子夏是"孔门三期"（孔子周游列国时招收的学生）。子路，实在要算作孔门弟子中的大师兄。

子路追随孔子时间最长，挨骂也最多。孔子对他，不仅是骂，而且常常是痛骂。倒不是孔子不喜欢子路，而是子路的脾气太坏。他这个人，用北京话说，叫"浑不吝"，也就是性子急，胆子大，脾气暴，一不怕苦，二不怕死，水里火里不回头，是头犟牛。李零先生说他像李逵，有道理。李逵是什么样的呢？口无遮拦，经常挨骂。子路就是这样。他心里想什么，嘴上就说什么。老师不老师的，他可不管，非说不可。

现在就来看孔子怎么惹得子路不高兴。据《论语·阳货》，孔子曾经有过两次被人招聘做官的机会，一次是在公元前501年，另一次是在公元前490年。但是，这两次招聘都有问题。有什么问题呢？招聘者是叛军。公元前501年那一次，是鲁国大夫季氏的家臣公山弗扰盘踞费邑谋反；公元前490年这一次，则是晋国赵简子的家臣佛肸（音毕西）盘踞中牟反赵。这两次，都是家臣反叛大夫，典型的犯上作乱，而孔子居然两次都想去（子欲往）。子路就不高兴了。子路这人直呀！一不高兴，那表情就明明白白写在了脸上，《论语》的说法是"子路不说"（说，同"悦"）。其实岂止是不悦，子路还有话说，而且话说得很难听。

子路说什么呢？第一次，子路说：没有地方去，也就算了（末之也已），为什么一定要去那种人那里（何必公山氏之之也）？第二次，子路的话就更不客气了。子路说：过去，仲由曾经听先生说过（昔者由也闻诸夫子曰），出尔反尔当叛徒做坏事的人（亲于其身为不善者），君子是不到他那里去的（君子不入也）。现在那家伙阴谋叛乱（以中牟畔），先生却要去帮他，请问怎么解释（子之往也，如之何）？

这话问得一针见血，不要说孔子不好回答，就连我们这些旁观者，也替他老人家捏一把汗。于是后来那些尊孔的，就来帮孔子打圆场。有人说，孔子哪里是真想去，不过考验试探学生罢了。也有人说，孔子答应去，是因为心软、厚道，打算去了以后帮他们改邪归正。还有人说，帮助家臣反叛大夫，也就间接地帮助了诸侯，等于以毒攻毒。所以孔子虽然并不想去，却也不拒绝。子路浅薄，哪里懂得夫子的深意。

这就是曲意回护了。即便是孔夫子，也未必领他们的情，因为孔子自己有回答。其实子路的问题，也是我们的问题。前面说过，孔子是一个学人。照现在的理解，一个学人，就该老老实实待在家里做学问，为什么要到处乱跑，又为什么那么想做官呢？

且看孔子如何回答。

第一次，孔子回答说，他们招聘我，难道是白招吗（夫召我者，而岂徒哉）？答案不言而喻，不能白招。怎么个不白招呢？讲条件。怎样讲条件呢？你要用我，就得依我的主张。依了孔子的主张又怎么样呢？孔子说，如果他们真的用我，我就把那个地方变成东周（如有用我者，吾其为东周乎）！后面我们还要讲到，回到东周，正是孔子为解决当时社会问题做出的设计。可惜，这个设计，一直没有机会去实施。现在机会来了，能不抓住吗？

这就是孔子急于做官的第一个原因：实施政治蓝图。

然而孔子的这个说法，好像并没有说服子路。第二次，子路的质疑更加激烈，简直等于指责孔子言行不一。孔子这回也急眼了。他说：不错，我是说过"君子不入"这样的话（然，有是言也），可是，真正坚固的东西，磨也磨不薄（不曰坚乎，磨而不磷）；真正洁白的东西，染也染不黑（不曰白乎，涅而不缁）。这意思也很清楚：我这回是到坏人那里去。但是，像我这样真正的好人，难道会跟着变坏吗？这当然也讲得通。不过，这只是回答了能不能去的问题，没有解释为什么要去。不错，真正的好人，到了坏人那里也不会变坏。但是，你又何必要去呢？要知道，坏人并没有拿着刀子逼你去呀，就算不能严词拒绝，至少也能婉言谢绝吧！这就让子路想不通。于是孔子又进一步解释说："吾岂匏瓜也哉，焉能系而不食？"这里说的匏瓜，是一种味道很苦的葫芦，只能挂着好看，不能吃。孔子这话的意思就是说，我难道就中看不中用，只能挂起来做摆设吗？

妙哉此言，这才是心里话。原来，孔子是一定要被人所用的。为什么呢？因为孔子的学问，首先是政治学，其次是伦理学。政治学也好，伦理学也好，都要实践。不实践，一点用都没有，一点价值都没有，而且也不知道那学问是对是错。怎么实践？做官。要推行政治主张，固然要做官；要实现道德理想，同样得做官。因为只有做官，才能教育人民，敦风化俗。更何况推行政治主张也好，实现道德理想也好，都需要时间，孔子岂能不急？

这就是孔子急于做官的第二个原因：实践学术主张。

孔子急于做官，还有第三个原因：实现人生价值。孔子是什么人？或者说，是什么人的代表？士人，君子。士人是相对于庶人的，君子是相对于小人的。士人与庶人、君子与小人，有什么区别？孔子认为，士人和君子有人生价值，庶人和小人没有。所以孔子说，一个君子，如果"饱食终日，无所用心"，那就"难矣哉"（《论语·阳货》）。"难矣哉"是什么意思？李泽厚先生说是"难办"，李零先生说是"难受"，总之是不行。孔子还说，一个士人，如果贪图安逸（怀居），那就不配称作士，谓之"不足以为士矣"（《论语·宪问》）。为什么呢？就因为士人和君子有人生价值，而要实现人生价值，就必须做事。

那么，士人和君子做什么事？两件事：一是做官，二是做学问。而且，最好是两件事都做，即"仕而优则学，学而优则仕"（《论语·子张》）。这句话虽然是子夏说的，却很能代表孔子的意思，因为这就是他的理想——在读书与做官之间游刃有余。过去，人们常常把"学而优则仕"理解为书读得好，就能做官，或就去做官，这是不对的。因为这句话的前面，还有"仕而优则学"。如果"学而优则仕"是"书读得好就做官"，那"仕而优则学"是什么意思？是"官做得好就读书"吗？显然不通。其实，这里的"优"，不是优秀，而是优裕，即"有余"或"富余"。也就是说，做官而有余力，就治学；治学而有余力，就做官。一边做官,一边做学问,两边都不耽误。

这当然也不错。但如果做不到呢?首选什么?做官。在孔子看来,做官是最重要的,不做官则是可耻的。为什么最重要呢?因为做官是读书的目的。为什么不做官可耻呢?因为只有做官,才是士人和君子的正当职业;也只有通过做官赚的钱,才是士人和君子的正当收入。要知道,士人和君子也是人,他们也要谋生,要吃饭,要有钱用。钱从哪里来?非由天降,非由地生,只能去做官。种地是不行的,孔子瞧不起那些"鄙事"。孔子有个学生,就因这事很不讨老师喜欢。这个学生叫樊须,字子迟,所以又叫樊迟,比孔子小三十六岁,也是"孔门三期"。此人不知哪根筋搭错,居然提出要学习种粮。孔子说:这事我不如老粮农(吾不如老农)。又提出学习种菜。孔子说:这事我不如老菜农(吾不如老圃)。樊迟一走,孔子就大骂这学生,说是"小人哉,樊须也"(《论语·子路》)。显然,在孔子看来,干农活、当工匠、做生意,都不如读书做官。读书做官的是君子,其他都是小人。

咦,这就奇怪!孔子不是说过,他自己少年时代也"多能鄙事"吗?怎么又蔑视农、工、商了?对不起,"多能鄙事"那是过去。过去,孔子是"小人",甚至是"贱人"。为了谋生,不能不干些"下贱活"。这些"下贱活",也曾经让他从中受益。这一点,他也承认。但现在,他饱读诗书,满腹经纶,是"君子"了。"君子谋道不谋食"(《论语·卫灵公》),也就是"谋心不谋生",岂能再去种粮种菜,挑个小担儿卖红薯?何况孔子还有一个观点,叫做"成事不说,遂事不谏,既往不咎"(《论语·八佾》),也就是过去的事情不能纠缠,要紧的是面向未来。未来是什么?做官!做官!做官!

由此可见,孔子主张士人和君子做官,这就是要解决两个问题:人往哪里去,钱从哪里来。人往哪里去?往政界去。钱从哪里来?从俸禄来。所以必须做官。为了做官，孔子曾经放言，说是如果有人用他来治国或者齐家，则"期月而已可也，三年有成"（《论语·子路》）。期，音基。从今年这个月到明年这个月，叫"期月"，也就是整整一年。孔子的意思很清楚，只要让我做官，保证"一年初见成效，三年大获成功"，简直就像现在的某些医药广告。

孔子还为自己的学生做宣传。据《论语·雍也》，有一次，鲁国大夫季康子向孔子征求意见，问他的学生谁可以出来做官。季康子先问子路，再问子贡，再问冉有。子路和子贡，前面说过了，这里简单介绍一下冉有。冉有，名求，字子有，生于公元前522年，比孔子小二十九岁，"孔门二期"的。他也是孔子的重要学生，特点是行政能力强，还善于理财，最适合做"财政部长"。孔子的回答，是他们三个都不成问题。子路果敢决断（由也果），子贡通情达理（赐也达），冉求多才多艺（求也艺）。从政治国，绰绰有余，做个官算得了什么呢（于从政乎何有）？可见，只要有机会，他不但推销自己，也推销学生。

好家伙，这就简直是官迷心窍了。自己想做官，也主张学生做官，还认为读书的目的就是做官。当年批判他"读书做官论"，不算冤枉。

那么，孔子是"官迷"吗？

不是。为什么呢？两个原因。第一，孔子虽然很想从政，准备从政，急于从政，却并非见官就拜，是官就做。孔子做官，是有原则、有底线的，这就是必须"邦有道"，也就是政治清明。孔子说得很清楚："邦有道，榖；邦无道，榖，耻也。"（《论语·宪问》）榖，就是官员的俸禄。古代以谷米为俸禄，相当于现在的工资、薪水。所以这话的意思就是：国家政治清明，可以出来做官；国家政治黑暗，也做官领薪水，就可耻。孔子又说："天下有道则见（现），无道则隐。邦有道，贫且贱焉，耻也；邦无道，富且贵焉，耻也。"（《论语·泰伯》）这意思也很明白。天下太平，就出来工作（见）；不太平，就当隐士（隐）。国家政治清明，你还穷兮兮、赖兮兮的，没有财富（贫）也没有地位（贱），可耻！国家政治黑暗，你却荣华富贵，飞黄腾达，更可耻！

这样一说，我们就清楚了。出不出来做官要看政治状况。为什么要看政治状况？因为政治状况不好，理想不能实现，自身也不安全。所以在孔子那里，做官是重要的，却不是唯一的。这是孔子的第一条原则。

第二条原则，就是你再想做官，再想赚钱，再想富贵，也必须"取之有道"，不能采取不正当手段。在《论语·里仁》，孔子说，发财和做官（富与贵），这是人人都希望的（是人之所欲也），但如果采取不正当手段去得到（不以其道得之），君子就宁肯不要（不处也）；贫穷和卑贱（贫与贱），这是人人都厌恶的（是人之所恶也），但如果必须采取不正当手段去躲避（不以其道得之），君子就宁肯不躲（不去也）。这里的第二个"不以其道得之"好像有点问题，杨伯峻先生认为应该是"不以其道去之"。这个也不必去管他，反正孔子的意思就是，追求富贵也好，躲避贫贱也好，都必须采取正当手段。

孔子这段话很重要，也很有意思。他虽然强调"道"，却也不回避"欲"。"富与贵，是人之所欲也""贫与贱，是人之所恶也"，但"不以其道得之"，则"不处""不去"。这可真是既坚持原则，又实话实说，不唱高调，可谓真君子！可惜后世许多人，却只承认后半截，不承认前半截；或者只强调后半截，不强调前半截。这是不全面的，也不是孔子的原意，更不是孔子的理想。孔子的理想，是天下有道，读书做官，富贵荣华。身处乱世，隐居民间，安贫乐道，是不得已而为之。因为士之为士，就是要做事。不做事，又何以为士？既然做了事，则富也好贵也罢，又有什么不能要的？至于世道不好，做不了官，那只能怪运气，想还是可以想的。当然，不想也是每个人的自由。当真不想的，是真隐士。最怕的是心里特想，嘴上又不承认。这是什么？是伪君子。

伪君子是孔子不喜欢、不赞成的，我们也不喜欢、不赞成。

现在我们知道孔子为什么想做官了。一是为了实施政治蓝图，二是为了实践学术主张，三是为了实现人生价值。这才有他所谓的"读书做官论"。问题是，做官并不容易，得会才行。不会，也白说。

那么，孔子他会做吗？

君子固穷

现在看来，孔子大约也是会做官的。对于这件事，他是"三有一懂得"，即有准备，有想法，有策略，懂政治。我们读《论语》，会发现多次有人问政，孔子都有回答。比如《论语·颜渊》，就有子贡问政，子张问政，齐景公问政，季康子问政；《论语·子路》，则有子路问政，仲弓问政，子夏问政，叶公问政。问政的人，有执政者，也有学生，孔子都对答如流，留下了许多治国的名言，比如"自古皆有死，民无信不立"（《论语·颜渊》），比如"欲速则不达，见小利则大事不成"（《论语·子路》），等等，都是。可以说，孔子为他的从政做了充分的准备，而且是"时刻准备着"。

孔子也有想法。为了这些想法，子路还顶撞过孔子。这事可能发生在卫出公五年（公元前488年），即孔子六十四岁、子路五十五岁那年。这年，卫国的国君卫出公准备聘用孔子。据《论语·子路》，子路听说后，就去问他老师：卫君正等着先生去实现政治主张（卫君待子而为政），先生的第一件事准备干什么（子将奚先）？孔子说：那一定是"正名"吧（必也正名乎）！子路马上就表示不以为然。子路说：先生真有这想法吗（有是哉）。那也太迂腐了吧（子之迂也）！干吗非得正名（奚其正）？孔子一听，勃然大怒说：仲由！你也太野蛮、太粗鲁、太放肆了（野哉由也）！一个君子，对自己不懂的事情，是应该保持沉默的（君子于其所不知，盖阙如也），你怎么信口开河！

看来，至少从子路开始，说直话的就不讨人喜欢。于是六十四岁的先生，就开始教训他五十五岁的学生。孔子告诉子路，正名是极其重要的。孔子说，名分不正，言语就不能顺畅（名不正，则言不顺）；言语不顺畅，事情就不能成功（言不顺，则事不成）；事情不成功，礼乐就不能复兴（事不成，则礼乐不兴）；礼乐不复兴，刑罚就不能得当（礼乐不兴，则刑罚不中）；刑罚不得当，老百姓就会手足无措，不知道该怎么办才好（刑罚不中，则民无所错〔措〕手足）。孔子的意思也很清楚：正名，难道是小事？

正名为什么重要？因为这是孔子的施政纲领，即"君君，臣臣，父父，子子"（《论语·颜渊》）。什么叫"君君，臣臣，父父，子子"？就是君像君，臣像臣，父像父，子像子，每个人都按照自己的名分来做人做事。这就先要"正名"。正了名，大家都找到了自己的位置，知道应该怎么做，不该怎么做，都守规矩，不胡来，社会就有序，天下就太平。所以孔子对子路说，规定了一种名分，就一定有他的道理，而且能说出来；说出了这个道理，也就一定能够做到。这就叫"名之必可言"而"言之必可行"（《论语·子路》）。

那么，孔子在卫国正名了吗？如果正了名，他成功了吗？不知道。我们只知道，孔子在卫国只待了四年，卫出公九年（公元前484年）时就离开了。据《左传·哀公十一年》，当时孔子是一言不合，叫人套上车子就走（退，命驾而行）。走的时候还说：鸟是可以选择树的，树还能选择鸟吗（鸟则择木，木岂能择鸟）？看来他是碰了钉子。

忠实而莽撞的子路倒是留在了卫国（也可能在鲁、卫两国之间往返），而且在卫出公十三年（公元前480年），体面地牺牲在卫国的动乱中。据《左传·哀公十五年》，当时子路被人用戈击断了冠缨。冠缨断了，冠就戴不住。子路说，君子即便死，也不能免冠（**君子死，冠不免**），便用双手系着冠缨，战死后被人砍成了肉泥。据《礼记·檀弓上》，孔子听到这个消息后，痛不欲生，立即吩咐厨房倒掉所有已经做好的肉酱。

孔子对于做官或者从政，有准备，有想法，也有策略。他的观点，是官要做，命更要保；原则要坚持，身体不能吃亏。怎么做呢？孔子的办法，首先是"危邦不入，乱邦不居"（《论语·泰伯》），其次是"邦有道，危言危行；邦无道，危行言孙"（《论语·宪问》）。第一句话当中的"危"，当然是危险的意思。所谓"危邦不入，乱邦不居"，就是危险的国家不去，动乱的国家不待。第二句话当中的"危"，有多种解释，杨伯峻、李泽厚等先生都译为"正直"，我同意。孙，读如逊，意思也是逊。所以，这话的意思就是：国家政治清明，就说话正直，行为也正直（**危言危行**）；国家政治黑暗，行为还是要正直，说话就得谦虚谨慎（**危行言孙**）。行为为什么要正直呢？因为行为不正直，就不是君子了。说话为什么要谨慎呢？因为说话不谨慎，惹毛了那些不讲道理的执政者，他们就把你"喀嚓"了。违心的事不能做，惹事的话不能讲，这就是孔子的原则。这让我想到了康德的主张：一个人所说的必须真实，但没有义务把所有的真实都说出来。两位圣哲之言，是不是有异曲同工之妙？

所以，孔子很欣赏卫国的大夫宁武子。孔子说，宁武子这人不简单呀！他是"邦有道，则知（智）；邦无道，则愚。其知（智）可及也，其愚不可及也"（《论语·公冶长》）。也就是说，国家政治清明，宁武子就聪明；国家政治黑暗，宁武子就糊涂。他的聪明，我们或许比得上。他的糊涂，我们就比不上了。一个聪明人，怎么说糊涂就糊涂了呢？很简单，装糊涂呗！事实上，"愚不可及"这个成语，就是从这里来的，只不过意思变了。

卫国的另外两位大夫，史鱼（史鳝，字子鱼）和蘧伯玉（蘧音渠），孔子也很欣赏。史鱼是"邦有道，如矢；邦无道，如矢"；蘧伯玉则是"邦有道，则仕；邦无道，则可卷而怀之"（《论语·卫灵公》）。也就是说，无论政治状态如何，史鱼都一如既往地像箭一样直（如矢）。蘧伯玉呢？则是在清明的时候出来做官，黑暗的时候把本事藏起来（卷而怀之）。这两种态度，孔子都赞成。为什么赞成史鱼呢？因为正直是君子的基本品格。为什么赞成蘧伯玉呢？因为孔子的主张，是"邦有道，榖；邦无道，榖，耻也"（《论语·宪问》）。国家政治黑暗，你不把本事藏起来，人家逼你出来做官，可怎么办？

孔子欣赏的人，还有他的学生南容，也就是南宫适（适音括，也写作括）。南宫适是鲁国人，生卒年不详。他的情况，是"邦有道，不废；邦无道，免于刑戮"（《论语·公冶长》）。也就是说，国家政治清明，他保官；国家政治黑暗，他保命（李零《丧家狗》）。这样的人，孔子也喜欢，还把自己哥哥孟皮的女儿嫁给了他。

其实孔子自己，也不是那种一根筋的书呆子。他不但善于为人处世，应付权贵也有一套。比如孔子四十多岁住在鲁国的时候，鲁国的政治状态是不怎么好的。朝政先是被三家大夫把持，后来又被其中一家大夫的家臣阳货（也叫阳虎）把持。什么叫家臣？就是大夫之臣。家臣的任务，是帮助大夫打理采邑（齐家）。大夫的任务，则是帮助国君治理国家（治国）。国，是国君的；家，是大夫的。家臣只是大夫的助理，大夫也只是国君的助理。现在，国政居然被家臣把持，这就是礼坏乐崩，君臣错位，典型的名不正言不顺，双重的胡作非为了。孔子当然不愿意合作。

可惜一个人做不做官，并由不得自己。孔子对于阳货，也只能"惹不起，躲得起"。据《论语·阳货》，阳货执政时（估计就是鲁定公五年，即公元前505年），很想要孔子出来做官，也很想让孔子来拜访自己。孔子不去，阳货就送给孔子一只乳猪（应该是蒸熟了的，而且是派人送去的）。按照当时的礼节，孔子应该上门道谢。这下孔子难办了。他去也不是，不去也不是，便"时其亡也，而往拜之"。时，通伺，意思也是伺。也就是说，故意挑了个阳货不在家的时候去回拜。可是没想到在路上撞个正着（遇诸涂），被阳货数落了一通。阳货说：你过来，听我跟你说（来，予与尔言）！国家混乱不堪，却揣着明白装糊涂，能够算作"仁"吗（怀其宝而迷其邦，可谓仁乎）？孔子不吭气。阳货便自己说：不能！又问：明明喜欢做官，却一再错过机会，能够算作"智"吗（好从事而亟失时，可谓知乎）？孔子又不吭气。阳货又自己说：不能！然后阳货说：光阴似箭，日月如梭，年龄不饶人呀（日月逝矣，岁不我与）！意思是你看着办吧！孔子没办法，只好假装答应出来做官（诺，吾将仕矣）。当然，孔子并没有当真去做，马上去做。他出仕，是在阳货离开鲁国之后。

阳货为什么一定要孔子出来做官呢？不清楚，大约是要搞"名人效应"。这也是历代统治者，尤其是那些僭主、权臣的惯用手段。比如后来的曹操，就网罗了诸如孔融之类的名流，来给自己撑台子、撑门面。阳货要孔子做官，或许有这意思。

正如孔子所说，他不是中看不中吃的葫芦瓜（匏瓜），他老人家是懂政治的。这可以用《论语·季氏》中的一个故事来证明。前面说过，孔子所在的鲁国，政治状态是不怎么好的：国君被大夫架空，大夫又被家臣挟持。鲁国的大夫中,势力最大的是季孙氏。阳货,就是季孙氏的家臣。孔子也做过季孙氏的家臣。季孙氏的当家人,先后有季文子、季武子、季平子、季桓子、季康子。阳货犯上作乱,就是在季桓子的时代。不过阳货的图谋后来并没有得逞。所以鲁国的政权,还是落在季孙家族手里。

大夫势力太大,国君当然不愿意。所以,季孙氏与国君的矛盾很大,双方都想设法干掉对方。于是,到了季康子执政的时候,他就想出了一个削弱国君的办法——攻打颛臾。颛臾(音专鱼),在今山东省平邑县东,是一个风姓的古国,很小。按照当时的制度,方圆不到五十里的小国,不能直属天子,只能依附于大国,叫"附庸"。(请参看《孟子·万章下》)颛臾就是鲁国的附庸。季康子为什么要打颛臾呢?待会我们就知道了。

季康子打算攻打颛臾,这是大事。于是,在季康子手下做事的两个学生,就去报告孔子。这两个学生,一个是子路,还有一个是冉有。冉有长于政治,善于理财,当时的职位是"季氏宰",也就是季康子的大管家。子路,也在季康子那里做事。不过,冉有和子路虽然是季氏家臣,有事还是要向孔子汇报。于是,冉有牵头,子路跟着,去见孔子。

孔子听说后,就批评冉有了。孔子说:阿求,这难道不该归罪于你吗(无乃尔是过与)?颛臾,那是我们鲁国存亡与共的藩属呀,为什么要去攻打(何以伐为)?冉有说:这是老板的意思(夫子欲之),我们两个都不同意(吾二臣者,皆不欲也)。孔子一听,就知道冉有是忽悠,便反唇相讥说:老板要犯大错误了,你们都不管,要你们这些助理干什么?冉有只好又说:颛臾的势力不小了,离老板的封邑又近(固而近于费),现在不拿下,只怕对子孙后代不利(今不取,后世必为子孙忧)。孔子说:阿求!君子最痛恨的,就是装腔作势不说实话。明明是自己有想法,还要找托词。你们说忧患,那我就告诉你们是什么忧患吧!依我看,你们老板的忧患,恐怕"不在颛臾,而在萧墙之内也"。萧墙,就是宫内的小墙或者屏风。人臣见人君,看见它便肃然起敬,因此叫萧墙(肃墙)。所以,孔子这话的意思就是:季孙氏真正害怕的,并不是颛臾,而是国君。"祸起萧墙"这个成语,就从这里来。

孔子这话,击中了季康子的要害,也说明孔子很懂政治。实际上,季康子要攻打颛臾,就是害怕将来鲁君收拾他们的时候,颛臾会帮忙,这才要先下手为强。那么,季康子后来攻打颛臾了没有呢?不清楚,因为史无记载。但孔子因此而发表的一些政见,却流传千古。孔子对冉有和子路讲:我孔丘听说,诸侯也好,大夫也好,都"不患寡而患不均,不患贫而患不安"。为什么呢?因为"均无贫,和无寡,安无倾"。如果能够做到这三条,则本国人安居乐业,外国人心悦诚服,就不会有忧患。自己的事情搞不掂(远人不服而不能来也,邦分崩离析而不能守也),却去琢磨发动内战(谋动干戈于邦内),怕是不行吧!

这段话很有名,问题也不少。许多学者都认为,所谓"不患寡而患不均,不患贫而患不安",应该是"不患贫而患不均,不患寡而患不安"。贫和寡,错位了。这个说法有道理。什么是"贫"?就是贫困。什么是"寡"?就是稀少。贫困,是经济问题;稀少,是人口问题。均,是均衡;安,是安定。因此,孔子这话的意思就是:执政者应该忧患的,不是经济贫困,而是分配不均;不是人口稀少,而是人心不安。人心不安,人再多,又有什么用?分配不均,钱再多,又有什么用?还是要闹事,恐怕闹得还更凶。相反,均衡,就不怕经济贫困;和睦,就不怕人口稀少;安定,就不怕政权危险。这就叫"均无贫,和无寡,安无倾"。

孔子这话,不少人听了很受用,还不时拿来说事,甚至用来主张"吃大锅饭",平均分配。其实孔子根本就没有这个意思。他的"均",不是均匀,而是均衡。所谓均衡,就是按照不同的身份、地位、级别、名分来分配,即康有为《论语注》所谓"各得其分"。具体地说,就是级别最高的分配最多,级别最低的分配最少,既不能僭越,也不能弄得底层一点没有。儒家是主张等级制的,所以才先要"正名",以便"按名分配"。至于"大家一样"的平均主义,对不起,那是墨家的主张,不是儒家的。

这个问题,我们就不在这里讨论了。现在的问题是,孔子一门心思想做官要从政,而且有准备,有想法,有策略,还懂政治。那么,他当上官了吗?

可以说当上了,也可以说没当上。孔子做过官的国家,一共三个:鲁、卫、陈。在鲁国的官做得最大,一度以大司寇(相当于公安部部长)的身份摄行相事,但时间很短。从做中都宰算起,前后只有四年。在卫国做官时间最长,先后两次,加起来七年(卫灵公三年,卫出公四年)。在陈国就只有三年,做什么官,也不清楚。这样算下来,孔子做官的时间,共十四年,占他成年后生命的四分之一多。孔子到过的国家,除了鲁、卫、陈,还有周、齐、宋、曹、郑、蔡、楚。他做过官的国家,约占他所到国家的三分之一。看来,他是做官的时间少,碰钉子的时候多。更何况,即便做了官,他做官的三个目的(实施政治蓝图,实践学术主张,实现人生价值),也一个都没达到。更多的时候,是失望地离开。在鲁国,在他国,都如此。

这样一路钉子碰下来,结果是子路发脾气,孔子发牢骚。孔子六十一岁那年(公元前491年)曾经到陈国做官,六十三岁那年(公元前489年)离开陈国去蔡国,半路上被人围困,断了粮,一行数人都饿得爬不起来,当时子路就发脾气了。据《论语·卫灵公》,子路"愠见"，对孔子说："君子亦有穷乎？"这里要说明一下：穷，是没路走，不是没钱用。在古代，没钱用叫"贫"，有钱用叫"富"；没地位叫"贱"，有地位叫"贵"；没出路叫"穷"，有出路叫"达"。达，就是通畅；穷，就是困窘。穷与达相对应，贫与富相对应，贱与贵相对应。贵贱、贫富、穷达，是三组概念。愠见，也有两种解释：一种是把"见"解释为见面的见，则"愠见"就是气冲冲地去见孔子；一种是把"见"解释为表现的现，则"愠见"就是愤怒之情溢于言表。总之，子路怨恨地对孔子说：君子也会走投无路吗？

子路发脾气，孔子怎么说？孔子说，君子当然也会有走投无路的时候（*君子固穷*），但君子不像小人，一遇到这种情况，就歇斯底里，胡作非为（*小人穷，斯滥矣*）。很显然，孔子这话是批评子路，也是给自己和学生们打气。是啊，君子任重道远，岂能指望一帆风顺？因此"君子固穷"。问题是不管遇到什么困境，都不能自甘堕落，不能没了君子风度。这叫什么？这叫倒驴不倒架。

其实孔子也是有怨气的，而且还被别人看出。那是孔子在卫国时的事情。据《论语·宪问》，有一天孔子在室内击磬，门外有个挑草筐的汉子听见了。汉子说：击磬的这个人有心事呀（*有心哉，击磬乎*）！听了一会又说：你这样乒乒乓乓地敲，也太俗气了吧（*鄙哉，硁硁乎*）！你那点心思，不就是抱怨人家不了解你吗（*莫己知也，斯己而已矣*）？水深，就穿着衣服过河；水浅，就撩起衣服过河嘛（*深则厉，浅则揭*）！这话什么意思？李零先生的解释是：世事的深浅你又不是不知道，干吗非得死乞白赖要别人理解你？孔子听了只好说：他说得如此果决，我就无话可说了。是啊，说什么呢？承认也不是，不承认也不是啊！

孔子有怨气，也发过牢骚。据《论语·公冶长》，有一天孔子忽然大发感慨：我的主张行不通呀（道不行）！真想坐只木筏子，到海上去漂泊（乘桴浮于海）。跟着我走的，也就是阿由吧（从我者，其由与）？子路听说，喜出望外，心想自己真是老师的得意门生。老师漂洋过海，不带别人，就带我。没想到孔子接着又泼了一瓢冷水，说"由也好勇过我，无所取材"。这句话也有多种解释。一种解释是：子路这人也太勇敢了，这就不可取（杨伯峻的解释）。另一种解释是：子路倒是比我还勇敢，可惜找不到做木筏子的材料（李零的解释）。我比较倾向于李说。前面说过，子路和孔子的关系，有点像李逵和宋江。子路口无遮拦，常常挨骂，很像李逵；忠心耿耿，近于盲从，也像李逵。老师说到哪里去，他连想都不会想，就会跟着走。孔子说"从我者，其由与"，是事出有因的。可惜"乘桴浮于海"，只不过说说而已。子路当了真，孔子哭笑不得，又不能说穿，就只好打圆场，说是"无所取材"（找不到做木筏子的材料）。

海外，其实是去不得的；海内，则徒然让人伤心。这就是孔子的状况。

那么，他该怎么办？

头号教书匠

好在孔子想得通。不能从政，那就为政。

什么叫"从政"，什么叫"为政"？从政，就是实际做官；为政，就是影响政治。其实"为政"一词的本义，是从事政治。据《论语·为政》，有人曾经问过孔子："子奚不为政？"这话直译过来，就是"先生为什么不从事政治"。其实也的意思，是"先生为什么不出来做官"。孔子怎么回答呢？孔子说，《尚书》不是说了吗，要孝顺父母，友爱兄弟，把这风气推行到政治上去（*孝乎惟孝，友于兄弟，施于有政*）。这就是从事政治呀（*是亦为政*），还要怎样才算从事政治（*奚其为为政*）？于是，"为政"这个词，在《论语》中就有了特定的含义，即不但是参与政治，也包括影响政治。只要能够参与政治，或者影响政治，就是从事政治，也就是为政。做不做官，倒不一定。

实际上孔子一天都没离开过政治。前面说过，朝廷有什么事，那些在朝的学生是会报告孔子的。比如季康子打算攻打颛臾，冉有和子路就到孔子那里去请示汇报。这可能是规矩，可能是习惯，也可能是要向先生讨教，或者希望得到先生的支持。总之，做官的学生经常会向不做官的先生汇报工作。据《论语·子路》，有一次，还是冉有，也就是当季孙氏大管家（*季氏宰*）的那个，下班回来见孔子。孔子问他：怎么这样晚（*何晏也*）？冉有说，有政务（*有政*）。孔子说：是事务吧（*其事也*）！如果有政务，我虽然不在朝（*如有政，虽不吾以*），也会知道的（*吾其与闻之*）。可见，孔子即便不从政，也能为政。

这就好像有点问题，因为孔子还说过"不在其位，不谋其政"的话。这话在《论语》中记载了两处，一处在《泰伯》，一处在《宪问》，好像与"虽不吾以，吾其与闻之"矛盾。其实"不谋其政"的关键词，是"谋"。谋，就是谋划，即进入操作层面。不谋其政，就是不越位操作，也不超出自己的权限来考虑政事的处理，但不等于不"思"（关心政治）、不"施"（影响政治）、不"为"（参与政治）。所谓"施于有政，是亦为政"，就是这个意思。

那么，怎样才能参与政治或者影响政治呢？

也有两个办法，一是游说君主，二是教书育人。游说的对象，包括国君，也包括执政的大夫。据钱穆先生《孔子传》和李零先生《丧家狗》，公元前517年，即孔子三十五岁那年，他到过齐国。公元前497年（孔子五十五岁），到公元前484年（孔子六十八岁），孔子周游列国十四年。出国的目的，一是从政，二是为政。也就是说，如果有可能，孔子希望能在某个国家做官，实施自己的政治主张；如果做不了官，则希望能够游说执政者，推销自己的政治主张。所以我说，孔子如果活在今天，肯定会上《百家讲坛》，或者在网上开博客——这实在比东奔西走到处游说效率高多了。

孔子第一次出国，见了齐景公；第二次出国，在卫灵公、陈湣公、卫出公那里做过官，见过楚国的叶公，还打算见赵简子和楚昭王。但孔子的官做得并不于心，事也办得不顺。据《史记·孔子世家》，齐景公想用他，被晏婴拆台；楚昭王想用他，被子西拆台。齐景公原本是要把尼豁（尼溪）之田封给孔子的，晏婴如此这般一说，齐景公就变了卦，对孔子就敬而远之了（敬见孔子，不问其礼），后来干脆客客气气地把他打发回去。齐景公的做法也很绝。他先是谈待遇，说季孙氏那样的薪水寡人可是开不了。然后是找借口，说寡人老朽，没法用先生（此事《论语·微子》也有记载）。孔子只好回国。同样，楚昭王原本是要封给孔子七百里地的，子西头头是道一说，楚昭王就变了卦，孔子也只好离开楚国。晏婴和子西为什么要挡横呢？兹事体大，我们以后再说（见本书第五章第一节）。总之，孔子转了一大圈，还是没有出路。这可真是流浪的脚步走遍天涯，没有一个家，难怪有个郑国人要说他"累累若丧家之狗"（《史记·孔子世家》）。本国让他痛心，别国让他伤心，孔子岂非丧家？

从政不如意，为政碰钉子，孔子还有路吗？

有。什么路？育人。换句话说，就是把自己的学生培养出来，让他们去从政、为政，推行自己的政治主张。仍据钱穆先生《孔子传》，孔子授徒设教，应该是在他三十岁那年（公元前522年）；而据李零先生的研究，孔子招收的学生，可以分为三批。第一批是在他三十五岁之前，住在鲁国的时候。第二批是在他三十六岁至五十四岁之前，自齐返鲁后。第三批是在孔子五十五岁到六十八岁之间，周游列国之时。这三批学生，我分别称之为"孔门一期"、"孔门二期"和"孔门三期"。此外还有年代不可考和不见于书传的，一大堆。

这样算下来，孔子的学生一共有多少？很多。历史上的说法，是三千弟子，七十二贤人。这在当时，可是一个惊人的数字，等于一个人又办北大又办清华。这还是在册的，此外还有编制外的。比如陈亢（音刚），我怀疑就是"编外粉丝"。陈亢，字子禽，生于公元前511年，比孔子小四十岁，陈国人。他在《论语》中出现三次，三次都是提问题，一次问孔子的儿子孔鲤，两次问孔子的学生子贡。问子贡的两次，一次记载在《子张》，是他问子贡：先生对仲尼恭恭敬敬（子为恭也），难道他老人家真比先生您强吗（仲尼岂贤于子乎）？这口气，很不像孔子自己的学生。其结果，当然是被子贡驳回，说他老人家生得光荣，死得可惜（其生也荣，其死也哀），岂是我们这些凡夫俗子比得上的（如之何其可及也）？还有一次记载在《学而》，是他问子贡：孔夫子每到一个国家，一定知道这个国家的政治状况（夫子至于是邦也，必闻其政），是他自己问来的（求之与），还是别人告诉他的（抑与之与）？子贡说：这些情况，是靠他老人家的温和、善良、恭敬、简朴和谦让得来的（夫子温、良、恭、俭让以得之）。也就是说，正因为我们老师为人好，所以大家都乐意把情况告诉他。至于是他老人家主动问，还是别人主动说，并不重要。从这段对话看，陈亢也不像孔子的学生。

问孔鲤的一次记载在《论语·季氏》。孔鲤，字伯鱼，生于公元前532年（孔子二十岁时），卒于公元前483年（孔子六十九岁时）。

陈亢比孔子小四十岁，比孔鲤也小了一辈，因此称孔鲤为先生。陈亢问孔鲤：先生您在老先生那里，也听到过一些特别的教导吧（子亦有异闻乎）？这意思很清楚：你爸当老师，你又是他的独生子，总该吃过小灶的。孔鲤回答说，也没什么特别的（未也）。接下来，孔鲤讲了两件事。他说有两次，父亲大人"尝独立"，他自己"趋而过庭"，被叫住问了话。趋，就是小步快走，表示恭敬的意思。庭，则是建筑物台阶前的空地，即院子。也就是说，有一天，孔子一个人站在庭院里，孔鲤恭恭敬敬迈着碎步从他面前走过，结果被孔子叫住。孔子问他，学《诗》了吗？孔鲤回答，还没有。孔子说，不学《诗》，就不会说话（不学《诗》，无以言）。于是孔鲤"退而学《诗》"。又一天，孔子又是一个人站在庭院里，孔鲤恭恭敬敬迈着碎步从他面前走过，结果又被孔子叫住。孔子问他，学《礼》了吗？孔鲤回答，还没有。孔子说，不学《礼》，就不会做人（不学《礼》，无以立）。于是孔鲤"退而学《礼》"。然后孔鲤告诉陈亢：我听到的，就这两条（闻斯二者）。结果陈亢非常兴奋，说我只问一个问题，就得到了三个答案：知道了《诗》，知道了《礼》，还知道君子要疏远自己的儿子。这口气，不但像粉丝，而且像媒体。

孔子的学生和粉丝这样多，他"招生"的时候有选择、有条件吗？或者说，孔门之中，有准入制度或准入标准吗？

许多人认为没有。因为孔子有两句名言，一句叫"有教无类"（《论语·卫灵公》），还有一句叫"自行束脩以上，吾未尝无诲焉"（《论语·述而》）。束脩，就是十条干肉。因此，不少人认为，只要交十条干肉，就能成为孔子的学生。身份地位、地域种族等等，都不是问题。后面这一点，差不多也是学术界的共识。比如杨伯峻先生就把"有教无类"这句话，翻译为"人人我都教育，没有区别"。李泽厚先生也把这句话翻译为"教学生不要分类别",而且认为孔子能打破族类界限,实乃重大进步。

其实这里面有许多问题可以讨论。首先,束脩,或者十条干肉,是见面礼,不是学费。而且,我读研究生的时候,曾经听先师吴林伯先生说,束脩一语双关,还表示愿意接受约束和修理。显然,条件也还是有一点的,那就是要表示拜师的诚意。何况有所教诲,也不一定就是收为学生。回答他一些问题,也可以说是"吾未尝无诲焉"嘛!

其次,有教无类也未必是"无类而教",即不分类别(身份地位、地域种族)地进行教育。实际上,要弄清楚什么叫有教无类,得先弄清楚"有A无B"这种句式。这种句式在汉语中有四种意思:一,只有A,没有B,比如有勇无谋、有名无实;二,有A,没有非A(B),比如有增无减、有过之无不及;三,既有A又没有A,比如有意无意、有一搭没一搭;四,如果有A,就没有B,比如有备无患、有恃无恐。"有教无类"属于哪一种呢?第一种不对。因为教与类不像勇与谋、名与实,是矛盾对立的两面。第二种也不对,理由同上。第三种更不对。能选择的,只有第四种,即"有A则无B"。比方说,有备则无患,有恃则无恐。同样,有教则无类。所谓"有教则无类",就是说,人,原本是"有类"的。比如有的智,有的愚;有的贤,有的不肖。但通过教育,却可以消除这些差别。这就叫"有教则无类",简称"有教无类"。可见有教无类是教育的结果,不是前提。这个观点,是谢质彬先生在1989年第11期《文史知识》里提出来的,我同意。

通过教育来消除差别,这是一个了不起的构想。因此,说孔子是中国历史上最伟大的教育家,一点也不过分。可惜孔子并不能把全社会人与人之间的差别都予以消除,这事他一个人做不了。他能做到的,也就是教好自己的学生。

于是我们要问：孔子招学生，都教些什么，又怎么教？

孔子的教学，有四教、四科之类的说法。四教，就是"文、行、忠、信"（《论语·述而》），也就是历代文献（文）、社会实践（行）、道德修养（忠）、行为准则（信）。四科，则是"德行""言语""政事""文学"（《论语·先进》）。文学不是诗歌、小说、散文，是熟悉文献；言语，则是能言善辩。德行和政事就不用解释了。总之孔子的学问，一是道德，二是政治。自然科学、工程技术、国计民生、通商贸易，他都不关心。这是孔子的局限。

所以孔子教学生，主要也就两条：一是做官，二是做人。怎么教？主要也是两条：一是答问，二是讨论。答问的记录，《论语》中有很多。问孔子的人，有学生，也有别人。问的问题，也主要是做官和做人。我统计了一下，《论语》书中，孔子回答得最多的问题，是政治（包括做官、事君、为政），19次。其次是问对某个人的评价，12次。再次是问仁，9次。又再次是问礼，5次；问孝，3次；问君子，3次；问士，2次。其余，如问友、问知、问明、问达、问行、问好恶、问做人、问成人，也都可以归入问仁、问孝一类。有人问过军事，孔子的回答是他不懂，没学过（《论语·卫灵公》），也有人问过鬼神，孔子的回答是"未能事人，焉能事鬼"（《论语·先进》）。这两个答案，都等于拒绝回答。拒绝回答当然也是回答。答案就是：这些问题我没兴趣。感兴趣的，只有政治学和伦理学。

其实即便是问文学，孔门师生也能扯到政治伦理上去。比如子夏向孔子问《诗》，两个人之间的问答就让人摸不着头脑。子夏，就是卜商，生于公元前507年，比孔子小四十四岁，"孔门三期"的，也是孔子的重要学生之一。据《论语·八佾》，有一次子夏问：《诗》上说"巧笑倩兮，美目盼兮，素以为绚兮"，什么意思呀（何谓也）？这话的前两句（巧笑倩兮，美目盼兮），见于《诗经·卫风·硕人》。倩，笑容美好的样子；盼，眼睛明朗的样子。"素以为绚兮"是逸诗，杨伯峻先生翻译为"洁白的底子上画着花卉"，可以商量。其实"素以为绚"是倒装句，即"以素为绚"，因此应该翻译为"以本色为美"。也就是说，这三句诗的意思是：笑容甜甜的，眼睛亮亮的，最本色的，就是最美丽的呀！

这个意思实在是很清楚，子夏为什么还要问？显然，他是要举一反三。于是孔子回答"绘事后素"。绘事，就是画画；后素，就是"后于素"。也就是说，画画，要先用白颜色打底子，然后才能画花纹。这就已经是由此及彼，说开去了。谁知子夏竟大受启发，高兴地问："礼后乎？"什么叫"礼后乎"？就是说，礼，也像绘画的花纹一样，要放在打底子的后面吧？孔子一听，喜出望外地说：阿商呀阿商，启发我的人就是你呀（起予者商也），我可以和你讨论《诗》了（始可与言《诗》已矣）！孔子为什么会这样说？因为在孔子看来，礼乐也是要先打底子的。拿什么打底子？仁。仁爱或者仁义，就是礼乐的底子。仁为礼乐之本，当然要先仁义而后礼乐。这就叫"礼后"，或者说"仁先礼后"。

不过这样一来，"巧笑倩兮，美目盼兮，素以为绚兮"这句话的本意就变了，不再是"以本色为美"，而是"以本色为底"。所以杨伯峻先生的翻译，虽未必是《诗》的原意，却符合孔子的想法。曲解诗意的，不是杨先生，倒是孔夫子。那么，是孔子不懂《诗》吗？不是。他是故意曲解，也就是要借古人的话，说自己的事。原意不原意，曲解不曲解，严谨不严谨，他可不管。现在许多人都主张"我注六经"，痛恨"六经注我"，却不知道孔夫子恰恰是这种做法的老祖宗。当然，这样做对不对，好不好，也可以另案讨论。至少我个人认为，在讲解经典的时候，还是先弄清原意，再发表看法为好。

当然，我这样说，并不是批评孔子。孔子的"曲解诗意"，其实是不怎么好批评的。为什么呢？环境不同，目的不同，想法也不同。孔子和子夏谈《诗》，并不是做研究，而是讲道理。他的这堂课，也不叫"诗经研究"。子夏问，孔子答，目的都不在《诗》之中，而在《诗》之外。《诗》的本意，也就并不重要。只不过这个弯，也实在转得太大了一点，让我们看得一头雾水。但从这里，我们也能看出孔子教学的方式：一是启发式，二是讨论式。

实际上，孔子也经常和他的学生讨论问题。据《论语·先进》，有一次（李零先生认为是在孔子六十岁以后），子路、曾皙、冉有、公西华四个人陪孔子坐着。子路和冉有，前面介绍过了。曾皙，名点，字子皙，生卒不详，大约比孔子小二十多岁。他是曾子（曾参）的父亲，为人比较另类，喜欢吃一种名叫"羊枣"的小柿子。公西华，名赤，字子华，生于公元前509年，比孔子小四十二岁。他们四个人陪孔子坐，是按年龄来排序的。大九岁的子路第一，曾皙第二，小二十九岁的冉有第三，公西华最后。

坐定之后，孔子就说："以吾一日长乎尔，毋吾以也！"这话按照李泽厚先生的解释，就是我不过比你们大几岁，你们不要有顾虑。这是营造谈话氛围，很值得我们当老师的和做谈话节目的主持人学习。接着孔子问：你们平时总说别人不了解自己（*居则曰不吾知也*）。如果有人了解，你们想干什么（*如或知尔，则何以哉*）？

这就是要讨论了。于是，子路想也不想就回答说（*率尔而对曰*）：一个有千乘战车的国家，夹在大国之间，外有强敌，内有饥荒。如果交给我去治理，三年之内，就能让国民人人有勇气，个个懂道理（*可使有勇，且知方也*）。当时的制度，是以一千乘战车为一军。天子六军，大国三军，中国二军，小国一军。一个有千乘战车的国家，是个小国。子路打算去治理一个小国，志向不能说很大，也不能说很小。

子路说完，孔子就笑了（夫子哂之）。哂，有两个意思。一是微笑，二是讥笑。孔子是微笑还是讥笑？回头再说，反正孔子笑了。又问冉有：阿求，你怎么样？冉有说：纵横六七十里，或者五六十里的地方，我去治理，三年之内，可以解决温饱（可使足民）。至于建设精神文明的事，就得另请高明（如其礼乐，以俟君子）。

孔子又问公西华：阿赤，你怎么样？公西华说：我不敢说能干，只能说想学。我希望能够穿着礼服戴着礼帽，在祭祀和结盟时做一个主持人。

孔子最后问曾皙：阿点，你怎么样？当时曾皙正在鼓瑟。鼓，就是弹奏。看来，孔子上课，是有人伴奏的，就像中央电视台的《实话实说》。按照杨伯峻先生的翻译，孔子问话的时候，曾皙的伴奏也正好接近尾声（鼓瑟希），便铿的一声把瑟放下站起来（铿尔，舍瑟而作），回答说：我和他们的想法不一样。孔子说：那又有什么关系？也就是各言其志罢了。于是曾皙就说：我向往的，是暮春三月，换了春装，和五六个青年人、六七个小孩子一起，在沂水边洗洗澡，在祭坛上吹吹风，唱着歌儿回家去。好嘛，艺术家！谁知孔子竟"喟然叹曰"，也就是长叹一声说："吾与点也！"

孔子这个"吾与点也"是什么意思？要看"与"怎么解释。解释为"赞许"，就是"我赞成曾点的想法"。解释为"相与"，就是"我和曾点一起去"。当然，这两种解释也可以并为一种：我赞成曾点，我欣赏曾点，我和曾点一起去！

这就奇怪！孔子不是主张读书做官吗？子路想做的官最大，孔子为什么要笑他？曾皙不想做官，孔子为什么要赞成？孔子到底喜欢什么样的学生？

谁是好学生

我们的问题,也是孔门弟子的问题。

讨论结束后,子路、冉有、公西华先走,曾皙后走。曾皙就问孔子:他们三个讲得怎么样?孔子说:也就是讲了各自的想法而已(**亦各言其志也已矣**)。曾皙问:先生为什么要笑仲由呢?孔子说:治国靠礼,他一点都不谦让,所以我笑他。看来,孔子的"哂之",是含有讥笑意味的微笑。曾皙又问:难道冉求讲的不是治国吗?孔子说,怎么不是?曾皙又问:那么公西赤讲的不是治国吗?孔子说:有祭祀,有结盟,不是治国是什么?如果阿赤都只能做小事,谁来做大事?

这次讨论,就到此为止,留下了许多不解之谜让后人猜。比方说,孔子对他这四个学生到底怎么看?对曾皙,好像是欣赏的,"吾与点也"嘛!其他三位呢?似乎没什么,不过"各言其志也已矣"。其实子路、冉有、公西华,都是孔子的好学生。他们三个的关系,也可能比较密切,多次同时在《论语》中出现。比如仍据《先进》篇,子路曾经问孔子:听到了就去做吗(**闻斯行诸**)?孔子说,父亲和兄长都在,怎么能听到了就做(**有父兄在,如之何其闻斯行之**)?冉有也问了同样的问题:听到了就去做吗(**闻斯行诸**)?孔子说,当然,听到了就该去做(**闻斯行之**)。这下子公西华不懂了。同一个问题,怎么会有两种答案呢?所以他对孔子说:"赤也惑,敢问。"孔子回答说:"求也退,故进之;由也兼人,故退之。"求,就是冉有。由,就是子路。退,就是退缩。兼人,就是勇为。冉有这个人,大约比较瞻前顾后,因此孔子鼓励他勇往直前。子路这个人，则胆大妄为，因此孔子告诫他不要听风就是雨。孔子的因材施教，这条记载就是证明。

其实孔子对子路、冉有、公西华是有评价的，只不过不在这一篇，在《公冶长》。当时鲁国有个贵族叫孟武伯的曾经问孔子：子路、冉有和公西华是否"仁"。孔子的回答是，子路可以负责千乘之国的兵役和军政，冉有可以当邑县的长官和大夫的管家，公西华可以当外交官和主持人。至于他们是不是"仁"？不知道。此外，同为《先进》篇，还记录了孔子与季子然（可能是季孙家的人）的对话。这人问孔子，子路和冉有算不算"大臣"？孔子回答说，他们两个，可以算是"具臣"。意思也很清楚：不算大臣。

把这几条材料放在一起，孔子的看法就很明确了：他肯定子路、冉有和公西华的能力，而且说法和他们的自我评价一样，但对他们的境界有保留。什么是"具臣"？就是有工作能力的臣僚。什么是"大臣"？孔子的定义，是"以道事君，不可则止"。也就是说，以大道和正义来辅佐君主（包括诸侯和大夫），如果行不通，就辞职。显然，子路和冉有还做不到这一点，所以孔子不承认他们是"大臣"。也所以，季子然又问了一句：那他们会一切都顺从老板，当老板的跟屁虫吗（**然则从之者与**）？孔子说，杀父弑君的事，倒不会跟着干。这就很清楚：子路和冉有，有工作能力，能够治国齐家；有道德底线，不会弑君杀父；但还没有达到"以道事君，不可则止"的最高境界。

这是子路和冉有。公西华呢？也是个有能力的，尤其擅长外交。据《论语·雍也》，公西华曾出使齐国。公西华走了以后，冉有就为他的母亲向孔子请求小米（**请粟**）。这个"请粟"是要还是借？不清楚。冉有为什么能向孔子"请粟"？因为擅长理财的冉有，这时是孔子的大管家（**宰**）。他是先当孔子的宰，为孔子理财，然后才当季康子的宰，为季康子理财的。冉有"请粟"，孔子怎么说？孔子说，给他六斗四升（与之釜）。冉有请求再加一点。孔子说，那就再加二斗四升（与之庾）。结果呢？冉有给出的小米，大大超过这个数字（与之粟五秉）。孔子就不高兴了。孔子说，阿赤出使齐国，坐着高级轿车（乘肥马），穿着漂亮衣服（衣轻裘）。君子"周急不继富"，只可雪里送炭，哪能锦上添花？

此事是一个疑案，有许多问题弄不清。比方说，公西华出差，为什么要孔子给钱？他出的究竟是公差（替鲁君办事），还是私差（替孔子办事）？公西华"乘肥马，衣轻裘"，他的母亲为什么还没钱用？公西华家里缺钱缺粮，他自己为什么不说，要冉有去"请粟"？这些问题，学术界历来争执不下。我认为，公西华出的是公差。他"乘肥马，衣轻裘"，是鲁君给他的待遇，也是为了鲁国的体面。但公款不能私用，公西华也不能把鲁君的钱给母亲，或者让母亲和自己一样"乘肥马，衣轻裘"。挪用公款是不忠，母亲没钱是不孝。忠孝不能两全，公西华只能如此。冉有却认为，一个人在外头风光体面，家里也不能穷兮兮的。可是这话并不能去对鲁君讲，也就只好向老师要钱。孔子认为冉有的要求有一定道理，就批准了六斗四升再加二斗四升。冉有呢？觉得这么一点小米，并不能使公西华的母亲也和她儿子一样体面，就自作主张给了一大笔。这就和孔子的想法不同了。孔子认为，即便是慈善事业，也不是这么做的。何况冉有的做法，还是慷他人之慨？

事实上，就在"子华使于齐，冉子为其母请粟"这一章后面，紧接着就有一条相关记录，也在《论语·雍也》。这记录说，孔子有个学生叫原思——原思就是原宪，字子思，生于公元前515年，比孔子小三十六岁，"孔门三期"的——这人是个贫困生。如果说子贡是孔门弟子中最富的之一，原宪就是最穷的之一。公西华家里没钱，那是相对他在外面的风光而言。原宪却是真穷，穷得叮当响。也许是由于这个原因吧，孔子让他做了自己的管家（应该是在冉有做了季康子的宰之后），并给他"粟九百"。九百什么？斗？升？斛？石？不知道。但孔子的俸禄是"粟六万"，九百也算不少。可是原宪不要。孔子就说：你不要拒绝。自己不吃，也可以给乡亲们嘛！可见孔子并不小气，但有原则。该给就给，该多少就多少，不该给就不给。

当然这也只是我的猜测，姑妄言之。但我们也可以从中看出三点。第一，孔子的生活水平至少是小康，否则拿不出那么多钱来给学生。第二，孔门有如大夫的家族，有老板（孔子），还有管家（宰）。第三，孔门师生关系不错，有如家人。学生帮先生管事，还多少有一点自主权。同学之间，也像兄弟，连同学家里的事都管。

这就是公西华的情况。公西华达到了最高境界吗？也没有。孔子心目中的最高境界是什么？仁。孔子对公西华的评价是什么？和子路、冉有一样，也是"不知其仁也"。其他学生呢？孔子没说，估计也不算。因为在孔子看来，就连他自己，都达不到。孔子说得很清楚："若圣与仁，则吾岂敢"（《论语·述而》）。也就是说，圣和仁这两种评价，我是不敢当的。孔子都不敢当，更别说是学生们了。

有人说，孔子这话是谦虚、客气，不能当真。因为在"若圣与仁，则吾岂敢"后面，还有孔子的自我评价——要说我这个人"为之不厌，诲人不倦"，倒还差不多（*可谓云尔*）。于是人们就想：孔子，不会只是学习不厌烦、育人不疲倦吧？孔子的境界，也不会仅此而已吧？可见"若圣与仁，则吾岂敢"是谦虚。

孔子是谦虚吗？未必。实际上"为之不厌，诲人不倦"这个评价并不算低。所以公西华马上就接了一句：这正是我等学不来的（*正唯弟子不能学也*）。当然，公西华也可能是拍马屁。但不管怎么说，孔子自己不算"仁",学生们也就算不了,包括曾皙。

那么,孔子欣赏曾皙什么?

这个问题不好回答。曾皙这个人,在孔门弟子中,远不如他儿子曾参重要。他在《论语》中,也就出现了一次。按照孟子的说法,他也不是孔子的得意门生。孟子说,孔子最欣赏的,是"中行之士",叫做"中道"。次一等,是"狂放之士",叫做"狂者"。再次一等,是"狷介之士",叫做"狷者"。最次一等,是"好好先生",叫做"乡原"(也叫"乡愿")。中行之士不偏不倚,中规中矩,合于中庸之道,最好。狂放之士积极进取,但志大才疏,次之。狷介之士洁身自好,但消极无为,再次。好好先生表面上一团和气,实际上同流合污,看起来还无可指责,最坏,简直就是贼害道德的人,即"德之贼"。曾皙,就是第二等的狂放之士,即"孔子之所谓狂"(《孟子·尽心下》),孔子怎么会十分欣赏?但如果孔子并不欣赏,请问他那个"吾与点也"又是什么意思?

对不起,没人知道。就连曾皙自己,大约也一头雾水。下课以后,他故意落在后面,问这问那,就因为不明白老师为什么单单夸他。可惜曾皙不敢直接问,孔子也不直接答。说了半天,还是不清不楚,惹得后人乱猜。从朱熹开始,就各种说法都有,众说纷纭,莫衷一是。我倒是比较赞成李泽厚先生的观点,孔子也许不过"一时赞叹",未必有什么深意。但要说一点意思都没有,怕也不是。意思嘛,应该还是有一点的。事实上,即便曾皙本人不是孔子最欣赏的学生,他那个"浴乎沂,风乎舞雩,咏而归"的志愿,孔子还是真欣赏。所谓"吾与点也",既是孔子"一时之赞叹",恐怕也是他"由衷之赞叹"。

这就有点意思了。什么意思呢?我认为就是"乐"。

乐,是孔子学说的重要范畴之一。在孔子那里,做人的最高境界是"仁"，治学的最高境界就是"乐"。孔子有句名言，叫做"知之者不如好之者，好之者不如乐之者"（《论语·雍也》）。也就是说，对于知识和学问，知道不如喜欢，喜欢不如快乐，快乐是最高境界。为什么？孔子没说，但可以从他的另一句话去猜。孔子的另一句名言，是"古之学者为己，今之学者为人"（《论语·宪问》）。还有一句话也可以做参考，就是"君子求诸己，小人求诸人"（《论语·卫灵公》）。己，就是自己；人，就是别人。为己，就是为自己；为人，就是为别人。同样，求己，就是求自己；求人，就是求别人。所以这两句话，就可以理解为"为人不如为己"和"求人不如求己"。

这就很难被某些人接受。孔夫子，大圣人，怎么会说这种自私自利的话？于是后世的一些儒生，便千方百计来做一些曲里拐弯的解释，比如把"求"解释为要求、责备。其实，如果我们把这话界定在学习的范围内，就完全正确。人，为什么要学习？归根结底，是为了自己。往小里说，是为了自己能够自食其力谋生；往大里说，则是为了自己能够堂堂正正做人。甚至我们还可以说，自食其力谋生，正是堂堂正正做人。谋生，是每个人自己的事，别人替代不了。做人，也是每个人自己的事，别人也管不着。为了自己能够问心无愧地活着而做人，这是君子；为别人活着，做给别人看，这是小人。这就叫"古之学者为己，今之学者为人"。为自己，也就只能靠自己。所谓"求诸己"，就是靠自己。所谓"求诸人"，就是靠别人。别人和自己，谁可靠？自己。从来就没有什么救世主，也不靠神仙皇帝。要创造人类的幸福，全靠我们自己。《国际歌》的说法，比那些酸腐文人的解释好。

读书学习做学问，既然是为了自己，也只能依靠自己，那就必须快乐。因为学习的目的，原本就是人的幸福。如果这幸福的表现形式居然是痛苦，那它还是不是幸福，就成了问题。何况在孔子看来，学习是终身的事。如果学习是痛苦的，岂非让人痛苦一辈子？实际上，孔子一直都在强调快乐。《论吾》的第一句话，就是"学而时习之，不亦说（悦）乎"（《论语·学而》）。这也是一句历来说不清的话。时，是按时，还是时时？习，是练习，还是复习？有争议。但学习应该快乐、愉悦，则是肯定的。其实你看孔子的教学，比如他和学生之间的讨论，是何等的快乐。他的课堂，简直就是《快乐大本营》。所以，我从来不赞成什么"学海无涯苦作舟"，更不主张"头悬梁锥刺股"。我的口号是：如果所有的学校和课堂都充满快乐，中国的教育就真正成功了！

学习是快乐的。谁在学习中快乐，谁就是孔子的好学生。曾皙是否做到了这一点，我们不清楚。但他至少是快乐的，或者认为快乐是重要的，所以孔子赞成他。但是，如果既像孔子一样好学，又像曾皙一样快乐，恐怕就非成为孔子最钟爱的学生不可。

那么，这个人是谁呢？

颜回。颜回，字子渊，所以也叫颜渊。他生于公元前521年，卒于公元前490年，比孔子小三十岁，"孔门二期"的。颜回经常受老师表扬，最讨孔子喜欢。而且，孔子表扬他的话，都很过头。比如前面说过，曾经两次有人问孔子"弟子孰为好学"，孔子都回答"有颜回者好学"，还说颜回一死就没有了，好像别人都不是他的学生（分别见《论语·雍也》和《论语·先进》）。孔子甚至还说，他的学生当中，只有颜回能够做到"其心三月不违仁"，也就是长时间地不违背仁德。至于其他学生，顶多撑他十天半个月（《论语·雍也》）。好家伙！幸亏颜回只是"不违"，还不算"达到"，否则，他连老师都超过了。

颜回为什么讨老师喜欢呢？也有许多原因，比如好学、听话、善悟等等。但我以为，颜回的"乐"，恐怕是重要原因。孔子曾经这样赞美颜回："贤哉回也！一箪食，一瓢饮。在陋巷，人不堪其忧，回也不改其乐。贤哉回也！"（《论语·雍也》）箪，就是盛饭的竹篮；瓢，就是舀水的瓜瓢。所谓"一箪食，一瓢饮"，也就是生活极其贫困简单。这是许多人都忍受不了的（人不堪其忧），只有颜回"不改其乐"。穷开心吗？喜欢住贫民区吗？当然不是。颜回之乐，显然不在箪食、瓢饮、陋巷，而在谋道、读书、做学问。也就是说，只要能够治学悟道，颜回就快乐。吃什么，喝什么，住在哪里，无所谓。这就叫"不改其乐"。其，就是颜回的。其乐，就是颜回自己的、本来的、固有的乐。所以，颜回"不改其乐"，就意味着他把学问和道德本身当作了快乐。这就是谋道治学的最高境界了。难怪孔子要像唱咏叹调一样地夸他：贤哉回也！贤哉回也！

孔子不但夸颜回，还要当着别的学生的面夸，和别的学生做比较。比如我们前面就说过，孔子曾经问子贡，你和颜回哪个更强。子贡这人乖巧，马上就说颜回比阿赐强多了，结果孔子大为高兴。孔子甚至替颜回抱不平。他说，颜回的学问和道德都好啊（回也其庶乎），可是一贫如洗，穷得叮当响（屡空）。阿赐不守本分（赐不受命）去做生意，投机取巧，却一猜一个准（亿则屡中），次次发大财（《论语·先进》）。这话恐怕有问题。颜回自己都"不改其乐"，您老人家着的哪门子急？安贫乐道固然好，经商做官也不错嘛！想当年，您老人家想回国，不就是子贡和冉有在张罗吗（请参看《史记·孔子世家》）？子贡不挣钱，冉有不做官，大家都学颜回，您老人家周游列国，谁赞助呀？您老人家打道回府，谁帮忙呀？

所以，孔子夸颜回，就有人服，有人不服。谁不服？子路。据《论语·述而》，有一次，孔子当着子路的面对颜回说：有人用，就做官（用之则行）；没人用，就归隐（舍之则藏）。能够做到这一点的，只有咱俩吧（唯我与尔有是夫）！子路一听就不高兴了。子路说：先生如果行军作战，又和谁一起（子行三军，则谁与）？孔子当然明白子路的意思，就反唇相讥说：反正不和空手打虎、赤脚过河、死了也不后悔的人一起！

哈哈！可真是好玩！这哪像圣人和圣徒对话，简直就是小孩子吵架斗嘴。但我读《论语》，最喜欢的就是这种真实的场面。我和李泽厚、李零先生一样，最喜欢子路和子贡。他们一个有勇，一个有谋，就像李逵和吴用，实在是爱煞人也！事实上，子路的话是有道理的。您老人家总是夸颜回，请问做事靠谁，用钱靠谁，平治天下保家卫国又靠谁？

但孔子的话也有道理，那就是子路的有勇无谋不可取。孔子其实也是喜欢子路的。他曾经这样赞美子路：穿着旧袍子，和穿皮大衣的人站在一起，却心安理得毫无愧色的，也只有阿由吧？别人阔气不嫉妒，自己贫困不贪求，怎么会不好？子路难得一回表扬，就老念叨这几句。孔子又说，不过如此，念叨什么（《论语·子罕》）？这就是敲打了。孔子为什么总是敲打子路？就因为子路太冲了，危险！他担心子路会出问题。据《论语·先进》，孔子甚至说过这样的话：像阿由这样的，恐怕不得好死吧（若由也，不得其死然）！

孔子这话，原本带有开玩笑的意思。当时孔子和四个学生在一起谈话。大孝子闵子骞恭恭敬敬，一脸的严肃；冉有和子贡谈笑风生，快快活活。子路呢？"行行如也"（行音航，去声），也就是愣头愣脑，罡罡的。孔子就说了这句玩笑话，没想到却不幸成为事实。公元前480年，卫国发生了内乱，情况十分危急。因为"弟子多仕于卫"（《史记·孔子世家》），所以孔子非常担心。据《左传·哀公十五年》，孔子说：阿柴是会回来的，阿由可是死了（柴也其来，由也死矣）！柴，就是高柴，字子羔或季羔（羔是一种羊，柴羊），"孔门二期"的，比孔子小三十岁（或四十岁）。他个子很矮，相貌较丑，智商不高。据

《论语·先进》,孔子对他和子路的评价,是高柴愚笨(柴也愚),仲由鲁莽(由也喭)。结果,矮小愚笨的高柴回来了,强壮英武的子路牺牲了,而且死得很悲壮,很惨烈(请参看本章第三节)。孔子的心里,真是很难过。

子路壮烈牺牲,是在孔子七十二岁那一年。这时,孔子的状况和心境又如何?

伤心事与玩笑话

孔子的晚年,很孤独,很伤感。

孔子是在他六十八岁那年(公元前484年),应季康子之召回国的(子贡和冉有很可能起了作用)。但季康子的意思,是只想用他的学生,不想用他。结果,是"鲁终不能用孔子,孔子亦不求仕"(《史记·孔子世家》)。他闲居在家,度过了自己最后的时光。

这几年,几乎年年都有伤心事。孔子回国的第二年,他的独生子孔鲤去世,终年五十岁。第四年,他的得意门生颜回去世,终年四十一岁(一说,三十二岁)。第五年,忠心耿耿又经常挨骂的老学生子路壮烈牺牲,终年六十三岁。爱子既丧,贤契又亡,孔子的心情可想而知。到了第六年,即公元前479年,孔子自己也撒手人寰,终年七十三岁。

"七十三,八十四,阎王不请自己去",孔子对自己的死似乎早有预感。据《论语·阳货》,有一天,孔子突然说:我不想说话了(予欲无言)!子贡听说,吓了一跳。他对孔子说:先生不说话了,我们这些做学生的怎么办?我们往下传述什么呀(则小子何述焉)?孔子说:老天爷说了什么呢?老天爷什么都没说,可是四季照样运行,万物照样生长。

老天爷说了什么呢（天何言哉？四时行焉，百物生焉。天何言哉）？

孔子说这话，不知是在什么时候，也不知道是什么意思。但另外两句话，意思就很清楚。这两句话，一句是"甚矣吾衰也！久矣吾不复梦见周公"（《论语·述而》），还有一句是"凤鸟不至，河不出图，吾已矣夫"（《论语·子罕》）。凤，就是凤凰；图，就是河图。这两样，在古代都是所谓祥瑞，也就是吉祥物。周公，是孔子心目中的大圣人。孔子这一生，时时刻刻都把周公搁在心里，老梦见他，其实就是想恢复周公创立的礼乐文化和礼乐制度，我们以后还要再说。可是到了孔子的晚年，不但凤凰和河图总也盼不来、看不见（事实上从来就没看见过），就连周公，也不复梦见了。人活着，要有梦。那流行歌曲不也唱"至少我们还有梦"吗？然而晚年的孔子，却连梦都没有了。所以他说：我恐怕是不行了（甚矣吾衰也），我恐怕快死了（吾已矣夫）！

孔子伤心，子路还要添乱。据《论语·子罕》，有一次，孔子病重，子路便自作主张"使门人为臣"。什么叫"使门人为臣"？就是安排同学们组织"治丧委员会"。没想到孔子病又好了。这下可麻烦了。孔子闻讯，大发雷霆，痛骂子路。孔子说：仲由这家伙，从来就不老实。他搞诈骗，已经是由来已久了（久矣哉，由之行诈也）！没想到这回还逼着我搞诈骗（无臣而为有臣）！我骗谁（吾谁欺）？骗老天爷吗（欺天乎）？

这段话有点令人费解。一般人都会想，子路这事确实做得不靠谱。人还没死，你组织什么治丧委员会？但这顶多也就是做事不过脑子，怎么是搞诈骗（行诈）呢？原来，这里面有个弯弯绕。这个弯弯绕，就是"为臣"，即子路组织的那个治丧委员会。按照当时的制度，只有诸侯去世，才能"为臣"。后来，礼坏乐崩了，大夫去世，也组织。而且，古代的"为臣"，与现在的治丧委员会还不同。现在的治丧委员会,是人死了以后才工作。古代的"为臣",却是人死之前就工作,当着活人的面就操办丧事,比方说换寿衣、整容什么的(请参看杨伯峻先生注),现在某些农村还有这种习俗。这不是咒人死,而是要让人死得风光体面。何况在子路看来,孔子好歹也是做过鲁国大司寇的,也是大夫。别的大夫可以"为臣",孔子怎么不能享受这个待遇?国家不来组织,那我们就自己来组织,反正不能让先生死得窝囊寒酸。所以,子路"使门人为臣",其实是一片好心。

问题是孔子的想法不同。孔子认为:"为臣"既然是诸侯之礼,那就不能僭越。别的大夫僭越,是他们的事,我孔丘不能做。我孔丘明明没有资格成立治丧委员会,你们还偏偏要搞(无臣而为有臣),这不是"行诈"是什么?这事如果得逞,则自己维护礼法的一世英名,岂非毁于一旦?只怕还会落下欺世盗名的恶评。所以孔子怒不可遏,认为子路是"绑架"了自己来搞诈骗,这才赌咒发誓说"吾谁欺,欺天乎"。意思也很清楚:这种勾当,就连人都骗不了,你还想欺天?

至于自己是否死得风光体面,孔子也另有想法。他骂子路说:我难道一定要死在"治丧委员"手里吗?我是宁肯死在学生们身边的(与其死于臣之手也,无宁死于二三子之手乎)!就算我不能死得风光,难道会死在马路边吗(且予纵不得大葬,予死于道路乎)?显然,孔子对自己的身份有定位。这个"位",就是教书匠。教书匠用不着搞什么治丧委员会,能够死在学生们身边,有学生追悼怀念自己,就是最大的光荣,干吗非得享受贵族和官员的待遇?这个观念,可真是让人肃然起敬。就冲这一条,我们也敬重他老人家一辈子。

可惜孔子管得了生前,管不了身后;管得了子路,管不了子贡。孔子去世以后,子贡带头,加上其他学生(宰我、有若等等),众人抬柴,众志成城,大家心往一处想,劲往一处使,齐心协力,还是把他抬上了圣坛。

不过这已是后话，现在还说眼下。从前面这个故事里，我们能看到什么呢？第一，孔子是尊礼之人。他用自己对后事的安排，实践了自己的主张，即"非礼勿视，非礼勿听，非礼勿言，非礼勿动"（《论语·颜渊》）。第二，孔子也是性情中人。他心里想什么，就会表现出什么。一旦发怒，便全然没有什么温良恭俭让。

事实上，孔子也和我们一样，有着普通人和正常人的悲欢离合、喜怒哀乐，而且不乏幽默感。我们读《论语》，看见里面满篇都是格言，常会以为孔子平时也是格言不离口。其实这是误解。孔夫子三十岁开始教学生，差不多一直教到七十三岁。这四十多年光景，得说多少话，岂能句句是格言？那可真成不会说人话的了。《论语》不过是把这四十多年的话，挑了又挑，拣了又拣，最后又集中了起来，可不就成了"格言篓子"？好在《论语》还保留了不少有趣的情节，让我们看到孔子真实的另一面。正是这另一面，让我们看见了真孔子。

他敢哭。孔子哭颜回，可谓感天动地。颜回去世那年，孔子七十一岁，颜回四十一岁。白发人送黑发人，孔子哭得昏天黑地。据《论语·先进》，当时孔子痛哭流涕地说：哎呀！这是老天爷要我的命，这是老天爷要我的命呀（噫！天丧予！天丧予）！旁边的人说：先生太悲痛了（子恸矣）！孔子说：真的太悲痛了吗（有恸乎）？我不为这样的人悲痛，又为谁悲痛（非夫人之为恸而谁为）？可是他没有想到，第二年，子路也死了。据《公羊传·哀公十四年》，孔子再一次悲痛欲绝地哭着说：哎呀！这是老天爷要断绝我呀（噫！天祝予）！孔子这时，真是欲哭无泪。

他敢骂。孔子骂宰予，可谓狗血喷头。宰予，字子我，生卒年不详，"孔门二期"的，言语科。据《论语·公冶长》，有一次，宰予大白天睡大觉（**宰予昼寝**），被孔子发现，结果遭到痛骂。这里有个细节值得注意，就是《论语》一书提到孔门弟子，只要是描述性的，一般都称字，比如颜渊、子路、子贡、子夏、曾皙、冉有，个别的还称子（先生），比如曾子（曾参）、有子（有若），只有在记录孔子原话时，才称名。因为按照当时的礼节，长辈称呼晚辈、老师称呼学生，每个人称呼自己，都称名。比如孔子对尊者说话，就自称"丘"；对学生说话，就自称"吾"；称呼学生，则一律称名，如回、由、赐、商、点、求等等。叫学生而称字，是"非礼"；说自己称字，也是"非礼"。所以我们看一些电视剧，孔子自称孔仲尼，曹操自称曹孟德，真是觉得可笑。孔夫子如果看了这些戏，非给那些编剧和导演一耳光不可。

这个规矩是不能不讲究的。因为名为卑，字为尊，这叫尊卑有序，是礼。依礼，后辈称呼前辈，平辈相互称呼，都要称字，否则也是"非礼"。但如果是对长辈、老师、君主说话，提到同辈，也只能称名，以示对长辈、老师、君主的尊重。《论语》是后世儒生编的，在陈述句中提到孔子的学生，当然必须称字，包括对宰予。事实上宰予在《论语》中出现五次，四次都是"宰我"，只有这次是"宰予"。为什么呢？恐怕是因为他挨骂。

孔子怎么骂宰予？他说："朽木不可雕也，粪土之墙不可杇也！于予与何诛？"杇，就是把墙壁抹平。粪土，就是脏东西、污秽物，包括粪便又不限于粪便，也就是垃圾吧！垃圾垒的墙，当然没法粉刷，也不值得粉刷。孔子说宰予是朽木，是粪土之墙，等于骂他是垃圾。何况还有"于予与何诛"。这话翻译过来就是：宰予这家伙，我都不知道骂他什么才好！

宰予被骂作垃圾，孔子还要说"不知道骂他什么才好"，简直就是深恶痛绝了。然而宰予挨骂的原因，却不过是"昼寝"。这就不能只看表面情况，要到孔子后面的话去找原因了。孔子在后面说什么呢？孔子说：过去我对别人，是"听其言而信其行"，现在我要改了，改成"听其言而观其行"。从什么时候改的？就从宰予开始。看来，孔子痛骂宰予，是因为他说话不算话。可能他原本信誓旦旦要奋发图强，结果却来了个"昼寝"，岂非骗子。

当然，事实上宰予并不是骗子。相反，他也是孔子的好学生。后来，子贡搞"造圣运动"，宰予也是出了大力的。据《孟子·公孙丑上》，宰予甚至说"以予观于夫子，贤于尧舜远矣"，意思是尧、舜都比不上孔子。好嘛！孔子一顿臭骂，竟骂出个"骨灰级"的忠实信徒。于是我们就很想知道，这是为什么？或者说，孔子为什么会成为他学生心目中的圣人？

原因我想也有很多。比方说，在文化上，孔子承前启后，继往开来；在学术上，孔子出类拔萃，总其大成；在道德上，孔子身体力行，以身作则；在教学上，孔子循循善诱，诲人不倦。这些众所周知的原因，我就不说了，何况恐怕根本就说不全。这里只说其中之一，那就是孔子真实坦诚的人格魅力。

孔子真实坦诚吗？是。他甚至不掩饰对某个人或者某些人的憎恶或厌恶。据《论语·子路》，有一次，子贡问孔子怎样才可以叫做"士"。士，原本是当时一个特殊的阶级或阶层（请参看本书第五章第五节），大约相当于现在的"知识分子"（李泽厚先生便如此翻译）。不过在孔子那里，阶级或者等级，是要和品级相匹配的。匹配，才叫名副其实。比如君子，原本是阶级或者等级（贵族）。但在孔子那里，同时也是品级。因此，一个人，光有君子的身份地位还不行，还必须同时具备君子的品位和修养，才配称为君子。子贡的问题也如此。他问"何如斯可谓之士矣"，其实就是问：究竟怎样才配称为士？

对此，孔子的回答是：爱惜羽毛，懂得羞耻，出使四方，不辱君命，就可以叫做士。子贡问：次一等呢？孔子说：族人称赞他孝顺父母，乡亲称赞他尊敬长老。子贡又问：再次一等呢？孔子说：言必信，行必果。这就是浅薄固执的小人了，不过马马虎虎也可以算作最次一等的。子贡再问：现在那些搞政治的人怎么样？孔子的鄙夷立马溢于言表："噫！斗筲之人，何足算也！"斗，就是量斗；筲（音稍），就是饭篮。斗筲之人，也就是度量狭小见识短浅的人。所以这话也可以翻译为：哼！那帮家伙，算得了什么！刚才说过，就连那些"言必信，行必果"的"硁硁然小人"，都勉强可以算作最次等的士（亦可以为次矣）；而所谓"今之从政者"，却是"何足算也"。可见孔子对当权派的评价，还在小人之下。更值得注意的是，孔子的这种蔑视还要毫不掩饰地表现出来，岂非性情中人？

孔子甚至还干过一些令人匪夷所思的事。据《论语·阳货》，有一个名叫孺悲的人想见孔子。孔子不见，让门房对他说自己病了。可是，传话的人刚出门，孔子就"取瑟而歌，使之闻之"，也就是又奏瑟又唱歌，还故意让那人听到。这意思就再清楚不过：我没病，好着呢！就是不见你！为什么不见，不清楚，反正是不给面子。

顺便说一句，孔子是很喜欢音乐，也会唱歌的。《论语·述而》说，孔子和别人一起唱歌，如果唱得好（与人歌而善），就一定请那人再唱一遍，自己"而后和之"。和，音贺。这个"而后和之"是什么意思？是唱第二段？还是唱另一声部？我认为是伴唱。比如《好汉歌》，第一句是：大河向东流哇，天上的星星参北斗哇！这是独唱。接下来是：嘿呵嘿呵参北斗哇，水里火里不回头哇！这就是伴唱。所谓"与人歌而善"，按照李零先生的翻译，就是"发现别人唱得好"。和别人一起唱歌，发现别人唱得好，孔子就心甘情愿地做伴唱。大家想想，孔子这人,是不是特可爱?

我们还可以说一件证明孔子可爱的事。孔子有个学生叫言偃。言偃,字子游,"孔门三期"的,文学科,当过武城的宰。子游做武城宰的时候,孔子曾经去参观或者视察。据《论语·阳货》,孔子一到武城,就听到了"弦歌之声",孔子就笑了,说"割鸡焉用牛刀"。这意思也很明白:巴掌大的地方,也用得着一本正经办教育,搞礼乐教化?子游说:学生听先生讲过,君子学习礼乐就有爱心,小人学习礼乐就听使唤(*君子学道则爱人,小人学道则易使也*)。孔子马上就改口说:同学们,阿偃的话是对的,我刚才是开玩笑。

孔子真是开玩笑吗?未必。我们知道,武城是鲁国国都曲阜附近一个小邑,大约也就相当于我们现在一个乡。子游在那里推行礼乐教化,多少有点小题大做。所以孔子的"割鸡焉用牛刀",就至少有点调侃。但这事不能较真。巴掌大的地方,那也是地方呀!礼乐教化既然"放之四海而皆准",你就不能说小地方用不着。所以,子游一较真,孔子就不好再调侃,只好打哈哈,说"前言戏之耳"。当时的神态,我想一定很好玩。

这就是我在《论语》中读出的孔子。他有血有肉,真情实感,不掩饰,不做作,有时还憨态可掬。我喜欢这样的孔子,不喜欢后来被圣化的孔子。

真实的孔子很孤独。据《论语·宪问》,孔子曾经对子贡说:没有人理解我呀(*莫我知也夫*)!子贡问:怎么就没人理解先生呢(*何为其莫知子也*)?孔子说:不抱怨老天,不怪罪别人(*不怨天,不尤人*),点点滴滴从下面学起,争取达到最高境界(*下学而上达*)。理解我的,只有老天爷吧(*知我者其天乎*)!

这段话不好理解。比如"下学而上达",就各种解释都有。可是谁也不敢说自己的解释就合于孔子本意，我的翻译也一样。"不怨天，不尤人"的本意倒是清楚，但孔子为什么要说这句话，就不清楚了。一种解释是：子贡问孔子，怎么就没有人理解先生呢？孔子回答说：因为我"不怨天，不尤人，下学而上达"，这是只有老天爷才能理解的。另一种解释是：孔子并不正面回答子贡的问题，只是说，尽管没有人理解我，我还是"不怨天，不尤人，下学而上达"，能理解的，只有老天爷吧！第一种解释是回答，第二种解释是回应。到底是哪一种，就不清楚了。但有一点是清楚的，那就是孔子认为没有人理解他。

实际情况，也大约如此。很多人都不理解孔子，包括他的学生。据《论语·述而》，孔子曾经对他的学生说：你们以为我有什么隐瞒的吗（二三子以我为隐乎）？我没有什么隐瞒的呀（吾无隐乎尔）！我没有一件事情是要瞒着你们，不告诉你们，不让你们知道的（吾无行而不与二三子者）。这就是我，孔丘（是丘也）！

孔子这话是什么时候说的，对谁说的，为什么要说，都不清楚。怎么理解，也众说纷纭。但我读来读去，总觉得里面有文章。我甚至怀疑，是不是有学生表示出对先生的不满，而且这不满还很强烈，孔子才会出来发表这个声明。这可是没有证据的事，姑且存疑吧！但如果当真被学生怀疑，那是很伤心的事情。

不过更让孔子伤心的，恐怕还是他的理想不能实现，主张不能实行。据《史记·孔子世家》，孔子临终前对子贡说：天下失去正道和正义，已经太久了（天下无道久矣）。没有人能够继承我的思想，完成我未竟之事业（莫能宗予）。这话子贡听了，可能不以为然：怎么没有人？我们这些学生，不都是接班人吗？但我以为，孔子说的是真心话，也是实话。后世尊奉的，都是走了样、变了味的孔子。这可是他老人家左右不了也奈何不得的事。

或许，这就是孔子了。他是文化巨匠，是失意官员，是模范教师，是孤独长者，是性情中人，还是众矢之的。自从孔子创立了儒家学说和儒家学派，他和他的学说、学派，就成了后世必须面对的对象，无法回避的话题，谁都绕不过去。墨家、道家、法家，群起而攻之；儒家自己，则一面继承维护，一面修正发展。但无论是继承和发展，还是反对和修正，其立场、观点和方法，也各不相同。墨家、道家、法家之间，包括儒家内部不同派别之间，也要各抒己见，相互批判。由此，便引发了一场历时约三百年之久的跨世纪大辩论，这就是本书要说的事情——先秦诸子百家争鸣。

先秦诸子百家争鸣时间很长，问题很多，情况很复杂。但简要一点，也可以概括为三场大辩论，或者"三大战役"。第一场是儒墨之争，争论的焦点是"仁爱还是兼爱"；第二场是儒道之争，争论的焦点是"有为还是无为"；第三场是儒法之争，争论的焦点是"德治还是法治"。在后面的章节里，我们就为大家一一道来。

第二章
儒墨之争

儒与侠

先秦诸子百家争鸣的第一环节是儒墨之争。

墨子,是第一个公开批判孔子和儒家的人。墨家,也是孔子和儒家的第一个公开的反对派。为什么说是第一个呢?因为道家的庄子和法家的韩非,都在墨子之后,年代不能确定的只有老子。但无论老子其人生在何时,《老子》一书却肯定没有指名道姓批判孔子,也没有与儒家发生正面冲突。所以,公开批判孔子和儒家,墨子和墨家是第一个。

墨子和墨家的批判,一分猛烈犀利。李零先生说墨子是"成心抬杠,处处跟孔子拧着来"(李零《人往低处走》),很对,而且还可以加一句:得理不饶人。《墨子》一书记录的两家辩论,每次都是儒家落了下风。这也并不奇怪。就算有一次墨家输了,他们也不会记录在案。这就不像《论语》。《论语》这本书,还是比较忠于历史、忠于事实的,他人的讥讽、学生的不满、孔子的狼狈,都如实照录,栩栩如生,历历在目。《墨子》则不同,只有胜,没有败。《墨子》之后,各家各派的著作,也都大体上只有"过五关斩六将",没有"走麦城"。这大约因为孔子的门徒,还有一点君子风度和史家风范。即便用了春秋笔法,总归不会篡改事实。再说那时儒家还没有对手,胜不胜败不败的,也无所谓。墨子的时代,争鸣已经开始。各家各派,都唇枪舌剑,互不相让,也都要争取尽可能多的支持,就不能稍有示弱了。所以,对于这些记录，我们不可不信，也不可全信。全当作历史看，就会有问题。

不过墨家的这些记录，倒也有趣，从中也可以看出儒墨两家争论的焦点，以及他们争论的方法。比方说，据《墨子·耕柱》，儒家的巫马子曾经与墨子辩论。巫马子是谁？有人说就是孔子的学生巫马施（字子旗），也有人说是巫马施的后人，这个也搞不清楚，且不去管他。《耕柱》说：巫马子对墨子讲，先生做那些"义事"（子之为义也），人见了不相助，鬼见了不保佑（人不见而助，鬼不见而富），先生还做个没完，有病吧（有狂疾）？墨子反问：假设先生手下有两个助理，一个看见先生才做事，看不见就不做；另一个呢，看见先生也做事，看不见也做——请问，先生器重哪一个？巫马子说：当然是器重无论我看不看得见，都做事的那一个。墨子说：这就是了，先生也器重有病的（是子亦贵有狂疾也）。

还可以再举例。据《墨子·公孟》，有一次，公孟子和墨子辩论。公孟子，就是公明子仪，曾子的学生。古代孟和明相通，所以公孟子就是公明子。公明子仪对墨子说：一个君子，应该像钟一样。钟，你敲它，它就响；不敲，就不响。君子也是。你问，他就说；不问，就不说。墨子说：是啊是啊！现在没人敲，你这口"钟"怎么响了？意思很清楚：我并没有问你，你怎么说话了？言外之意也很清楚：你们儒家，岂不是出尔反尔、自相矛盾吗？

看来，墨子总是能从儒家学说中找到漏洞，然后"以子之矛，攻子之盾"，用儒家的砖头砸儒家的脚。仍据《墨子·耕柱》，有一次，子夏的学生和墨子辩论。子夏，就是孔子的得意门生卜商，也是儒家的"文化传人"，前面说过。子夏的学生问墨子：君子之间也有争斗吗？墨子说，没有（君子无斗）。子夏的学生说，猪狗之间尚且争斗，士人之间怎么会没有争斗？墨子说：好可悲啊！某些人，说起话来，总是言必称商汤王、周文王；做起事来，却和猪啊狗啊相比。好可悲啊！

仅此三例，我们就不难看出，墨家与儒家可真是势不两立。况且，墨子并非只和儒家之徒辩论，他还指名道姓地攻击孔子。在《非儒》篇（看看篇名就知道他们的立场），墨子讲了孔子困于陈、蔡之间时的一件事。孔子周游列国，困于陈、蔡之间，这事是有的，我们前面也说过（见本书第一章第三节）。但墨子讲的故事，就闻所未闻了。墨子说，当时孔丘等人，饿得只能吃野菜。后来子路蒸了一只小猪给他，他不问肉的来路就吃了。子路又剥下别人的衣服去换酒，他也不问酒的来源就喝了。等到鲁哀公迎他回国，席子摆得不对他不坐（*席不端弗坐*），肉类割得不正他不吃（*割不正弗食*）。子路问他为什么与"穷于蔡陈之间"时判若两人。孔丘说：来，我告诉你！那时你我是为了求生（*苟生*），此刻你我是为了求义（*苟义*）。于是《非儒》说：肚子饿，就不惜妄取；吃饱了，就装模作样。天底下，还有比这更奸诈虚伪的吗（*污邪诈伪，孰大于此*）？

兹事体大！这事如果属实，则孔子虚伪；不实，则墨子造谣。可惜此事的真实与否，现在是无法查证了，只能猜测。我的看法是：人上一百，形形色色。孔子和墨子的门徒、追随者那么多，其中有没有人虚伪，有没有人造谣？可能有。但孔子本人并不虚伪，墨子本人应该也不会造谣。那么，这故事从哪里来的？也有两种可能，一是误听讹传，二是别人所讲。学术界原本就有一种观点，认为《非儒》不是墨子本人的作品（比如胡适先生就认为此篇可疑）。包括前面提到的《耕柱》《公孟》诸篇，都可能是墨子后学所为。苟如此，墨子当然可以不负责任。

实际上《非儒》一文中不实之处甚多，有的简直就是信口开河。比如说孔子身为鲁国大司寇，不帮助国君，却帮助季氏（*舍公家而奉季孙*）；说鲁国的窃权者阳货、晋国的叛乱者佛肸是孔子的学生等等，就明摆着不是事实。然而《非儒》篇不但言之凿凿，还一口咬定是孔子带坏了他们，道是"徒属弟子，皆效孔丘"，还说"孔丘所行，心术所至也"。说白了，这是愣往孔子头上扣屎盆子，绕着弯地骂孔子心术不正，近乎人身攻击。这就让后世许多人不以为然。文中的"孔丘"二字，也被清代学者毕沅换成了"孔某"。因此，我们会看到《墨子》的不同版本。引文中写孔丘，写孔某，也都对，不是硬伤。

不过我认为，即便《非儒》《耕柱》《公孟》诸篇是墨子后学所为，代表的也是墨家观点。何况按照学术界的主流意见，《非儒》篇"足以代表墨子思想"（孙叔平《中国哲学家论点汇编·先秦编》）。这就说明，墨家对孔子和儒家的攻击，已经到了处心积虑甚至不择手段的地步。于是我们就要问：墨子和墨家为什么要不遗余力地批判儒家？

这就要弄清楚墨子与孔子有什么不同。

首先是时代不同。墨子名翟，字不详，尊称墨子。他的生平也不清楚，据清末经学家孙诒让《墨子间诂》考证，大约生于公元前468年，卒于公元前376年。也就是说，墨子比孔子小八十多岁。孔子去世后，墨子才出生。我们知道，《春秋》经文的最后一句，就是"夏四月己丑，孔丘卒"，事在鲁哀公十六年，也就是公元前479年。孔子去世，春秋时代就结束了。墨子在世，战国时代也开始了。所以张荫麟先生说，孔子给春秋时代以光彩的结束，墨子给战国时代以光彩的开端（张荫麟《中国史纲》，下引张荫麟语均见此书，不再注明）。

春秋与战国有什么相同，有什么不同？相同的是天下无道，没有正义和公平；不同的是，战国时代社会更动荡，政治更黑暗，战争更频繁，人民更痛苦。换句话说，春秋时期是客客气气、羞羞答答、遮遮掩掩地坏；战国时期就改成肆无忌惮，明火执仗，杀人不眨眼睛，吃人不吐骨头了。这一点，我们以后还会说到（请参看本书第六章第四节）。

因此，生活在春秋战国之交的墨子，感受要比孔子更强烈，态度也就更愤激。孔子虽然也对现实不满，但他更多的还是委婉的批评和积极的建议，希望统治者有所改良。墨子的批判性和战斗性则更强，他几乎毫不掩饰地表明自己的态度。看看《墨子》一书的某些篇名就知道：非攻、非乐、非命、非儒。这等于是举着牌子，旗帜鲜明地宣布：我反对！

墨子与孔子的第二点不同，是立场不同。孔子的立场是贵族的，甚至是统治阶级的。他多半是站在统治阶级的立场上，想统治阶级之所想，急统治阶级之所急，替他们谋划长治久安的方略，设计天下太平的蓝图。据《论语·颜渊》，公元前517年，三十五岁的孔子曾经到齐国找工作。齐景公向他问政，孔子回答了八个字："君君，臣臣，父父，子子。"齐景公说：这话说得好呀！如果君不君，臣不臣，父不父，子不子，就算有的是粮食，我能吃到嘴里吗？看来，孔子对君主有没有饭吃是很关心的，虽然他也关心人民有没有饭吃。

墨子的立场则是平民的，甚至是劳动人民的。他更多地是站在劳动人民一边，想劳动人民之所想，急劳动人民之所急，为劳动人民奔走呼号，争取权利。为此，墨子提出了他著名的十大主张。这十大主张，包括四个方面。首先是伦理思想，这就是兼爱。这是墨子思想的总纲，后面要着重讲。二是政治思想，这就是尚贤、尚同、非攻。三是经济思想，这就是节用、节葬、非乐。四是宗教思想，这就是天志、明鬼、非命（请参看李小龙《墨子译注·前言》）。这些主张，便都与他的立场有关。

比方说，墨子反对儒家主张的礼，也反对儒家主张的乐。反对礼，好理解，因为礼讲尊卑，不讲平等，这就与墨子的理念相悖。那么，为什么要反对乐呢？原来，中国古代的"乐"，是一个含糊的概念。它有时候单指音乐艺术，有时候泛指一切娱乐；更多的时候，则是指一种包括文学、音乐、舞蹈、美术在内的综合艺术,即"乐舞"。这种"乐舞"的演出,需要很多人投入,协调运作。其中规模大的,相当于现在的大型综艺晚会。对于这样一种"乐",墨子是反对的。为什么呢?因为对劳动人民没好处。在《非乐》篇,墨子说,劳动人民的忧患有三条,那就是"饥者不得食,寒者不得衣,劳者不得息"。这是劳动人民最大的忧患(民之巨患也),可是"乐"却一点忙也帮不上。墨子问:撞击洪钟,敲打鸣鼓,弹奏琴瑟,吹奏竽笙,手舞足蹈,载歌载舞,就能让老百姓有饭吃、有衣穿吗?不能。就能实现天下大治,保证天下太平吗?也不能。不但不能,还会添乱。因为这种大型综艺晚会需要耗费大量的人力、物力、财力,而且耽误生产。男人去做这件事,耽误种田;女人去做这件事,耽误织布。官员去做这件事,耽误治国。这样祸国殃民的东西,要它做甚?现在,劳动人民饭都吃不饱,衣都穿不暖,整天干活一点休息时间都没有,你们统治阶级却在那里穷奢极欲、歌舞升平,像话吗?所以,墨子得出结论:"为乐非也!"

墨子的这个说法,究竟对不对?也对也不对。没错,天下大乱,民不聊生,统治阶级居然"亏夺民衣食之财",以求声色之娱,确实应该批判!但如果人民"聊生"呢?能不能搞?墨子可没说。还有,文学艺术并非只有大型综艺晚会(乐舞)一种,其他形式的"乐"能不能要?好像也不能,因为墨子并没有说"某乐可也""某乐非也",而是一言以蔽之曰"为乐非也"。这就是一篙子打翻一船的人了。更何况,劳动人民也有艺术和审美的需求,怎么能简单地说"为乐非也"?看来还是孟子的说法更合理:可以也应该有文学艺术和娱乐活动,但必须"与民同乐"(详见本章第六节)。

问题是墨子为什么会有这样一个立场?也许与出身有关。前面说过,墨子的生平是不清楚的。《史记》没有为墨子立传,只是在孟子和荀子的合传后面附了一笔,说他是"宋之大夫"。但他是不是宋国人,却不能肯定,也有说是鲁国人或楚国人的,甚至还有说是印度人或者阿拉伯人的。有学者认为,所谓"墨翟",其实就是"黑狄",也就是印度人,或者阿拉伯人,但此观点当时就被驳斥。钱穆先生则认为墨子之所以叫墨翟,是因为受了墨刑。这些我们都搞不清楚,但也不难看出一些信息,那就是墨子的出身,大约比较卑贱或另类。事实上,根据《墨子·贵义》的记载,他很可能曾经是"贱人",或被看作"贱人";而据《墨子·鲁问》,他很可能曾经从事手工业,还是一个能工巧匠。

看来,墨子和孔子一样,小时候也是苦孩子,都是"吾少也贱,故多能鄙事"(《论语·子罕》)。不同的是,孔子后来看不起那些体力劳动,认为从事农、工、商的都是"小人",只有读书做官的才是君子。他自己向往的,也是古代贵族那种高雅而有情趣的生活。食不厌精,脍不厌细,衣冠楚楚,一天换好几套衣服,上课的时候有音乐伴奏,开了春就出去踏青郊游,等等。墨子则不然。他成名后,对工艺制造和工程技术仍有兴趣,而且手艺精湛,多有发明。他的生活作风和思想感情,也比较接近劳动人民:粗茶淡饭,布衣草鞋,过苦日子。所以,孔子和墨子同样博学,却多有不同。孔子精通的是六艺,墨子精通的是工艺;孔子对音乐有很深的造诣,墨子对物理有很深的研究;孔子同时是艺术家,墨子同时是工程师。难怪范文澜先生说,孔子和墨子,代表着不同的阶级。孔子代表士人,墨子代表庶民。孔子是士人成功的代表,墨子是庶民失败的代表(《中国通史》)。

这就是孔子与墨子的第三点不同:代表不同。不过,我不认为他们一个代表士人,一个代表庶民,而认为他们都是士人,但代表不同的士。什么是"士"?简单地说,秦汉以前的士,是贵族的最低一级;秦汉以后的士,是平民的最高一级。周代贵族四级:天子、诸侯、大夫、士。秦汉平民也是四级：士、农、工、商。春秋战国时期的士，上有贵族，下有平民，自己夹在当中，上下浮动。为什么会上下浮动呢？因为这个时候的士，既没有固定工作，也没有不动产。当然，这两样东西，他们原本也是有的。西周封建之初，士有可以吃租税的田地，叫"食田"，也有世袭的职位，叫"世职"。但是后来没有了。失去了世职和食田的士，就成为无业游民，与庶人没什么两样。他们既没有稳定的工作（世职）和不动产（食田），又不能当真像庶人一样种田做工，那就只能作为"毛"依附于一张"皮"。也就是说，他们要生存，只能依附于诸侯和大夫。混得好的，可以成为上士，升为大夫；混得差的，就只能当下士，打零工；混得再差一些，则可能下降为庶民。也就是说，士这个阶层，也分为上层和下层。上层接近大夫，有贵族气；下层接近庶人，有平民味。孔子就是上层的代表，墨子就是下层的代表。

分化的同时也有分工，比如分成文士和武士。文士主要参与政治，武士主要参与军事。文士的上层可以做智囊，下层就只能做文秘，甚至做食客。武士的上层可以做将领，下层就只能做保镖，甚至做刺客。也有一些人，宁肯保持独立自由的身份，成为"游士"；或者并不固定依附于某个高级贵族，有合适的事情就做，没有就闲着，来去自由。这些人，文的叫儒，武的叫侠。孔子就是儒的代表，墨子就是侠的代表。

儒也好，侠也好，都是自由职业者。儒的工作，主要是帮别人操办礼仪和传授诗书。侠的工作，则主要是帮别人排忧解难和看家护院。这是他们的饭碗，却又是靠不住的泥巴饭碗，随时都可能砸了。所以，儒和侠，都需要自己的代表，也都需要领袖和导师。因为他们要有出路，要有安全感和归属感。要知道，儒和侠都是有本事的。如果散落在民间，就会成为社会的不安定因素。所以，主张专政和集权的韩非，就把他们视为国家和社会的祸害，说是"儒以文乱法，侠以武犯禁"（《韩非子·五蠹》），必须予以铲除。许多儒和侠自己也不争气。下等的儒，为了混口饭吃，死皮赖脸，听说有人办丧事，就不请自到。下等的侠，为了糊口谋生，不讲原则，只要有人肯花钱，就前去杀人。显然，这是不行的。统治者不答应，他们自己也不满意。也就是说，儒和侠，都需要引导，都需要整合，也都需要提升。

孔子和墨子，就是儒和侠的引路人。孔子为儒指引的出路，是读书做官，而且最好是在读书和做官之间游刃有余，谓之"仕而优则学，学而优则仕"（《论语·子张》）。墨子为侠指引的出路，是平时自食其力，急时行侠仗义。比方说，一方有难，便前往支援。历史证明，孔子的路是阳关道，也是独木桥。为什么是阳关道？因为能够荣华富贵步步高升。为什么是独木桥？因为除此之外别无选择。但阳关道也好，独木桥也好，总归能走。墨子的路，却是走不通的。自食其力没法出人头地，行侠仗义则不为官方所容。因此，最终儒家胜利，墨家失败。失败者留在过去，胜利者面向未来。孔子就是未来的代表，墨子就是过去的代表。

显然，孔子和墨子，或儒家和墨家，是一个阶层，两个代表。

不过儒家和墨家又有相同之处，那就是都有理想和追求，也都有原则和底线。孔子明确提出，要做"君子儒"，不做"小人儒"（《论语·雍也》）。墨家的侠，则只参加防御，不参加进攻；只支持反侵略战争，不支持侵略战争。这就是底线。儒家希望通过实施礼乐来影响政治，维护和复兴礼乐文化和礼乐制度。墨家则希望对武士和侠客的职业道德进行理性的解释和规范。这就是追求。也就是说，儒家的儒也好，墨家的侠也好，都有主义，有操守，也都超越了自己的职业和出身。

实际上，儒家和墨家，代表着当时最有理想最有抱负也最有道德的一群人，即儒和侠当中的优秀分子。因此，他们势必要为无道的天下开出救治的药方。而且，正是由于药方的不同，儒墨两家便开始了春秋战国的第一场大辩论。

孔子的药方

先说孔子的药方。

孔子能为有病的社会开出药方吗？很多人认为能。孔子自己这么认为，他的崇拜者和追随者也这么认为。有一次，孔子路过卫国边境上一个叫做"仪"的小城。小城有个小官，叫"仪封人"。封，就是封土植树。封建时代，国与国之间的边境线，要挖沟，封上土，再种上树。仪封人，就是管仪城这些树的，也就是管仪城边境线的。此人也是个追星族，但凡路过仪城的名人，他都要见，因此也要见孔子。见了以后，他佩服得五体投地，对孔子的学生们说：诸位不要因为一时半会做不到官，就有失落感吧（二三子何患于丧乎）？天下无道已经很久了，老天爷正要让你们的老师当木铎呢（《论语·八佾》）！木铎，就是带木舌的金属铃铛。古代公家有事，要摇这铃铛；使者出行，也要摇这铃铛。所谓"天将以夫子为木铎"，也就是要孔子代天立言、替天行道了。

既然如此，孔子也就不能不拿出他的药方来。当然，这个药方，也只是他自认为找到了，当时并不管用。但是，这个当时并不管用的药方，后世却有人认为管用。直到现在，也有人认为有用，还主张拿来治现在的社会病。

那么，孔子的药方是什么呢？

也只有一个字：仁。

什么是"仁"？简单地说，就是"爱人"(《论语·颜渊》)。这是孔子对樊迟的回答。樊迟，前面说过，就是因为要学农，而被孔子骂作小人的那个。孔门弟子三千，被宣布为可以挨揍的有一个，挨骂的有三个。可以挨揍的是冉有，原因在本节的最后部分会说。挨骂的三个，是子路、宰予、樊迟。其中，子路挨骂最多，宰予最惨，樊迟也因为问题不靠谱挨了一次骂。其实樊迟在《论语》中出现六次，其余五次，一次问孝，一次问修行，三次问仁。问仁的三次，两次同时问知，都很靠谱。问修行的一次，还被孔子表扬为"善哉问"(《论语·颜渊》)。可见樊迟也是好学生。

樊迟向孔子问仁，孔子怎么说？樊迟问了三次，孔子有三种回答。这也不奇怪。孔子的学生问仁，往往是问"怎样才能做到仁"。孔子回答的，也都是这个问题。不同的时候不同的人，有不同的情况，所以孔子的回答也不同，不能拿它们当定义。

比较接近于定义的，就是"爱人"。我们来看孔子怎么说。据《论语·颜渊》，樊迟问仁，孔子说"爱人"；又问知(智)，孔子说"知人"。樊迟不明白(樊迟未达)。孔子就又说："举直错诸枉，能使枉者直。"枉，就是弯曲；直，就是平直；举，就是拿、把、将；错，就是措，也就是放置、安放、安排；诸，就是之于，也就是"它在"。所以，这句话直译过来就是：把平直的放在弯曲的上面，就能使弯曲的变成平直的。

这话没头没脑，不要说我们听了不明白，就是樊迟听了，也是一头雾水。但是樊迟不敢再问，只好退出来问自己的同学子夏。子夏悟性好呀！他能从美人的笑容和眼睛(巧笑倩兮，美目盼兮)想到"礼"，大受孔子表扬(请参看本书第一章第四节)，所以樊迟要请教子夏。子夏怎么说呢？子夏说，哎呀，老师的话，内容太丰富了，太深刻了(富哉言乎)!想当年,舜帝和汤王,在千百万人当中搞海选,选出最有仁德的皋陶和伊尹,那些邪恶的人就都跑掉了嘛(不仁者远矣)!

按照子夏的这个说法,所谓"举直错诸枉",就是"把正直的人提拔起来,安排在邪恶的人之上"。后世许多学者,就是这样翻译的。但这有问题,因为孔子后面还有话,即"能使枉者直"。这话按照前面的理解,就应该翻译为"能够使邪恶的人变得正直",而不是"邪恶的人就都跑掉了"。事实上,舜帝和汤王选贤任能的结果,也只是"不仁者远矣"。那些"不仁者"改邪归正,变仁变直了没有?好像没有。这就不能算是"能使枉者直"。所以,子夏的解释,也只是他自己的理解,未必是孔子的原意。

其实依我看,这事也不可太拘泥,认死理。也就是说,我们不必一定按照子夏的说法,把"枉"认定为邪恶的人,把"直"认定为正直的人,也可以做更宽泛的理解,解释为"错误"和"正确",或者"错的"和"对的"。如此,则孔子的话就可以这样翻译:用正确的替代错误的(举直错诸枉),就可以改正错误(能使枉者直)。

这就是开药方了。实际上类似的话,孔子还在别处说过。据《论语·为政》,鲁哀公曾经向孔子问政。鲁哀公是在公元前494年,即孔子五十八岁那年即位的。当时孔子正在卫国做官。哀公问政,应该是公元前484年孔子回国以后。哀公问怎样才能让人民服从(何为则民服),孔子的回答是"举直错诸枉,则民服;举枉错诸直,则民不服"。这句话按照我的理解,就可以翻译为:用正确的替代错误的(举直错诸枉),民众就心悦诚服;用错误的替代正确的(举枉错诸直),民众就不会服从,或者口服心不服。这岂非开药方?

那么,什么是正确的(直),什么是错误的(枉)?

很简单,礼,是正确的,是"直"。非礼、失礼、乱礼、坏礼,都是错误的，也都是"枉"。为什么呢？因为在孔子他们看来，礼，不但是"礼"，也是"理"；即不但是礼貌、礼仪，也是真理、道理。真理都是正直的，所以"礼"也是"直"。相反，礼坏乐崩，当然是"枉"。枉则曲，直则正，理直则气壮。因此，一个君子或者有志之士，面对礼坏乐崩之"枉"，就应该理直气壮地"举直错诸枉"，用正确的"礼"取代不正确的"非礼"。

可是，怎样才能"举直错诸枉"呢？

克己复礼。这是孔子对颜回的回答。据《论语·颜渊》，颜回也曾向孔子问仁。孔子的回答，就是这四个字。什么叫克己复礼？一般的解释，都说克己就是克制自己，复礼就是复归于礼。但这里有一个问题：礼，原本是理直气壮的，怎么还需要克制自己？因此也有人解释说，克，就是能够；复，就是实践。克己复礼，就是能够（克）亲自（己）实践（复）礼。这个我们就不讨论了。总之，只要能够"克己复礼"，就能"举直错诸枉"，拯救这个有病的社会。这就是孔子的药方。

不过这样一来，又有了新的问题：靠什么来"克己复礼"？

仁。或者说，仁爱。孔子在回答颜回的问题时，说得很清楚："克己复礼为仁。一日克己复礼，天下归仁焉。"归，有人说是赞同（朱熹），有人说是称许（杨伯峻），也有人说是回归（李泽厚）。其实都一样，就是说：只要我们能够"克己复礼"，那么，普天下人也都会赞同和称许，从而使全社会回归到仁。

这样一说，就让人糊涂：又是仁，又是礼，到底是仁还是礼？

是仁，也是礼，但归根结底是仁。孔子说过："礼云礼云，玉帛云乎哉？乐云乐云，钟鼓云乎哉？"（《论语·阳货》）这话翻译为白话文，就是：礼呀，礼呀，难道就是玉器和丝绸？乐呀，乐呀，难道就是金钟和皮鼓？也就是说：礼难道就是礼物，乐难道就是乐器？当然不是。那是什么？是仁，是爱。

这一点，在孔子那里十分明确。孔子认为，我们之所以要有礼，要有乐，就因为人们有爱心。爱心是需要表达的，表达的方式就是礼和乐。比方说，父母去世，要披麻戴孝，守丧三年，就是为了表达爱心。为此，孔子和宰予，还曾经有过一次不愉快的辩论。

宰予，前面说过，就是因为白天睡觉被孔子痛骂，却又极其崇拜孔子的那个学生（请参看本书第一章第六节）。此人在孔子门下属言语科，大约是能言善辩的，但观点往往与先生不同，还爱较劲，因此不大招孔子待见。不过宰予好像也不在乎，该问还问，该说还说，甚至刁难老师。据《论语·雍也》，宰予也曾向孔子问仁。但他不像其他同学那样老老实实、恭恭敬敬地问，而是出了个假设题。宰予问：假设告诉仁者（仁者，虽告之曰），说有个好人掉到井里去了，他也会跟着跳下去吗（其从之也）？虽，就是假设。这种假设题都不好回答。比如许多女人都喜欢问：我和你妈掉水里去了，你先救谁？就怎么回答都不是。宰予这个"虽告之曰：井有仁焉"也一样。孔子怎么回答？孔子说，怎么会这样呢（何为其然也）？意思就是：怎么可以这样假设呢？孔子接着说：对于君子，可以要求，不能陷害（君子可逝也，不可陷也）；可以欺骗，不能愚弄（可欺也，不可罔也）。当真有人掉进井里，君子肯定要救。但你不能故意弄个人到井里，然后把君子也弄进去。这就是陷害。你也不能哄骗君子，说井里有人。等他下去了，你又看他笑话。这就是愚弄。再说了，救人也未必一定要跳井，还可以有别的办法嘛！总之，对君子，你只能实事求是，不能设套。这一次辩论，孔子赢了。

关于三年之丧的辩论，则谁也没能说服谁，不欢而散。据《论语·阳货》，有一次宰予跑去对孔子说：三年之丧，这时间也太长了吧？照学生看来，有一年也就足够了。为什么一年呢？因为陈米吃完

（旧谷既没），新粮登场（新谷既升），就是一年。打火用的燧木，春夏秋冬，各取一种。一个轮回（钻燧改火），也正好一年。所以一年合适。

这无疑是对礼乐制度的直接挑战。但宰予不愧是言语科的学生，话说得理直气壮。宰予说，为什么要反对守丧三年？因为"君子三年不为礼，礼必坏；三年不为乐，乐必崩"（"礼坏乐崩"一词即出典于此）。三年之丧既然会导致礼坏乐崩，当然应该改革。

宰予的话说得有理有据，孔子无法正面批驳，便问：父母去世不到三年，你就吃细粮穿丝绸，心里好过吗？宰予说，好过呀（安）！这下子孔子无话可说了，只能气呼呼地对宰予说："女（汝）安则为之！"你心安理得，你就那样做好了！孔子接着说：一个君子，在他居丧的时候，因为悲痛万分，食不甘味，寝不安眠，听音乐不觉得快乐，这才要披麻衣、吃粗粮、住草庐。你既然心里好过，你就吃你的细粮，穿你的丝绸，听你的音乐好了！

听了孔子的话，宰予一声不吭就出去了。这时孔子说：宰予真是不仁呀（予之不仁也）！一个小孩子，生下来三年以后，父母亲才不抱他了（子生三年，然后免于父母之怀）。所以"三年之丧"，是"天下之通丧"。宰予这人"也有三年之爱于其父母乎"？

最后这句话，也有各种翻译。一种是生气的口吻：宰予难道就没有从父母那里得到过三年之爱吗？意思就是：他怎么可以批评三年之丧？第二种是惋惜的口吻：宰予不也从父母那里得到过三年之爱吗？意思就是：他怎么会去批评三年之丧？第三种是同情的口吻：宰予恐怕是没有从父母那里得到过三年之爱吧？意思就是：要不然怎么会批评三年之丧？但不管哪种解释，"三年之丧"都源于"三年之爱"。

孔子的这个说法，后来遭到了墨子的猛烈批判。墨子说，用三年乃"免于父母之怀"之类的说法，来解释三年之丧，这实在是太可笑了！小孩子依恋父母，是因为不懂事（愚之至也）。所以他们找不到父母，就会号啕大哭。儒家的智商，难道就是小孩子的水平（《墨子·公孟》）？这个批判，当然很机智，却也未免把孔子看简单了。其实孔子的意思，是所有的爱都必须得到报答。父母亲抱了我们三年，我们就应该为父母守丧三年。这就是爱和爱的回报，也就是"仁"。没有这份爱心，就是"不仁"。仁为礼乐之本，有仁爱就有礼乐，反之则无。所以孔子又说："人而不仁如礼何？人而不仁如乐何？"（《论语·八佾》）这话直译过来就是：明明是个人，却没有爱心，那他会拿礼怎么样，又会拿乐怎么样？不当回事呗！

事实上也是不当回事。比方说，"八佾舞于庭"（《论语·八佾》）。佾，音义，也就是乐舞的行列。一行八人，叫一佾。用几行，就叫几佾。我们知道，古代的乐舞，并不简单的只是艺术，它也是政治，是伦理，是礼。所以，佾，不是可以随便用的。按照周礼，天子八佾，也就是每行八人，一共八行，六十四人；诸侯六佾，四十八人；大夫四佾，三十二人；士二佾，十六人。另外也有一种说法，是每行的人数与佾数相同，叫做"行数人数纵横皆同，故曰佾"（《字汇·人部》）。如此，则天子八行，六十四人；诸侯六行，三十六人；大夫四行，十六人；士二行，四人。超过这个规定，就叫僭越。可是，鲁国的大夫季孙氏（可能是季平子），却公然用了天子的礼仪，让六十四人排成八行在庭院里演出乐舞（八佾舞于庭），这就是极其严重的僭越了。因此孔子愤怒地说："是可忍也，孰不可忍也！"（《论语·八佾》）这话也有两种解释。一种是：如果这样的事都能忍心做出来，还有什么事做不出？另一种是：如果这样的事都能容忍，还有什么不能容忍？这就是"人而不仁如礼何，人而不仁如乐何"。

显然，礼乐的根本，就是"仁"，也就是爱心。有没有爱心，是每个人自己的事。能不能实践礼,也是每个人自己的事。这就叫"为仁由己,而由人乎哉"(《论语·颜渊》)。因此,礼坏乐崩绝不是礼乐制度出了问题。从根本上说,是人性出了问题,是人心出了问题;而解决问题的唯一办法,就是找回爱心,让世界充满爱。

问题是:找得回来吗?

孔子认为找得回来。因为爱心就在每个人的内心深处,仁的基础也在每个人的人性之中。这就是"亲亲之爱",也就是对自己的亲人——父母、子女、兄弟姐妹的爱。这种爱,是与生俱来、天然合理、无需教育、不证自明的,也是最真实、最可靠的。《论语·子路》所记孔子与叶公的对话,就很能说明这个问题。叶,旧读射,楚县名。楚国的县官,大的叫公,小的叫尹。叶公,就是叶县的长官。叶公对孔子说:我们那里,有一个很"直"的人。他的父亲偷了别人的羊,他就去举报(证之)。孔子说:我们的"直"和你们的不一样。父亲替儿子隐瞒,儿子替父亲隐瞒,这就是直,就是真实、坦诚、直率(直在其中矣)。

这话我们听不懂。要说"子为父隐"是孝,"父为子隐"是慈,还讲得过去,怎么会是直(真实、坦诚、直率)呢?原来,孔子理解的真实,与我们今天讲的真实不一样。我们今天讲的真实,是科学的真实,事实的真实,物理的真实。孔子讲的,则是道德的真实,情感的真实,心理的真实。孔子认为,一个人亲爱自己的家人,是最真实的。因此,他为亲人隐瞒事实,其心理动机和情感体验也是真实的。这是人性的真实,也是最高的真实。没有这个真实,连人都不是,还说什么其他?这就是孔子的真实想法。毫无疑问,这个想法有一定道理,甚至很有道理(请参看本书第六章第五节),但也有很多问题。比方说,中国人一事当前,往往"不问是非,只问亲疏",甚至不惜徇私舞弊,徇情枉法。又比方说,学术观点不同,往往发展为门户之见,甚至人身攻击,就有这种思想的影响。当然这是后话。

仁爱之心既然植根于亲情，那么，事情也就变得简单好办了。首先，可以对已经遇到麻烦的礼乐制度进行积极的改革。因为所有的道德规范，比如君仁臣忠、父慈子孝之类，都可以解释为爱。君仁，就是君爱臣；臣忠，就是臣爱君；父慈，就是父爱子；子孝，就是子爱父。这样一来，那些繁文缛节就能简化为爱，统一为仁，原本难以维持的礼乐制度说不定就能维持了。第二，子爱父，父爱子，臣爱君，君爱臣，由此及彼，推己及人，就能实现以德治国。因为当时的天下，是"家国一体"的。国，就是放大的家；家，就是缩小的国。在家为孝子，出门就是忠臣。在家为慈父，在国就是仁君。第三，君爱臣，臣也爱君，政权就稳定。父爱子，子也爱父，社会就安定。总之，抓住了"仁"这个根本，就天下太平。

孔子这方案看起来不错，可惜谁都不听他的。诸侯各国，依然是君不君，臣不臣，父不父，子不子；鲁国的大夫，也照样"八佾舞于庭"。孔子连他自己国家的局面，都扭转不了。能够说一说的，也就是自己的学生。比如前面说过的冉有，是理财专家。他当上季康子的大管家（宰）以后，推行田亩税和兵役法的改革（请参看杨伯峻《春秋左传注·哀公十一年》），就让孔子极为愤怒。据《论语·先进》，孔子认为，"季氏富于周公"已是僭越，岂能再搜刮钱财，富上加富（为之聚敛而附益之）？于是就对其他学生说：冉求不是我的学生（非吾徒也），你们可以大张旗鼓地去揍他（小子鸣鼓而攻之，可也）！

据《左传·哀公十一年》，季孙、冉有他们的改革方案，其实事先是征求过孔子意见的，但是孔子不肯表态，说孔丘不懂这些事（丘不识也）。再三问，孔子还是不说。后来季康子表示：先生是"国老"（退休的国之卿大夫），就等着先生的意见做决定（待子而行），先生为什么不说呢？孔子还是不肯公开答复，只是私下里对冉有说：君子做事，依礼而行（**君子之行也，度于礼**），那就是施恩力求丰厚，做事必须适中，赋敛尽量微薄（**施取其厚，事举其中，敛从其薄**）。这就是孔子的意见，可惜季康子不听，冉有好像也没听。

显然，孔子对当时的社会状态，是既痛心疾首，又无可奈何的。他管不了诸侯，管不了大夫，管不了大夫的家臣，甚至管不了自己的学生。所谓"小子鸣鼓而攻之"，恐怕也只是说说而已。孔子真的很无奈。

看来孔子的药方是不灵了。那么，墨子又如何？

墨子的药方

和孔子一样，墨子也是踌躇满志。

中国文化有个传统，叫"上医医国"。墨子，就是以"医国上医"自居的。在《墨子·兼爱上》，作者一开始就亮明了这个身份。墨子说，圣人是干什么的？是专门治理天下的（**圣人以治天下为事者也**）。怎样才能治理天下？一定得知道天下之乱，乱在哪里，为什么乱，才能治理（**必知乱之所自起，焉能治之**）。这就好比医生治病（**医之攻人之疾者**），不知道病在哪里，为什么会生病，就治不了（**不知疾之所自起，则弗能攻**）。同样，要治理社会，也得先知道问题出在哪里，为什么会出问题。也就是说，得弄清社会的病象、病源、病因、病理。《墨子》一书有《兼爱》上、中、下三篇，就是讨论这些问题的（下引如不注明，均见于此）。当然，作为"医生"，他不但要做出诊断，还要开出药方。

那么，当时的社会有病吗？

有。而且，在墨子看来，病得还不轻。其具体症状，可以概括为三句话：国与国相攻（相互战争），家与家相篡（相互掠夺），人与人相贼（相互残害）。国与国之间，今天你打过来，明天我打过去；家与家之间，今天你抢我的，明天我抢你的；人与人之间，今天你害我，明天我害你，而且明火执仗，你死我活，无所不用其极（*执其兵刃、毒药、水火，以交相亏贼*）。墨子管这叫"乱"，也叫"害"。这就是病象。

这就有了第二个问题：当时的天下，为什么会乱成这个样子呢？墨子认为，直接的原因，也有四个，即君不惠，臣不忠，父不慈，子不孝。君臣、父子，是当时社会最重要的两种关系。这两种关系出了问题，社会岂能不乱？这就是病因。

不过，在墨子看来，君不惠，臣不忠，父不慈，子不孝，还只是社会动乱的直接原因。根本原因，则是人们不相爱（*起不相爱*）。做儿子的，只爱自己，不爱父亲，因此损父利己（*亏父而自利*）；做臣民的，只爱自己，不爱君王，因此损君利己（*亏君而自利*）；同样，做父亲的，只爱自己，不爱儿子，因此损子利己（*亏子而自利*）；做君王的，只爱自己，不爱臣民，因此损臣利己（*亏臣而自利*）。至于国与国相攻，家与家相篡，人与人相贼，根子也在这里。诸侯只爱自己的国，不爱别人的国，所以损他国利己国（*攻异国以利其国*）；大夫只爱自己的家，不爱别人的家，所以损他家利己家（*乱异家以利其家*）；人民只爱自己，不爱别人，所以损他人利自己（*贼人身以利其身*）。这就是病根。

结果是什么呢？是互相残杀，弱肉强食，大鱼吃小鱼，小鱼吃虾米。具体地说，就是强势的威胁弱势的，人多的压迫人少的，富有的欺负贫困的，高贵的傲视卑贱的，聪明的欺骗迟钝的。一言以蔽之：强执弱，众劫寡，富侮贫，贵傲贱，诈欺愚。这就是病理。

弄清了社会的病象、病源、病因、病理，就可以治病了。怎么治？对症下药，缺什么补什么。现在社会的病，既然"以不相爱生"，那么，治病的办法，就是针锋相对，让人们相爱。墨子说，诸侯相爱，就不战争；大夫相爱，就不掠夺；人与人相爱，就不残害。君臣相爱，就君惠臣忠；父子相爱，就父慈子孝；兄弟相爱，就融洽协调。如果"天下之人皆相爱"呢？那就"强不执弱，众不劫寡，富不侮贫，贵不敖贱，诈不欺愚"。总之，只要人们相爱，"国相攻，家相篡，人相贼"的病象问题，"君不惠，臣不忠，父不慈，子不孝"的病源问题，"强执弱，众劫寡，富侮贫，贵敖贱，诈欺愚"的病理问题，便都解决了。

这倒是简单得很，也便当得很。但正因为简单易行，人们就难免起疑，就会问：是这样吗？墨子的回答是：当然！墨子说，所谓相爱，就是像爱自己一样爱别人。比方说，看待别人的国家就像看待自己的国家（视人之国若视其国），看待别人的家族就像看待自己的家族（视人之家若视其家），看待别人的身心就像看待自己的身心（视人之身若视其身）。这样一种爱，就叫"兼相爱"，也叫"兼爱"。墨子说，如果天下人都"兼相爱"，都把别人的家看作自己的家，还有谁会盗窃（谁窃）？都把别人的人看作自己的人，还有谁会残害（谁贼）？都把别人的家族看作自己的家族，还有谁会掠夺（谁乱）？都把别人的国家看作自己的国家，还有谁会进攻（谁攻）？因此，只要"兼相爱"，就一定"天下治"。

从理论上讲，墨子的说法完全可以成立。问题是：政治学和伦理学是一种实践性极强的理论。仅仅理论上说得过去，讲得好听，是不行的，因为人们还会问：做得到吗？

墨子早就料到会有这一问，因此预先设定了回答。墨子说：可能有人会讲，你这个兼爱好是好，只是做起来太难了。于是墨子反问：有多难呢？就像少吃饭、穿粗衣、冲锋陷阵那么难吗？可是就连这样"天下百姓之所皆难"的事，也能做到。想当年，楚灵王喜欢细腰，他的臣下就争着减肥，一天只吃一顿饭，饿得面黄肌瘦，扶着墙才能站起来；晋文公喜欢简朴，他的臣下就穿粗布衣，披母羊皮，戴厚帛冠，踏草鞋垫；越王勾践好勇，他的战士就赴汤蹈火、万死不辞。可见再难的事，只要上面喜欢，下面就有人去做。兼爱，有那么难吗？要说是举起泰山飞越黄河，那是没人做得到；要说兼爱，却是有人做到过。比如大禹、商汤、周文、周武，就都做到了。我说的兼爱，就是从他们那里学来，谁说没人做得到？

墨子还说，何况兼爱是有好处的。因为你爱别人，别人也会反过来爱你（*爱人者，人必从而爱之*）；你帮助别人，别人也会反过来帮助你（*利人者，人必从而利之*）。这样利人利己、两全其美的事，怎么会做不到？反过来，如果你不爱别人，别人自然也不爱你；你不帮助别人，别人自然也不帮助你。这道理，难道还不简单吗？

这道理当然简单，墨子说得也很雄辩。但墨子不愧是科学家（《墨子》一书中，有数学、力学和光学的论文，其中谈到小孔成像和凹透镜原理），他不但要讲道理，还要做实验（*姑尝两而进之*）。怎么做实验呢？墨子说：现在不是有两种主张吗？一种是主张"兼相爱"的，我们称之为"兼"；一种是主张"别相恶"的，我们称之为"别"。假设有两个士人，一个主张"兼"（*执兼*），一个主张"别"（*执别*），而且都表里如一言行一致，都实践自己的主义和主张，那会怎么样呢？那个主张"别"的就会说：我怎么可能把朋友看成自己，把朋友的父母看成自己的父母？因此，朋友饿了，他不给吃的；朋友冷了，他不给穿的；朋友病了，他不给治疗；朋友死了，他不给埋葬。那个主张"兼"

的则会说：我当然要把朋友看成自己，把朋友的父母看成自己的父母。因此，朋友饿了，他给吃的；朋友冷了，他给穿的；朋友病了，他来服侍；朋友死了，他来埋葬。众所周知，我们的战士常常要出征，能不能生还没人知道。我们的官员也常常要出差，能不能回国也没人知道。那么，他们临行之前，要托付自己的父母、老婆、孩子，会去找谁呢？傻瓜都能做出判断。

这样的假设，墨子还做了一个，只不过把主张"兼"和主张"别"的人换成了国君。其中一个，不问民众的冷暖死活。另一个，则时时刻刻把民众放在心上，急人之急，救人之难。墨子说，如果让民众从这两位国君中选择一位，他们会选谁呢？不用问吧？所以墨子说，"兼"是对的，"别"是错的。兼，利人利己利国利民利天下；别，害人害己祸国殃民乱天下。我们该选择什么，还用多说吗？

如此看来，墨子的理论，真是雄辩有力，滴水不漏。墨子自己，也底气十足。据《墨子·贵义》，墨子为了宣传自己的主张，南下到了楚国，想见楚惠王（熊章，楚昭王之子）。惠王以年老为理由，推辞不见，派大臣穆贺去见他。穆贺听了墨子的游说，非常高兴地说：先生的主张确实高明！问题是敝国的君主恐怕会说"这是贱人的话"而不予采纳（毋乃曰"贱人之所为"而不用乎）吧？墨子说：你们大王生了病，吃不吃药？药，也许只不过一把草根，可是天子吃了，也能治病。难道因为它是草根，就不吃了吗？想当年，商汤去见伊尹，向他请教，就有人反对。反对的理由，就是所谓"天下之贱人也"。可是汤王怎么说？汤王说：如果有一种药，吃了以后可以使我的耳朵更灵敏，眼睛更明亮，我一定吃了它。伊尹对于我们国家，就是最好的医生；他的主张，就是最好的药物。由此可见，一种主张，你采纳还是不采纳，关键要看它有没有用（唯其可行）。我的主张，就是管用的药。不采纳我的主张,就好比有大片的庄稼不收割,偏偏要去拾谷穗。攻击我的主张,则等于是以卵击石。你就是把天底下的鸡蛋都扔完了,那石头还是石头,我还是我(尽天下之卵,其石犹是也)!

这真是好大的口气!事实上,墨子的学说,在当时也确实有很多人拥护赞成。这并不奇怪。因为他的论说,逻辑性极强,不能不让人折服;他又言行一致,说到做到,身体力行,不能不让人佩服。既有逻辑性,又有实践性,让人折服,于是墨子的观点便风行天下,成为孔子之后最重要的学说之一。

这样一来,墨子和他的信徒,便觉得有资格挑战儒家了。据《墨子·耕柱》,前面说过的那个儒家之徒巫马子曾经对墨子说,先生兼爱天下,也没见有什么好处。我不兼爱,也没有什么坏处。你我都不成功,为什么非得说你就正确我就错误?墨子问:现在有人放火。一个人捧着水来救火,另一个人举着火来助阵,但都没有成功,你赞成谁?巫马子说,当然赞成捧水的。墨子说:所以我认为我正确,你不正确(吾亦是吾意,而非子之意也)。显然,在墨家看来,儒家的那一套不但救不了社会救不了火,而且简直就是放火。

好家伙,这就是存心要和儒家对着干了。因此,过了不到一百年,儒家的第二号重要思想家孟子,便拍案而起,对墨子的学说痛加批驳。而且,孟子的话还说得很重,说墨子的主张简直就是率领野兽来吃人(率兽食人),要把人变成畜生(是禽兽也)。因此,如果不驳倒墨子,就没有办法弘扬孔子(《孟子·滕文公下》)。

这就奇怪。墨子和孔子,不都认为社会出问题是因为没有爱吗?他们开出的药方,不也都是爱吗?既然都是爱,怎么会一个是人,一个是禽兽呢?墨子和孔子的爱,究竟有什么不同?为什么这些不同,会让孟子勃然大怒,破口大骂?

没错，孔子和墨子，是都主张爱，也都主张让世界充满爱，但是，他们两人的爱，是不一样的。孔子的爱是仁爱，墨子的爱是兼爱。什么是仁爱？就是从亲情出发，从身边做起，由此及彼，推己及人。说得具体一点，就是先爱自己人，后爱别的人；先爱父母子女，后爱父老乡亲；先爱本国之人，后爱他国之人。甚至同一层面，也有先后，比如先父母后子女，先国君后国民。这是一种有差别的爱，也就是"仁"。什么是兼爱？就是不分亲疏、贵贱、等级、差别，一视同仁地爱。无论父母子女、国君国人、贵族平民，统统一样地爱。这是一种无差别的爱，也就是"兼"。正是一个"兼"字，划清了墨子与孔子的界限。可见"兼"之与否，是本案的关键。仁爱与兼爱，是儒墨两家的根本分歧。

那么，不"兼"行不行？墨子说不行。为什么呢？因为爱是无私的。不"兼"，就没有爱。为此，墨子和儒家又有一次精彩的辩论。

仍据《墨子·耕柱》，巫马子对墨子说：我和先生不一样，我可不能兼爱。我爱邻国超过爱远国（比如爱邻国超过爱越国），爱本国超过爱邻国（比如爱鲁国超过爱邻国），爱老乡超过爱国民，爱族人超过爱老乡，爱双亲超过爱族人，爱自己超过爱双亲（爱我身于吾亲）。为什么呢？越近越爱。别人打我，我会疼；打别人，我不疼。我为什么不救助自己，却要去管别人的痛痒？所以我只可能损人利己（杀彼以利我），不可能舍己为人（杀我以利彼）。

听完巫马子的话，墨子问：先生的主义，是准备藏在心里呢，还是打算告诉别人？巫马子说：为什么要藏起来？当然告诉别人。墨子说：那好，那你就死定了。为什么呢？因为你的主义宣布以后，人们的态度无非两种，一是赞成，二是反对。赞成的人会怎么样呢？会照你说的做。你损人利己，他也损人利己，而且会杀你，利他自己。因为对于他来说，你就是别人。所以，有一个人赞成你的主义，就有一个人来杀你；有十个人赞成，就有十个人来杀你；如果天下人都赞成，天下人都会来杀你。反对的人又会怎么样呢？他们会认为你妖言惑众，也要杀你。所以，有一个人反对你的主义，就有一个人来杀你；有十个人反对，就有十个人来杀你；天下人都反对，天下人就都来杀你。赞成的人也杀你，反对的人也杀你，想想看，你是不是死定了？

墨子的这个推理相当精彩，尤其是前半段，无可批驳。事实上，损人利己的问题也正在于此：你损人利己，别人也损人利己，最后是大家都受损，包括主张和实行损人利己的人自己。所以，损人利己，是绝对不能提倡的。它对社会、对大家、对每个人都不利，都是损害和祸害。但墨子后半段的推理，就有问题了。损人利己虽然不对，但也不能因此治人家的死罪呀！你治人家的死罪，算不算损人呢？还有，巫马子之所以可能被杀，是因为他把损人利己的主张说出来了。如果他不说只做呢？你又奈何？要知道，那些真正损人利己的家伙，几乎从来就是只做不说的。说出来的，反倒未必做。你把巫马子杀了，会不会是制造冤案？这些问题，都不知道墨子怎么回答。

其实逻辑学家墨子的逻辑问题不少。甚至我们还可以说，他的问题，就出在逻辑上，我们不妨来分析一下。首先，墨子有两个概念，一个叫"兼"，一个叫"别"。兼，就是人与人之间无差别。别，则是有差别。那么，墨子怎么证明兼是对的，别是错的呢？从正反两面来论证。在《兼爱下》，墨子问：现在天下这么乱，坏事这么多，是什么原因？是因为这些人爱别人、帮别人，还是因为他们恨别人、害别人？相信大家都会说，是因为恨，是因为害。再问：这些恨别人、害别人的人，是把别人看得和自己一样，没有差别（兼）呢，还是看得有差别（别）呢？肯定是有差别。由此可见，认为人与人之间有差别，就会恨。恨别人，就会害别人。害别人，天下就会大乱。所以，别（有差别)是错的(别非也)。相反,天下太平的时候,谁都不欺负谁,谁都不伤害谁,谁都不压迫谁,是什么原因?是因为这些人恨别人、害别人,还是因为他们爱别人、帮别人?相信大家都会说,是因为爱,是因为帮。再问:这些爱别人、帮别人的人,是把别人看得和自己一样,没有差别(兼)呢,还是看得有差别(别)呢?肯定是没有差别。由此可见,认为人与人之间没有差别,就会爱。爱别人,就会帮别人。帮别人,天下就大治。所以,兼(无差别)是对的(兼是也)。

按照墨子的想法,他这样一说,就从正反两个方面论证了"兼是别非"。可惜,墨子自以为逻辑严密,其实大有问题。什么地方有问题?逻辑前提有问题。墨子说,现在天下这么乱,坏事这么多,就因为这些人恨别人、害别人。这话其实只对了一半,因为害人并不一定是因为恨。比如小偷去偷东西,是因为恨那些物主吗?未必吧!同样,国与国相攻(相互战争),家与家相篡(相互掠夺),人与人相贼(相互残害),也未必因为恨,多半因为利。何况,恨,也未必是因为人与人之间有差别。恰恰相反,正因为把别人看作和自己一样的人,才会有恨。比方说,你会恨自然、恨动物吗?不会。所以,别则恨,恨则害,不能成立。这个逻辑前提不成立,兼则爱,不兼则不爱,也不成立。

事实上,爱可以是无差别的,也可以是有差别的。就绝大多数人而言,爱自己的父母、子女、兄弟姐妹,总归是比爱别人的多一些。能够将心比心,推己及人,也爱别人的家人,就很不错了。这是人之常情,也是人之常理。研究政治学、伦理学、社会学,不讲人之常情、人之常理,偏讲自己那个尚待证明的逻辑,肯定行不通。这也正是墨子学说必定失败的原因之一。这个问题,我们后面还要再说(请参看本书第六章第二节)。

不过巫马子的话,同样暴露出儒家的问题。按照儒家的观点,爱,是有等级、有差别的，叫"爱有差等"。一个人，最爱的应该是父母，其次是兄弟和子女，然后依次是祖父母、叔伯父母、堂兄弟姐妹、族人、乡亲、本国人、外国人。所以，儒家之徒，肯定是爱本国超过爱邻国，爱乡亲超过爱同胞，爱父母超过爱族人。因此，也可以逻辑地得出结论：爱自己超过爱父母。为什么会得出这个结论？因为你最爱的，是自己的父母。说到底，还不是最爱自己？但是，"爱我身于吾亲"这句话，儒家可从来没有说过，也不会说。因此冯友兰先生表示奇怪，推测"大概是墨家对儒家的夸张之词"（冯友兰《中国哲学简史》，下引冯友兰语均见此书）。我的看法是：儒家当然不会说这话。如果巫马子是儒家，也不会说。然而墨子却完全可以替儒家推导出来。因为按照儒家的理论，是越亲的爱得越深，越疏的爱得越浅。如此说来，最多的爱，岂非应该给自己？凭什么爱父母应该超过爱自己，也超过爱一切人呢？这是没道理的。墨子这一脚，可是踩到了儒家的鸡眼。

不过，孟子跳了起来，却并非因为被墨子踩痛了脚，恼羞成怒。他的批墨，其实有许多深刻的原因。

那么，孟子为什么要痛批墨子？他的说法又是什么样的呢？

两位侠士

孟子批墨子，是一件很奇怪的事情。因为他们有太多的相同。

孟子，名轲，字子舆，邹国人，大约生于公元前372年，卒于公元前289年。也就是说，孔子去世后，墨子才出生；墨子去世后，孟子才出生。孔子比墨子大八十多岁，墨子比孟子大九十多岁。孟子出生时，孔子去世已经上百年。因此，孟子不是孔子的"亲炙弟子"（手把手亲自教育的弟子)，只能算是"私淑"（敬仰而不得从学）。不过，虽然只是"私淑"，孟子对孔子的崇拜却是无以复加的。他和孔门弟子一样，都认为"自生民以来，未有盛于孔子也"（《孟子·公孙丑上》），也就是自从有人类以来，就没有比孔子更伟大的了。所以，孟子以孔子的忠实信徒自居，为发扬光大孔子的思想不遗余力，后世也把他们两人的学说并称为"孔孟之道"。其实认真说来，孔是孔，孟是孟。他们两个，时代不同，个性不同，观点也不完全相同。甚至就个性而言，孟子更接近的不是孔子，而是墨子。孟子和墨子，大约是先秦诸子中最"热"的。血也热，心也热，肠子也热。不像孔子，温的。也不像老子和韩非，冷的。所以，我们要先比较一下孔子和孟子，然后再来比较孟子和墨子。

孔孟的第一点不同，是孔子宽厚谦和，孟子刚直不阿。

孔子的为人，大约是比较谦虚随和的。因为他是礼乐文化的维护者，要讲"礼"。礼之用，和为贵。讲礼，就得谦和。所以孔子对国君，对大夫，不管心里面喜欢不喜欢，面子上总要过得去。比如前面说过，他对鲁国大夫季孙氏的家臣阳货很不以为然，但要挑个阳货不在家的时候去回拜。孟子就没有那么好说话了。据《孟子·公孙丑下》，有一次，孟子准备去见齐王，碰巧齐王派人来说：寡人原本应该去看望先生的，可是寡人感冒了，不能吹风。如果先生肯来，寡人就上朝，不知能让寡人见到先生不？刚才说了，孟子原本是准备去见齐王的。这事换了别人，多半会客客气气地回答：没关系，鄙人正好要朝见大王。然而孟子不。他一听齐王居然"托以疾召"（朱熹注），马上就回敬说：不好意思，碰巧鄙人也感冒了，也不能吹风。第二天，东郭大夫家里有丧事，孟子准备去吊丧。他的学生公孙丑说：不合适吧！昨天先生还说生病，今天怎么好去吊丧？孟子兑，昨天病了，今天好了，很正常嘛，怎么去不得？结果呢，孟子出门后，齐王派了人来慰问，还带了医生来。孟子的族人兼学生孟仲子只好说：先生昨天病了，今天好了一点，已经上朝去了，但不知走不走得到。同时，孟仲子又派人四处拦截孟子，要他无论如何去上朝。孟子走也走不了，回也回不去，只好在一个名叫景丑的人家里借宿。

这事景丑就看不懂了，因为不合君臣之礼。于是孟子便对景丑解释说，天底下最尊贵的东西有三样：爵位算一个，年龄算一个，道德算一个（*天下有达尊三：爵一，齿一，德一*）。在朝廷，看爵位；在乡里，看年龄；如果要平治天下，就首先看道德。哪怕贵为国君，也不能凭着爵位来蔑视年龄和道德。所以，那些"大有为之君"，一定有他不能随便召唤的臣民（*必有所不召之臣*）。有了问题，一定是君王登门求教（*欲有谋焉，则就之*），哪有随随便便把那些有德之士呼来唤去的道理？在《孟子·尽心上》，孟子还说，古代的贤王，因为好善，所以往往忘记自己的权势（*好善而忘势*）。古代的贤士，也因为乐道而忘记对方的权势（*乐其道而忘人之势*）。也就是说，道德（善）和真理（道），高于权势和地位。所以，王公大人们如果不恭敬之极（*王公不致敬尽礼*），就不得"亟见之"。亟，音气，屡次的意思。屡次见面尚且不能，哪里又能把这些贤士当作臣仆（*见且由不得亟，而况得而臣之乎*）？

孟子甚至还主张"说大人则藐之，勿视其巍巍然"（《孟子·尽心下》）。什么意思呢？就是说，你要游说诸侯大夫吗？那你就先得蔑视他，不要把他们高不可攀的权势和地位放在眼里。权势和地位没什么了不起，它们比不上道德和学问。孟子引用曾子的话说，晋国和楚国的财富，我们是赶不上的。但是，他有他的财富，我有我的仁德；他有他的爵位，我有我的正义（*彼以其富，我以吾仁；彼以其爵，我以吾义*）。我们又不少什么（《孟子·公孙丑下》）！岂止不少，在孟子看来，士人的东西还要多得多,贵得多。既然如此,则"吾何畏彼哉"(《孟子·尽心下》)!这就与孔子不同。孔子是敬畏诸侯大夫的。孔子说:"君子有三畏:畏天命,畏大人,畏圣人之言。"(《论语·季氏》)孟子却主张"说大人则藐之",岂非不同?

这就是傲骨了。这种傲骨,正是士人的气节。我赞成这样一种观点:人不可有傲气,不可无傲骨。有傲气,则骄人;无傲骨,则媚人。不骄不媚,不卑不亢,有傲骨无傲气,才是士人的风骨。可惜这种风骨自孟子以后,就不多了。后世许多读书人,不是狂妄自大目空一切,就是低三下四媚态十足。其实媚态与傲气,恰是一枚硬币的正反两面。表面上是傲,骨子里是媚。或者是献媚不成,逆反;或者是献媚有术,做秀。正所谓:要做官,杀人放火受招安。所以我对秦汉以后的所谓"狂士",从来就是保持警惕的。相反,孔子的温和,孟子的刚直,都可爱,因为都是真性情。

孔孟的第二点不同,是孔子温文尔雅,孟子心直口快。

孔子说话,是比较委婉的,有时候你还得猜。比方说,据《论语·八佾》,鲁国大夫季孙氏、叔孙氏和孟孙氏,在祭祀自家祖宗时,唱着《诗经·周颂》里的《雍》撤祭。这是天子之礼。大夫唱,就是明目张胆地僭越了。可是孔子怎么说呢?他并没有直截了当地批判他们僭越,而是说,《雍》诗说得很清楚呀!诸侯做助理,天子很庄严(相维辟公,天子穆穆)。三家大夫唱这首诗,用它的什么意义呢(奚取于三家之堂)?大家想想,这种批判,是不是很客气,很委婉?

孟子就不一样。他说话,常常是直言不讳。就算拐着弯说,也是直通通的。有一次,孟子问齐宣王,说有一个人,要出差,把老婆孩子托付给朋友。等他从楚国回来,发现老婆孩子挨饿受冻。对这样的朋友,应该怎么办?齐宣王说,绝交(弃之)!孟子又问:如果长官管不了部下,又该怎么办?齐宣王说,撤职(已之)!孟子再问,如果一个国家的政治搞不好,那又该怎么办呢?齐宣王当然明白孟子的意思,于是"王顾左右而言他"(《孟子·梁惠王下》),把脑袋别到一边,看着随从们说别的去了。

其实孟子这次说话还是比较委婉的(更不客气的后面还会说到),就已经让齐宣王受不了了。所以孟子不怎么讨人喜欢,但他坚持。孟子的观点,是"不直,则道不见"(《孟子·滕文公上》)。见,读如现,意思也是现。也就是说,不说直话,真理就无法表现。这个观点我赞成。真理,是最朴素的;真理,也是最直白的。只要是真理,就一定能够用最朴素的语言直截了当地说出来。当然,讲究策略,是另一回事。但讲究策略,绝不等于故弄玄虚。故弄玄虚的,一定没有掌握真理。

孔孟的第三点不同,是孔子为人低调,孟子个性张扬。

实际上孟子说话直来直去,不仅因为他的性格,也因为他的思想,还因为他的人生态度。这一点与孔子也不同。比如孔子一再表白自己是"述而不作,信而好古"(《论语·述而》),还说"若圣与仁,则吾岂敢"(同上)。孟子就牛得多。他的名言,是"如欲平治天下,当今之世,舍我其谁也"(《孟子·公孙丑下》)!也就是说,要想天下太平,这会儿除了我没别人。这真是好大的口气!

所以,孟子对谁都不客气,包括对学生。孔子,我们知道,是"自行束脩以上,吾未尝无诲焉"(《论语·述而》)。孟子就没那么好说话。他的说法,竟是"予不屑之教诲也者,是亦教诲之而已矣"(《孟子·告子下》)。也就是说:我不屑于教你,那就是教你。这话要是由现在的老师们说,学校里面还不炸了营?哈!孟子才不在乎别人说他像什么,是什么,是不是好学者或者好老师。

实际上孟子也比孔子想得开。孔子对自己的境遇，是有些牢骚的，孟子则不。孟子曾经对一个名叫宋勾践的人说：你喜欢游说各国君王吗？我告诉你游说的态度，那就是"人知之，亦嚣嚣；人不知，亦嚣嚣"。什么意思呢？就是别人理解我们，开心；不理解，也开心。为什么呢？因为君子以道德正义为乐（尊德乐义，则可以嚣嚣矣）。所以，一个士人，穷途末路时不失去义（穷不失义），青云直上时不离开道（达不离道）。能够做官，就泽惠于民；不能做官，就表率于民。这就叫"穷则独善其身，达则兼善天下"（《孟子·尽心上》）。

这大约就是孔孟之别了：孔子宽厚谦和，孟子刚直不阿；孔子温文尔雅，孟子心直口快；孔子为人低调，孟子个性张扬。所以，读孔如饮清泉，读孟如闻战鼓。孔子温柔敦厚，春风化雨，润物细无声；孟子侠肝义胆，气势磅礴，一洗凡马空。

这样看，孟子更像墨子。

孟子与墨子有什么相同？在我看来，他们都是侠义之士。当然，孟子这个"侠"，是思想上的，不是组织上的。他的身份和立场，还是"儒"。但他和墨子一样，都行侠仗义，反战爱民。细微的差别，则是墨子行侠，孟子仗义；墨子反战，孟子爱民。

墨子的行侠，可以用一个故事来证明。这故事大家都很熟悉，就是墨子救宋。据《墨子·公输》，当时鲁国著名的工匠公输盘（也叫公输般、公输班、鲁班），为楚国制造了一种攻城的器械——云梯，楚人准备用来攻打宋国。墨子听说后立即动身，走了十天十夜到达郢都（今湖北省荆州市），来见公输盘。公输盘问：先生有何指教？墨子说：北方有人侮辱了在下，在下想借先生的力量杀了他。公输盘不高兴，墨子说"请献十金"。古时，二十两为一镒，一镒为一金，十金就是二百两。公输盘更不高兴了，心想你怎么能买凶杀人？便说我恪守正义，从不随便杀人。墨子说：先生既然从不杀人，那就好说了。在下听说先生要帮助楚国攻打宋国，请问宋国有什么罪过？楚国多的是土地，少的是人民，牺牲不足的（人民），去争夺多余的（土地），这不能算是聪明；攻打无罪之国，不能算是仁慈；懂得这个道理，却不据理力争，不能算是忠诚；争辩了不能达到目的，不能算是坚强；不杀个别人却杀很多人，不能算是明白事理。公输盘没有话说。

墨子又去见楚王。墨子说：如今有一个人，自己家里有豪华轿车，却想去偷邻居家的破车子；自己家里有绫罗绸缎，却想去偷邻居家的破衣服；自己家里有美味佳肴，却想去偷邻居家的米糠酒糟；请问这是什么人？楚王说，这人有"盗窃病"！墨子说，现在楚国应有尽有，宋国贫穷弱小，你们却要去抢人家，与那个有"盗窃病"的人有什么两样？这可是既违背正义又得不偿失啊！楚王也没有话说。

但是楚王和公输盘都不想放弃，于是墨子只好和公输盘虚拟过招。公输盘演示攻城（九设攻城之机变），墨子演示防守（九距之）。这样九个或若干回合之后（此处的"九"解释为九次或多次都对），公输盘黔驴技穷，墨子绰绰有余。于是公输盘说：我自有办法对付先生，但是我不说出来。墨子说：我知道先生打算怎样对付我，我也不说。楚王奇怪，问墨子到底是怎么回事。墨子说：公输盘的办法，无非是杀了臣下。杀了臣，宋国就可以攻打了。可惜臣的弟子禽滑釐（滑音骨，釐音厘）等三百人，已经掌握了臣的方法，带了臣的器械，守在宋城之上，单等楚军来进攻。楚王一听，只好放弃攻打宋国。

这实在是侠义！前面说过，墨子并不一定是宋国人。楚国准备伐宋的时候，他不在宋国，宋国也没有请他帮忙。而且，墨子帮宋国解除危险之后，在回国的路上经过宋城，宋人还不让他进城避雨。可见墨子与宋国，并没有利害关系。然而他一听到消息，便"行十日十夜而至于郢"。这固然是要实践他兼爱和非攻的思想,但那挺身而出、专打不平、救人苦难的气概,岂非侠气?也许,正因为侠义,那公输盘据说也被感动。据《墨子·鲁问》,公输盘对墨子说:鄙人认识先生之前,一心一意只想得到宋国。现在,如果取之不义,给我也不要。墨子说:你这其实就是得到宋国了。只要先生继续行义,墨翟还要把天下都送给先生(翟又将予子天下)。

孟子的仗义,也可以用一个故事来证明。据《孟子·梁惠王下》,有一次邹国和鲁国发生冲突,邹国的官吏死了三十三人,邹国的老百姓却袖手旁观,见死不救。这事不好处理。杀了这些老百姓吧,杀不完;不杀吧,统治者又咽不下这口气。邹穆公左右为难,就问孟子应该怎么办。孟子说:活该!谁让他们平时对老百姓不好!咱们邹国闹饥荒的时候,老百姓年老体弱的弃尸荒野,年轻力壮的四处逃难。当时,君上的粮仓里堆满了粮食,国库里堆满了财宝。可是君上手下的那些官吏,一个都不来报告灾情。这难道不是见死不救?曾子早就说了,你怎么对待别人,别人就怎么对待你(出乎尔者,反乎尔者也)。这下子老百姓可逮住报复的机会了(民今而后得反之也)!这些话,孟子就这么当着"君"的面说,一点都不含糊,岂非仗义执言?

孟子和墨子都行侠仗义,也都反战爱民。《墨子》一书,有《非攻》上、中、下三篇,简直就是历史上最早的"反战宣言"。墨子说,有一个人,偷了桃子、李子,大家都说该罚,因为他损人利己。如果偷鸡摸狗,罚得又更重,因为他损人更多,罪过也更重。因此,偷鸡狗的比偷桃李的罪大,偷牛马的比偷鸡狗的罪大,杀人犯的罪又比盗窃犯的大。杀一个人,就有一重死罪。杀十个人,就有十重死罪。杀一百人,就有一百重死罪。那么,发动侵略战争,攻打别人的国家,大规模地杀人呢?又该有多少重罪?没有罪。不但没有罪,天下之人还要歌颂他们，说他们是英雄（从而誉之谓之义），岂非咄咄怪事？

同样的话，孟子也说过，而且回答了墨子的问题——侵略者该判什么罪。孟子说，该判最重的罪。为什么呢？因为"杀一无罪非仁也"（《孟子·尽心上》）。杀一无罪之人尚且不仁，何况是发动侵略战争、大规模杀人，是"争地以战，杀人盈野；争城以战，杀人盈城"（《孟子·离娄上》）？死刑都不能赎他们的罪（罪不容于死）！所以，好战分子、战争狂人应该判处极刑，这就叫"善战者服上刑"（同上）。大家看看，这像不像墨子？

孟子和墨子一样反战，他们也一样爱民。墨子的爱民是众所周知、毋庸置疑的。他的一生，就是在为人民的幸福奔走呼号。孟子其实也一样。在他看来，好的政治绝不能让人民受苦受难。让人民苦不堪言的，则一定是坏的政治。据《孟子·梁惠王上》，孟子曾经问梁惠王：用棍子杀人和用刀子杀人，有区别吗？梁惠王说，没有区别。孟子又问：用刀子杀人，和用政治杀人，有区别吗？梁惠王说，也没有。孟子说：现在大王的厨房里有肥肉，马厩里有骏马，老百姓却是脸上有菜色，田里有尸体（民有饥色，野有饿莩）。这是什么？是率领野兽来吃人（此率兽而食人）！兽类相残，人类尚且厌恶；主持国家政治，却率领野兽来吃人，又有什么资格"为民父母"？大家看看，这又像不像墨子？

孟子和墨子都行侠仗义，也都反战爱民，还都主张任用贤人和能人，只不过孟子的说法叫"尊贤使能"，墨子的说法叫"尚贤事能"，意思都一样。在《公孙丑上》，孟子说，尊重有道德的人，使用有能力的人，让杰出人才都有官位，则普天之下的士人便都欢欣鼓舞，也就都"愿立于其朝矣"。结果是什么呢？是"无敌于天下"，是可以为王。

相似的话，墨子也说过，而且说得更详细。在《尚贤上》，墨子说，一个国家，贤良之士多，政治基础就牢靠；贤良之士少，政治基础就薄弱。所以，三公大人一旦发现人才，就一定得"富之、贵之、敬之、誉之"。只有这样做，国家的贤良之士才会越来越多。为什么呢？因为那些富贵之人就会想：原来国家选拔人才，是只看德才，不论贫富贵贱的，那么，从今往后，我们不能不做好事、做好人（然则我不可不为义）。那些亲近之人也会想：原来国家选拔人才，是只看德才，不论亲疏远近的，那么，从今往后，我们不能不做好事、做好人（然则我不可不为义）。至于那些贫困、卑贱、疏远的人，则会在私下里商量：原来国家选拔人才，是只看德才，不论贫富贵贱、亲疏远近的。那么，从今往后，我们就更不能不做好事、做好人了（然则我不可不为义）。结果是什么呢？是所有的人"皆竞为义"，国家也就长治久安。这就是"尚贤"。也就是说，墨子尚贤，孟子尊贤。墨子把"尚贤"看作为政之本，孟子把"尊贤"看作王业之基。孟子和墨子，是不是很像？

孟子与墨子的相似之处实在不胜枚举。比如孟子的主张，是尊敬自己的长辈，也尊敬别人的长辈；疼爱自己的孩子，也疼爱别人的孩子。墨子的主张，是看待别人的国家，就像看待自己的国家；看待别人的宗族，就像看待自己的宗族；看待别人的身体，就像看待自己的身体。也就是说，孟子的仁爱，是"老吾老以及人之老，幼吾幼以及人之幼"（《孟子·梁惠王上》）。墨子的兼爱，则是"视人之国若视其国，视人之家若视其家，视人之身若视其身"（《墨子·兼爱中》）。请大家看看，这两种说法像不像？实在太像了，简直就如出一辙，让人怀疑仁爱与兼爱根本就没什么区别。

那么，这二者之间的区别究竟在哪里，儒墨两家的分歧又究竟何在呢？

三大分歧

区别也是明显的。

就说前面那个问题。孟子的"老吾老以及人之老,幼吾幼以及人之幼",与墨子的"视人之国若视其国,视人之家若视其家,视人之身若视其身",当真一样吗?不一样,很不一样!不一样在哪里?就在关键词:墨子是"若视",孟子是"以及"。"若视"和"以及",又有什么不同?墨子的"若视",就是把别人看成自己,把别人的亲人看成自己的亲人。爱自己几分,爱别人也几分;爱自己的父母、兄弟、子女几分,爱别人的父母、兄弟、子女也几分。一视同仁,人人平等,分毫不差。这也就是兼爱。孟子的"以及"呢?就是首先爱自己的亲人(老吾老,幼吾幼),然后再由此及彼、推己及人,想到别人和自己一样,也有父母、兄弟、子女,也应该被爱,这才给他们爱(以及人之老,以及人之幼)。但是,爱自己的亲人与爱别人的亲人,是不一样的。爱人,与爱物,也不一样。孟子说,君子对于万物,因为它们不是人,只需要爱惜,不需要仁德(君子之于物也,爱之而弗仁)。对于民众,只需要仁德,不需要亲爱(于民也,仁之而弗亲)。亲爱谁?亲人,而且首先是父母,即"双亲"。这就叫"亲亲而仁民,仁民而爱物"(《孟子·尽心上》)。在这里,爱是有等级、有差别的。越亲近的,爱得越深、越多;越是疏远,则爱得越浅、越少。这就叫"爱有差等",也就是仁爱。

儒墨两家的根本分歧便在这里。儒家主张有差等的仁爱,墨家主张无差别的兼爱。那么,是儒家的仁爱好呢,还是墨家的兼爱好?

当然是兼爱好。人人平等,四海一家,天下大同,所有人都得到同样的爱，所有人也都同样爱别人。没有矛盾，没有怨恨，没有战争，大家都相亲相爱，团结互助，亲如兄弟，这不正是全人类的共同追求吗？从席勒、贝多芬的《欢乐颂》，到我们中国的《让世界充满爱》，这不正是全世界艺术家歌唱了几百年的理想吗？"同样的感受给了我们同样的渴望，同样的欢乐给了我们同一首歌。"我们需要墨子这《同一首歌》。

但是，事物往往同时有正反两面。正因为墨家的理想太美好了，我们反倒不能不多一个心眼：这么好的事，可能吗？

儒家认为不可能。《孟子·滕文公上》记录了孟子与墨家信徒夷之的一次没有见面的辩论。这位墨家信徒说，你们儒家不是一再讲，古代的圣人爱护民众就像爱护婴儿吗？可见"爱无差等"（因为婴儿都一样）。孟子说，婴儿在地上爬，就要掉到井里面去了，这不是婴儿的错误（赤子匍匐将入井，非赤子之罪也）。什么意思呢？就是说，一个婴儿眼看就要掉进井里，任何人都会上前去救。这个时候，处于危险之中的婴儿是谁家的孩子，已经不重要了。只要是人，就不会见死不救。救这个婴儿，不是因为兼爱，而是出于天性，这就是人人都有的恻隐之心。天性是道德的基础，它比礼仪更重要。比方说，礼仪规定"男女授受不亲"，但是，如果嫂子掉进水里了，还不赶快拉一把，那就是畜生（嫂溺不援，是豺狼也）。因此，只要是人，都会去救，与性别没关系，与亲疏也没关系（《孟子·离娄上》）。这也不是什么兼爱。比方说，你能够因为救了嫂子，就说爱嫂子和爱老婆一样吗？

因此孟子认为，墨家的兼爱是十分可笑的，也是没人相信的。他说，墨家的那位信徒（夷之）当真相信爱邻居的孩子，能够和爱哥哥的孩子一样吗（《孟子·滕文公上》）？当然不会。这不需要讨论，每个人自己的经验就可以证明。爱自己的孩子，总比爱兄弟的孩子要多一些；爱兄弟的孩子，也总是比爱邻居的孩子要多一些。这是常理，也是常情、常识。

这样看来，孟子的观点是对的。因为讲伦理道德，不能不讲人之常情。道德是什么？是人与人之间行为的规范。这种规范，如果不建立在人性的基础上，如果不讲常理、常情、常识，就没有基础，不能实行，甚至会成为伪善。伪善非善。因此，儒家从人皆有之的"亲亲之爱"出发，来建立他们的道德主张（仁爱），是合情合理的，也是具有可能性和可行性的。这一轮辩论，孟子赢了，加十分。

但是，前面说过，任何事物都有两面性，道德问题也一样。孟子抓住了可能性，有他的道理，却并不等于墨子就没道理。为什么呢？因为道德不但要讲可能性，还要讲超越性。也就是说，不可能不等于不应该。而且，道德之所以是道德，就在于不是可能，而是应该。如果只讲可能，不讲应该，就没有道德不道德的问题了。比方说，眼前有饭菜，大家肚子又饿，要大家吃，做得到吗？当然做得到，就连阿猫阿狗都做得到。那么，吃了这些饭，就道德了吗？显然谈不上。既谈不上道德，也谈不上不道德。可见道德不能只问"做不做得到"，还得问"应该不应该"。比方说，这些饭是不是不义之财，是不是嗟来之食。如果是，就算再饿，也不吃，这才是道德。也就是说，道德必须具有超越性。

墨子的思路大约就是这样。在墨子看来，亲爱自己的亲人，这是人人都能做到的。因此这不是道德，而是本能。所以，讲道德，不能只讲"亲亲"。恰恰相反，只有打破了人与人之间的界限，超越了人人都能做到的"亲亲之爱"，实现普天之下人人平等的"博大之爱"——兼爱，才真正达到了道德的境界。因为只有兼爱，才体现了道德的超越性。超越性是不能没有的，所以墨子也对，也加十分。

然而这样一说，问题也就来了。墨子讲超越性，你说有道理；孟子讲可能性，你说很正确。那我们到底听谁的？都要听。因为道德不能不讲可能性，也不能不讲超越性。只讲可能性，不讲超越性，就没有道德；只讲超越性，不讲可能性，就不是道德。不是道德是什么呢？弄得好是宗教，弄不好就是伪善。但无论宗教还是伪善，都不是道德。所以，墨子和孟子都有道理，仁爱和兼爱也都对。如果能够合起来，就更好。因此我的观点，是理想讲兼爱，现实讲仁爱，以兼爱导仁爱，以仁爱行兼爱。这或许是个办法。

不过这已是后话，我们还是回到当时。当时的情况是什么呢？是墨家主张的兼爱，孟子认为不可能，墨子也承认很困难，必须有解决的办法。办法也有三个：算账、恐吓、集权。或者说，利害的计算、鬼神的吓唬、君主的专政。正是由于这些解决办法，又造成了儒墨两家的三大分歧：功利还是仁义，鬼神还是天命，君权还是民权。

先说第一个办法。

前面说了，按照人之常情，要想做到兼爱，实际上是很困难的。人们不但做不到，也想不通：凭什么我爱别人和别人的亲人，得像爱自己、爱自己的亲人一样？墨子显然想到了这一点，他的办法是和大家算账。墨子说，现在有人反对兼爱，是因为没弄清楚兼爱有什么好处（不识其利），以为吃亏了。其实不然。兼爱不但不吃亏，还有红利。为什么呢？因为你爱别人，别人也会爱你（爱人者，人必从而爱之）；你帮别人，别人也会帮你（利人者，人必从而利之）。这样两全其美的事，怎么会是吃亏？相反，你恨别人，别人也会恨你（恶人者，人必从而恶之）；你害别人，别人也会害你（害人者，人必从而害之）。这样害人害己的事，为什么要去做（《墨子·兼爱中》）？这就是墨子的第一招：利害的计算。

这笔账算得很清楚，很明白，很有道理。不过这样一来，正如冯友兰先生所说，兼爱就"成了一种投资，一种为自己的社会保险"。实行兼爱的人不但可以从中获利，而且很可能还会一本万利。相反，如果不仁不义，则有可能倾家荡产，赔个精光。因此，仁义不但与功利不相冲突，反倒就是获得功利的途径，甚至本身就是功利。墨子的这个观点，我们不妨称之为"仁义即功利"。

墨子的这个说法，对于芸芸众生，或许确有吸引力。但在儒家看来，却是授人以柄。我估计孟子当时一定在肚子里冷笑：你这是在讲道德呀，还是在讲功利呀？你这是在讲"义"，还是在讲"利"？道德不是要有超越性吗？最重要的，就是超越功利嘛！只有超越了功利的需求（比如不吃嗟来之食，不受不义之财），才能实现道德的追求。所以，儒家的观点，是"仁义即仁义"，或者"仁义非功利"。也就是说，仁义就是仁义，它不可能是功利，也不应该是功利。在孟子那里，义与利，永远是针锋相对、水火不容的。打开《孟子》一书，孟子说的第一句话就是"王何必曰利？亦有仁义而已矣"（《孟子·梁惠王上》）。在大多数人心目中，义与利，也是尖锐对立、泾渭分明的。比如见义勇为，就是不计利害；见利忘义，就是不讲道德。墨子以利说义，岂非搞笑？

但是对不起，这一回我要明确表示赞成墨子。我认为，以利说义，恰恰是墨家比儒家高明的地方，也是墨家比儒家深刻的地方。为什么呢？因为说到根本，义，就是利。只不过，在墨子那里，可以称之为"义"的"利"，不是个人的"小利"，而是全人类、全社会的"大利"，即"天下之利"（《墨子·兼爱下》）。天下之利也是利嘛！更何况，人类为什么要有道德？难道是为了让大家都权益尽失？当然不是。说到底，还是为了人类的幸福。所以，以利说义，并没什么不对，也没什么不妥。

可能有人会说，不对！墨子刚才算账时，讲的可不是什么"天下之利"，而是"爱人者必见爱也"（《墨子·兼爱下》）。这可是个人私利。没错，墨子是这么说的，但这也没什么不对。什么叫全人类？什么叫全社会？什么叫普天之下？人类、社会、天下，都不是什么空洞的抽象物，而是由一个个活生生的个人组成的。没有个人，就没有社会，也没有天下。因此，没有个人的"小利"，也不会有什么全人类的"大利"。如果有人说，一件什么事情，对全人类是有利的，但对每个人都是不利的，那这个所谓"大利"就一定是谎言。

其实，利，不但是"义之本"，也是"义之途"，即只有承认功利，才能实现道德。经济学家张维迎先生讲诚信，有个很好的说法。他说诚信就是放弃眼前的小利，追求长远的大利。他还说，小区里的商店一般不会搞欺诈，因为大家都是熟人，他们也想做长久生意。这是有道理的。实际上，只有承认每个人的合法权益，道德的建设才有必要，也才有可能。比方说，损人利己，是不道德的；舍己为人，是很高尚的。那么请问，损人利己，损的是什么？利。舍己为人，舍的又是什么？还是利。显然，如果别人没有利，就谈不上损。如果别人的利是不受保护的，就没有什么损不得。同样，如果自己没有利，或者这利益原本可有可无，舍它一下，也就没什么了不起。可见道德的前提，是承认每个人的"利"。正因为承认这一点，损人利己才可耻，舍己为人才可贵。

因此，我投墨子一票。但同时，也要做一个说明。墨家以利说义，是讲根本。儒家以义反利，是讲现实。也就是说，在现实生活中，当道义与功利发生冲突的时候，我们应该采取儒家的选择：为了道义，放弃功利。这是儒墨两家的第一个分歧：功利还是仁义。

现在说第二个：鬼神还是天命。

墨子算账以后，大约自己心里也没底，便提出了第二个办法，即鬼神的吓唬。当然，墨子的鬼神论，也是一箭双雕，即一方面实现兼爱，另一方面批判儒家，因为儒家是主张天命，反对鬼神的。孔子说得很清楚："不知命，无以为君子也。"（《论语·尧曰》）他的得意门生子夏也说："死生有命，富贵在天。"（《论语·颜渊》）至于对待鬼神，孔子的态度是敬而远之，叫做"敬鬼神而远之"（《论语·雍也》），其实是不信。这就与墨子刚好相反，墨子是信鬼神不信天命。所以，墨子必须左右开弓，既宣传鬼神论，又批判天命论。《墨子》一书中的《非命》上、中、下，就主要批判儒家的天命论；《明鬼》上、中、下（现存下篇），则主要宣传自己的鬼神论。在这里，我们先看墨子怎么讲（该部分引文则分别见于《非命》和《明鬼》，不一一注明）。至于如何看待天命，看待鬼神，以后再说（请参看本书第三章第六节和第六章第一节）。

墨子怎么批判天命呢？第一，墨子说，判断一种事物是否存在，要看有没有人看见，有没有人听见。有人看见，有人听见，就存在（*有闻之，有见之，谓之有*）。没人看见，没人听见，就不存在（*莫之闻，莫之见，谓之亡*）。那么，从古到今，自有人类以来，有人见过命的样子（*见命之物*），听过命的声音（*闻命之声*）吗？没有。所以，天命是不存在的。第二，判断一种事物是否存在，要看它是否起过作用。起作用，就存在；不起作用，就不存在。那么，商汤、周武的时候，天下大治，夏桀、殷纣的时候，天下大乱，起作用的是什么？是这些君主的政治（*在上之发政也*），天命可是一点作用都没有。所以，天命是不存在的。第三，判断一种事物是否存在，要看谁主张有，谁主张没有。谁主张没有？成功人士和杰出人才。他们成功，是因为自己的努力，没有人会说是因为命里有。那么，谁主张有命？暴君和懒人。暴君亡国，不会说是自己的责任，只会说是命中注定要灭亡（*我命故且亡*）。懒人受穷,也不会说是自己不努力,只会说自己原本就是穷命(我命固且穷)。由此可见,所谓"天命",不过是暴君和懒人发明的托词,其实并不存在。

天命不存在,鬼神呢?墨子说,当然存在。为什么存在?第一,见过鬼神的人很多。第二,鬼神起作用的例子很多。第三,主张鬼神存在的都是圣贤。这就是鬼神存在的证据。至于墨子讲的那些"活见鬼"的例子,这里就不讲了。

那么,鬼神为什么存在?鬼神存在于这个世界,究竟有什么意义?墨子认为,鬼神存在的意义,就是"赏贤而罚暴"(《墨子·明鬼下》)。鬼神无所不在,无所不至,无所不能。他们监督着人们的一言一行,尤其是统治者的所作所为。谁要是实行兼爱,做好事,鬼神就奖赏他,让他走运;谁要是不兼爱,做坏事,鬼神就惩罚他,叫他倒霉。所以,不要以为鬼神无形,不常出现,就可以为非作歹,仗势欺人。鬼神对于人间的一切,都了如指掌,而且赏罚分明。因此无论行善作恶,都一定会有回报,即善有善报,恶有恶报,不是不报,时间未到,时间一到,一切都报!

这倒是我们颇为熟悉的说法,问题是怎么看。我的看法是:墨子的鬼神论,主要是吓唬统治者的,警告他们收敛一点,不要太过分。这一点要肯定。但是,这种吓唬,十分靠不住,弄得墨子自己,都差一点闹笑话。据《墨子·公孟》,有一次,墨子生病,他的一个名叫跌鼻的学生就来问他:先生不是圣人吗,怎么会生病?是先生的言行有什么不对,鬼神来惩罚呢,还是鬼神瞎了眼呢?墨子当然不能承认自己不道德,但也不能承认鬼神瞎了眼,便说:我生病,不能证明什么,人生病的原因多得很,天气变化啦,工作太累啦,都会生病。这就好比一栋房子有一百个门,你只关了一扇(百门而闭一门焉),那贼从哪个门不能

103

进来（则盗何遽无从入）！

墨子这话，当然能够自圆其说，却也使自己陷入尴尬。你生病，不是因为做了坏事鬼神惩罚，别人就是，请问这是什么逻辑？当然，墨子可以说，别人也不一定。因为人生病，可能有上百个原因。那好，既然人的幸与不幸有上百个原因，鬼神的赏罚只是其中之一，那又有什么可怕的呢？

这就必须有第三个办法，即君主的专政。

君主的专政，在墨子那里叫"尚同"。什么是尚同？尚就是上，尚同就是上同，也就是同上，即一切思想、观念和意见都必须统一于上级，最终统一于上天。这种统一是绝对的、没有价钱可讲的，叫做"上之所是，必亦是之；上之所非，必亦非之"。也就是说，上级说对，下级也必须说对。君主说对，臣民也必须说对。上级说错，下级也必须说错。君主说错，臣民也必须说错。每个人的意见，都必须和上级相同（尚同义其上），不能在下面乱说（毋有下比之心）。这样，上级就会奖赏（上得则赏之），群众就会表扬（万民闻则誉之）。相反，如果勾结下级诽谤上级（下比而非其上），上级就要惩罚（上得则诛罚之），群众就要批判（万民闻则非毁之）。这就是圣明天子的"发政施教"（《墨子·尚同中》），即天下一统，君权至上，绝对服从，这就叫尚同。

毫无疑问，这是一种专制，甚至是一种专政。而且，在当时的情况下，这种专政最终是由君主（天子、国君、家君）来实行的。因此我把墨子的这第三个办法，称之为"君主的专政"。看来，墨子也知道兼爱在事实上做不到，这才提出"以专制行兼爱"。这是墨子的最后一招，而且可能是最管用的一招。但是这样一来，也就产生了一个问题，即兼爱与专制如何兼容。我们知道，爱，是一种发自内心的情感，它是不能强迫的。以专制行兼爱，这本身就是一个悖论。更何况，墨子主张兼爱，原本是为了维护人民群众的权利。尚同的观念既然是君权至上，那么请问民权又从何谈起？这又是一个悖论。正是由于这些问题，儒家和墨家有了第三个分歧，即"君权还是民权"。这是一个最重大的分歧，牵涉到对儒墨两家的盖棺论定，我们必须专题讨论。

儒墨再评价

准确地说，君权还是民权，是墨子与孟子的分歧。

还是要从尚同说起。如果说，兼爱是墨家学说中最大的亮点，那么，尚同就是其最大的败笔。正是这一败笔，让我们很难认定墨子究竟是个好医生，还是坏医生。因为他这两张药方是自相矛盾的。"病人"一齐吃下去，是死是活，没人知道。

墨子的药方是怎么开出来的？源于他对当时社会之病的诊断。《墨子·兼爱上》说："乱何自起？起不相爱。"《墨子·尚同上》则说："天下之所以乱者，生于无政长。"显然，在墨子看来，天下大乱有两个原因，一是人们不相爱（起不相爱），二是社会缺领导（生于无政长）。缺领导，社会就会处于乱七八糟的无政府状态，这是远古的情况。不相爱，社会就会处于自相残杀的战争状态，这是当时的情况。因此，墨子开出两张药方，针对不相爱的是兼爱，针对缺领导的是尚同。

墨子这话，有点不好理解。从启废禅让，到墨子在世，世袭的君主制，大约已经实行了一千六百年，怎么能说是"无政长"？夏启之前，氏族、部落、部落联盟，也都有自己的领袖，怎么会缺领导？原来，墨子所谓"无政长"，不是一般意义上的缺领导，而是缺少能够统一人民思想、观念、意志的好领导。墨子说,人类诞生之初（古者民始生）,还没有政治制度的时候（未有刑政之时）,意见是不统一的。一个人有一个人的主张（一人则一义）,两个人有两个人的主张（二人则二义）,十个人有十个人的主张（十人则十义）。人越多,主张就越多（其人兹众,其所谓义者亦兹众）。所有的人,都说自己的主张对,别人的主张不对（人是其义,以非人之义）,互相攻击,互相批判（交相非也）。结果是什么呢？是"天下之乱,若禽兽然",整个社会乱七八糟,就像动物世界。究其所以,都因为缺少好的领导啊！这就叫"天下之所以乱者,生于无政长"（《墨子·尚同上》）。

显然,墨子所谓"无政长",与其说是"缺少好领导",不如说是"意见不统一"。治理的办法,当然是对症下药,把人民的思想、观念、意志统一起来。那么,谁来统一呢？靠老百姓是不行的。老百姓人多嘴杂,议论多,心眼多,哪里统一得了？因此只能由执政者来统一,自下而上统一,这就叫尚同,即意见与上级相同。

不过这里还是有问题。老百姓固然人多嘴杂,执政者难道就不七嘴八舌？要知道,执政者也并非只有一个人呀！解决这个问题,墨子也有办法。他的办法,是"逐级尚同"。按照《尚同中》的说法,就是先由里长统一村民的意见（一同其里之义）,然后由里长率领村民"尚同乎乡长"。乡长统一乡民的意见,然后率领乡民"尚同乎国君"。国君统一国民的意见,然后率领国民"尚同乎天子"（《尚同下》也有类似说法,不再重复）。村民意见分歧,里长统一不了,乡长说了算（乡长之所是,必亦是之；乡长之所非,必亦非之）。乡民意见分歧,乡长统一不了,国君说了算（国君之所是,必亦是之；国君之所非,必亦非之）。国民意见分歧,国君统一不了,天子说了算（天子之所是,必亦是之；天子之所非,必亦非之）。这样一来,就不怕意见多了。因为上级的上面还有上级。里长们的意见不统一，有乡长；乡长们的意见不统一，有国君；国君们的意见不统一，有天子；最后总能统一起来。

统一起来又怎么样呢？就可以实现兼爱了，因为普天之下都逐级尚同。只要天子兼爱，国君就会兼爱；国君兼爱，乡长就会兼爱；乡长兼爱，里长就会兼爱；里长兼爱，村民就会兼爱。结果是什么呢？是普天之下都兼爱。这就是实现兼爱的第三个办法——集权。

这个主意倒是不错，可惜有风险：万一天子不兼爱呢？天子不兼爱，国君就不兼爱；国君不兼爱，乡长就不兼爱；乡长不兼爱，里长就不兼爱；里长不兼爱，村民就不兼爱。结果是什么呢？是普天之下都不兼爱。看来，逻辑这玩意，其实并不好玩。

好在墨子早就想到了这个问题，他告诉我们不必忧虑，因为天子肯定兼爱。为什么肯定兼爱？因为天子是最圣明的。何况他还选择了次圣明的人担任国君，以便"一同其国之义"。国君呢？又在国内选择了再次圣明的人担任乡长、里长，来协助自己。这些人，也都是贤良的，因此大可放心。那么，天子又为什么就肯定最圣明呢？因为正是为了"一同天下之义"，才"选择天下贤良、圣知、辩慧之人，立以为天子"（《墨子·尚同中》）呀！天子如果不是最圣明的，怎么会选他？

这当然也有道理。遗憾的是，第一，我们不知道，那个最圣明的天子究竟是怎么选出来的。民选？官选？还是天选？我们也不知道，在当时的情况下，世袭的天子怎么就能世世代代都最圣明，世袭的国君也怎么就能世世代代都次圣明？这些问题，墨子都没有说，我们也不能瞎猜，只能在心里嘀咕。

第二，就算天子是最圣明的，国君是次圣明的，乡长、里长则是再次圣明的，他们也都是人，不是神，难道就永远不会犯错误？这一点，墨子也想到了。他的办法，是规定上级必须听取下级和群众的意见，下级和群众也必须向上级反映情况。他甚至规定，上级有过失不能规劝，群众有好事没有报告，都要惩罚（《尚同上》和《尚同中》都提到这一点）。为什么呢？因为"上之为政，得下之情则治，不得下之情则乱"（《墨子·尚同下》）。所以，下级必须说，上级必须听。那么，意见反映上去，与上级的看法不一致怎么办？听上级的。村民与里长意见不统一，听乡长的。乡民与乡长意见不统一，听国君的。国民与国君意见不统一，听天子的。天子，是真理的代言人，最高的仲裁者。

这是什么呢？表面上是民主集中，实际上是君主独裁。至少，也是君主集权，甚至君主专政。君主，拥有最高的思想权、话语权、决策权和对争论的裁判权。这不是君权至上是什么？显然，在这样一种制度下，"国家的性质必然是极权主义的，国君的权力必定是绝对化的"（冯友兰《中国哲学简史》）。人民群众对统治者只能绝对服从。如果意见不一致，便要么放弃自己的观点，要么接受惩罚，哪有权利可言？甚至就连他们的提意见，也是义务，不是权利。爱民的墨子，居然完全无视民权，这可真有意思。

墨子的这个思想，也是儒家不能赞成的，至少孟子不赞成。因为在孟子那里，民权是高于君权的。谁都知道孟子有一句名言，即"民为贵，社稷次之，君为轻"（《孟子·尽心下》）。也就是说，民权第一，政权第二，君权第三。君，可以高高在上，可以富贵荣华，可以也应该独一无二，比方说"天无二日，民无二王"（《孟子·万章上》）。但是，君主的这种受尊崇是有条件的，条件就是他必须合格。如果不合格，比方，像梁襄王那样"望之不似人君"（《孟子·梁惠王上》），那他就没有资格享受这份尊崇。

那么，合格的君主有什么条件？

也有三个。第一，要"关注民生，与民同乐"。孟子认为，一个君主，最起码要能保证国民安居乐业衣食无忧。如果像梁惠王那样，弄得"庖有肥肉，厩有肥马，民有饥色，野有饿莩"（《孟子·梁惠王上》），那就是不合格的君三。在这个问题上，考核的标准也有三条。一是要做到五十岁以上的人都可以穿上丝绵袄（五十者可以衣帛），七十岁以上的人都有肉吃（七十者可以食肉）。这是孟子在《梁惠王上》提出的。为什么呢？因为"五十非帛不暖"，"七十非肉不饱"。不暖不饱，就叫做"冻馁"（《孟子·尽心上》），君主也就不合格。这是一个可量化的硬指标，没有价钱好讲。

二是要关心弱势群体。孟子在《梁惠王下》说：年老而没有妻室的叫做鳏（老而无妻曰鳏），年老而没有丈夫的叫做寡（老而无夫曰寡），年老而没有儿女的叫做独（老而无子曰独），年幼而没有父亲的叫做孤（幼而无父曰孤）。这四种人，都是天底下最应该同情的（天下之穷民而无告者）。不关心他们，也算不合格。这两条，算是基本标准。

第三个考核标准要高一些，就是要做到与民同乐。据《梁惠王下》，孟子曾多次与齐宣王谈仁政。在谈到要对弱势群体给予关注时，齐宣王表示：先生这话说得真好（善哉言乎）。孟子说：大王既然认为好，为什么不做呢？齐宣王说：寡人有病，喜欢钱财（寡人有疾，寡人好货）。孟子说：这有什么关系？大王喜欢钱财，老百姓也喜欢，大王和民众一起喜欢不就行了（王如好货，与百姓同之，于王何有）？宣王又说：寡人有病，喜欢女人（寡人有疾，寡人好色）。孟子又说：这有什么关系？大王喜欢女人，老百姓也喜欢，大王和民众一起喜欢不就行了（王如好色，与百姓同之，于王何有）？孟子甚至还对齐宣王进行启发式教育。孟子说：听说大王喜欢音乐，有这事吗？齐宣王马上就变了脸色（王变乎色），说：不好意思，寡人并非喜欢古典音乐，其实是喜欢流行歌曲（非能好先王之乐也，直好世俗之乐耳）。孟子说：喜欢流行歌曲也没什么不好，音乐都是一样的嘛！不过为臣想问一个问题：大王认为是一个人欣赏音乐快乐呢，还是跟别人一起欣赏快乐呢？齐宣王说，当然是跟别人一起欣赏更快乐（不若与人）。孟子又问：是跟少数人一起欣赏快乐呢，还是跟多数人快乐呢？齐宣王说，当然是跟多数人（不若与众）。那么好了，与全国人民一起快乐，岂不是最快乐？要知道，能够与民同乐，那就天下归心，那就是王道呀（与百姓同乐，则王矣）！可惜，这话孟子是不说白不说，说了也白说。这是第一个条件：关注民生，与民同乐。

合格君主的第二个条件，是要"了解民意，尊重事实"。孟子和墨子一样，也是主张贤人政治的。他理想中的治世，就是"尊贤使能，俊杰在位"（《孟子·公孙丑上》），与墨子的主张没什么两样。但是，孟子的选贤，却不是君主、长官、上级一个人说了算，不是墨子说的"上之所是，必亦是之；上之所非，必亦非之"，而是广泛听取群众意见，然后进行调查研究。孟子说，选拔官员，国君身边的人都说好，不算（左右皆曰贤，未可也）；将军大夫们都说好，也不算（诸大夫皆曰贤，未可也）；人民群众都说好，就可以考察了（国人皆曰贤，然后察之）；考察下来发现确实好，才任命（见贤焉，然后用之）。也就是说，听民意，讲事实。选贤如此，杀人也一样，一定要"国人皆曰可杀，然后察之；见可杀焉，然后杀之"。只有这样，才"可以为民父母"（《孟子·梁惠王下》），也才是合格的君主。

合格君主的第三个条件，是要"尊重民权，对等交流"。孟子认为，人与人，都是一样的。即便是君臣，也要相互尊重。这话孔子也说过。孔子的说法，是"君使臣以礼，臣事君以忠"（《论语·八佾》），也就是臣对君要忠诚，君对臣要客气。孟子就没那么客气，他的说法，是"君之视臣如手足，则臣视君如腹心；君之视臣如犬马，则臣视君如国人；君之视臣如土芥，则臣视君如寇仇"（《孟子·离娄下》）。也就是说，你把我当人，我也把你当人；你不把我放在眼里，我就把你当敌人。因为你根本就不是合格的君主。

君主不合格，又该怎么办呢？也有两个办法。一是抛弃他，让他去做孤家寡人；二是颠覆他，让他去做孤魂野鬼。据《孟子·万章下》，有一次齐宣王向孟子问公卿。孟子说，有和王室同宗的公卿（贵戚之卿），有和王室不同宗族的公卿（异姓之卿），他们是不同的。如果是同宗的"贵戚之卿"，那么，君王有了大的过错，他们就要劝阻（君有大过则谏）。如果反复劝阻君王还不改，就废了他（易位）！齐宣王一听，脸色唰的一下就变了（王勃然变乎色）。孟子说：大王不必紧张，臣不过是实话实说罢了。宣王的脸色这才恢复正常，又问不同宗族的"异姓之卿"。孟子说，一样。他们的职责，也是"君有过则谏"。不同的是，如果反复劝阻君王还不改，就离开他（则去）！哈哈，还是不要那不合格的君主！

孟子这样说，是因为在他心目中民权高于君权。在他看来，君权虽由天授，但"天视自我民视，天听自我民听"（《孟子·万章上》），因此名为天授，实为民授。也因此，如果君主太不像话，人民就有权利进行革命。齐宣王曾经问孟子，商汤作为夏桀的臣子，周武作为殷纣的臣子，怎么可以弑君呢？孟子说：破坏仁的叫做贼（贼仁者谓之贼），破坏义的叫做残（贼义者谓之残），贼仁残义的就叫做独夫（残贼之人谓之一夫）。我只听说过打倒那个独夫殷纣，没听说过什么"弑君"（《孟子·梁惠王下》）。

这就是儒家和墨家（准确地说是孟子和墨子）的第三个分歧：君权还是民权。在这个问题上，我要重重地投孟子一票，同时对墨子表示深深的遗憾，因为墨子其实也是维护民权的。墨子的思想，有一个总纲，就是"兴天下之利，除天下之害"。这十个字，在《墨子》一书中多处可见，贯彻始终。墨子说的天下，当然是天下人的天下。他要追求的利，也是天下人的根本利益。而且，他的同情心是向弱势群体倾斜的。在他看来，社会的问题并非孔子痛心疾首的"礼坏乐崩，犯上作乱"，而是一个阶级压迫另一个阶级的"以强凌弱，巧取豪夺"。为了争取人民群众的利益，墨子著书立说，奔走呼号，磨穿了鞋底，磨破了嘴皮。这种精神，实在值得崇敬！这种立场，也实在应该肯定。

相反，孔子和孟子，则是站在统治阶级一边的。而且，在某种意义上，孟子比孔子还更进一步：孔子只是讲"王道"，孟子则已经讲"王业"。比如孟子讲"老吾老以及人之老，幼吾幼以及人之幼"，最后落实到什么呢？落实到"天下可运于掌"（《孟子·梁惠王上》）。他讲"尊贤使能"，也是落实到"无敌于天下"。孟子还说："无敌于天下者，天吏也。然而不王者，未之有也。"（《孟子·公孙丑上》）还有，与民同乐，也如此："乐以天下，忧以天下，然而不王者，未之有也。"（《孟子·梁惠王下》）这就是"王业"了。我们知道，在战国时期，王业与霸业，那是只有一步之遥的。

看来，历史总是喜欢跟人开玩笑。出发点、目的地和实际结果，也并不总是一致。墨子为人民谋，结果是君权重于民权。孟子为君主谋，结果反倒是民权高于君权，这又是为什么呢？

原因之一，是墨子把事情看简单了。在他那里，人民群众似乎只有物质需求，没有精神需求；只有经济利益，没有政治利益。因此，他只为人民群众争取生存权利和经济权利，不为他们争取思想权利和言论权利。相反，在他看来，这些权利还必须无条件地交给统治者。结果，按照墨子的方案，如果要把人民群众从经济压迫中解放出来，就必须同时让他们变成统治阶级的精神奴仆。这可真是让人哭笑不得！看来，评价一种思想和学说，不能只看立场和出发点，还得看最后的结果。

墨子为什么会把问题看简单了呢？因为他是狭隘的功利主义者。在他那里，人类似乎只应该有一种需求，这就是物质需求；只应该有一种生产，这就是物质生产；也只应该有一种文明，这就是物质文明。除此之外的一切，包括精神需求、精神生产和精神文明，都是多余和不必要的。什么思想权利，什么言论权利，当然都可以不要。

但这也顶多只是思想言论权利可以交出而已，为什么还必须交出，而且还必须无条件地交给统治者呢？因为非如此而不能尚同。这就是墨子主张君权重于民权的第二个原因，也是更重要的原因。你想啊，按照墨子的观点，人民群众如果有思想言论的自由，岂非"一人一义，十人十义，百人百义"，弄得"无君臣上下长幼之节、父子兄弟之礼"，没大没小，乱成一团，"如禽兽然"（《墨子·尚同中》）？所以，最好的办法，是人民群众将思想言论的权利交给统治者，自己只承担反映情况提意见的义务。这就是墨子的主张。

毫无疑问，这是墨家思想最大的败笔。而墨子有此败笔，也不奇怪，因为他是武士的代表。他的学派，也有一种"准军事组织"的性质，张荫麟先生称之为"武士的行会"（《中国史纲》）。这样的团体，最讲究的就是令行禁止，绝对服从。事实上，在墨家全盛之时，他们也确实做到了这一点。那时，所有的"墨者"，都无条件地服从他们的最高领袖——"巨子"，赴汤蹈火，在所不辞。他们的组织内部，甚至可以动用私刑，处决违法乱纪的人（请参看本书第六章第二节）。这也是墨家与诸家的一大区别：墨家学派有如国家，师生之间有如君臣。儒家学派有如家庭，师生之间有如父子。至于道家和法家，则是连组织都没有的。这，又谁是谁非呢？

可惜现在我们还不能做出最后的结论。因为就在儒墨两家争执不下的时候，另一种声音也在中华大地上响起。这种声音认为，什么"仁爱还是兼爱"，什么"君权还是民权"，什么"改良还是革命"，都没有意义。解决社会问题，不是靠做，而是不做；不是要考虑做什么和怎么做，而是要考虑不做什么和怎么不做。也就是说，顺其自然，或者无为而治。以火救火固然不对，以水救火也不行。前者（仁爱）是扬汤止沸，后者（兼爱）是杯水车薪。正确的方案是什么呢？釜底抽薪。

我们知道，发出这个声音的是道家。

第三章
儒道之争

隐士哲学家

儒道之争，也可以说是儒、墨、道三家之争。因为儒墨两家的分歧，主要在仁爱与兼爱。但仁爱也好，兼爱也罢，总之是要做点什么。实际上，墨子虽然与孔子对着干、拧着来，可出发点还是关心天下兴亡，也愿意为此殚精竭虑，奔走呼号。道家却无意于此。他们虽有主张，却并不游说诸侯，也不设计方案。即便发表意见，也多半是自说自话。因为道家的主张是"无为"，也就是什么都不做。不但自己不做，也反对别人做。他们的主张，是统治者也好，老百姓也好，都不要做。这才有了儒道之争的焦点：有为，还是无为。这是道家与儒家的分歧，也是他们与墨家的分歧。也就是说，儒家和墨家都主张"有为"，分歧仅仅在于"做什么"和"怎么做"。道家的主张，却是"不要做"。这样看，道家与儒家、墨家的分歧，比儒墨之争的分歧更大。

问题是，儒墨两家为什么要做，道家为什么就不做呢？

因为他们代表不同的士。前面说过，墨家代表武士（或侠士），儒家代表文士（或儒士）；墨家代表士的下层，儒家代表士的上层；墨家代表士的过去，儒家代表士的未来。武士也好，文士也好；下层也好，上层也好；过去也好，未来也好，总归都要做事。那么，不要做事的道家又代表谁？他们的思想又是谁的哲学？

隐士。道家是隐士的代表，道家思想是隐士的哲学。

什么是隐士？隐士是士的另类。前面说过，春秋战国时期的士，大体上都是自由职业者。他们的工作，主要是给别人帮忙。比方说，大夫的采邑，就是士来打理的。这样的士，叫"家臣"（前面说到的阳货，就是季孙氏的家臣）。另外，打仗，也要靠士。这样的士，就是"战士"，也叫武士、甲士。打仗要有人冲锋陷阵，也要有人出谋划策，还要有人拉帮结派合纵连横。这样的士，就是"谋士"，也叫"策士"。国家之间不但要打仗，也要谈判，要唇枪舌剑，折冲樽俎，得有人帮着说话。这样的士，就是"辩士"。天子、诸侯、大夫，都要占梦、算卦、看风水，要有人懂医懂药懂房中术。这样的士，就是"方士"。如果什么事情都没有呢？他们也得有人陪着吃喝玩乐闲聊天。这样的士，就是"食客"。总之，士的任务，就是有事帮忙，没事帮闲，说话帮腔，打仗帮凶。但不管是哪一种，都要做事，也都要依附于高级贵族（大夫、诸侯、天子）。他们都是"毛"，必须依附在一张"皮"上。皮之不存，则毛将焉附？所以他们要关心天下兴亡。隐士却不同。他们谁也不依附，什么事情都不帮别人做，也不为这些事情费脑筋。什么天下，什么人民，什么家国，统统事不关己。如果你拿这些事去请教他，他还要生气。比如传说中的隐士许由，听说尧要让位给他，就跑到河边去洗耳朵。结果他的哥们巢父更生气，说：你这么一洗，把溪水都弄脏了，我只好去上游饮牛。这就是"隐士"。

什么人可以做隐士？有本事的人。有本事的人当中，什么人是隐士？不做事的人。所谓"不做事"，也不是什么都不做。耕田、种菜、砍柴、钓鱼之类，还是要做的，否则他们吃什么？他们的"不做事"，其实是"不做官"。不做官也不是"不会做"或者"做不了"，而是"不愿意"。能做，会做，做得了，却偏不做，才叫"隐士"。

道家，就是这样一些人的代表。道家思想，就是这样一些人的哲学。不过这样一来就有了问题。第一，儒和侠需要哲学，需要代表，是因为他们做事。做事，就要有理论依据，也要有哲学指导。隐士什么都不做，要哲学干什么？要代表干什么？第二，隐士对于国家大事、天下兴亡，既然"事不关己，高高挂起"，那你何必说，又有什么可说的？

这就只能说明两点：第一，道家不等于隐士，隐士不等于道家。准确地说，道家不是隐士，只是"隐士哲学家"。他们的立场、观点、态度，是隐士的，因此主张"不做"。他们的社会角色是哲学家，因此不能"不说"。说什么？把为什么主张"不做"的道理说出来。主张"不做"，同时"要说"，这就是隐士哲学家，也就是道家。第二，作为隐士哲学家，道家其实还是关心国家大事、天下兴亡的。只不过在他们看来，这个社会，这个天下，已经没救了。要救，也只有一个办法，那就是"无为"。这就是他们与儒墨两家的根本分歧。因此，所谓"儒道之争"，就可以概括为三句话：有药可救，还是无可救药；拯救天下，还是拯救自己；积极有为，还是消极无为。

先说第一条。

前面说了，道家代表的隐士们，是不关心国家大事和天下兴亡的。那么，是他们认为这事不关自己的痛痒吗？不是。人，是社会的存在物。每个人，都只能生活在一定的社会中，隐士也不例外。社会状态好，他们的生活也好；社会状态不好，他们的生活也不好。怎么能不关心？怎么能说关心是不必要的？其实，他们的不关心，是认为关心也没有用，这个社会已经无可救药了。既然无可救药，关心它干什么呢？

这种观点，主要是老子、庄子之前那些隐士们的。这些人是道家的先驱，我们不妨称之为"前道家"。孔子的时代，就有这样的人。孔子和他们的关系，大约是孔子对他们很客气，也很敬重；他们对孔子则不欣赏，也不赞成。

不妨举几个《论语·微子》中的例子。比如楚国的"狂人"接舆，就曾经一边唱着歌，一边走过孔子的车子（歌而过孔子）。歌，当然是故意唱给孔子听的。怎么唱的呢？凤凰啊凤凰，咋就这么倒霉（凤兮凤兮，何德之衰）！过去的不可挽救，没做的还能追回（往者不可谏，来者犹可追）。算了吧，算了吧，那些当权派岌岌可危（已而，已而，今之从政者殆而）！这话意思很清楚：如今这个世道，早就不可救药。你孔某人就算是凤凰，碰到这倒霉的时代，也只能是没毛的凤凰，还不如一只鸡！现在那些执政者早晚要完蛋，你东奔西走找他们干什么！据说，孔子听了立即下车，想跟他谈谈，接舆却一溜烟跑得无影无踪。

如果说接舆的歌还只是暗示，那么，另外两个隐士——长沮和桀溺的话，可就是明明白白的了。有一次，孔子要过河，找不到渡口。正好长沮和桀溺肩并肩在耕地，孔子就让子路去"问津"（询问渡口）。长沮说，驾车的那位是谁（夫执舆者为谁）？子路说，是孔丘。这里有两个问题需要解释。第一，驾车是子路的事，孔子怎么成了"执舆者"？回答是：因为子路下了车，所以缰绳就到了孔子手里。第二，子路是孔子的学生，对孔子怎么能直呼其名？回答是：因为子路是在对长者介绍孔子。直呼其名而不称夫子，是谦虚，也是对长者的尊重。于是长沮又问：是鲁国那个孔丘吗？子路说，是的。长沮说，那他应该知道渡口在哪（是知津矣）！俗话说，说话听声，锣鼓听音，长沮这是话里有话。他的意思是：孔夫子不是聪明绝顶吗？他连天下的出路在哪都知道，还能找不到渡口？当然，这话也可以做另一种解释：孔夫子早就知道天下的出路在哪儿了，何必还来问我？两种解释，都通。

子路碰了个软钉子，只好又去问桀溺。桀溺问：先生哪位？子路说：是仲由。子路的回答也是称名不称字，也是谦虚、尊重。桀溺又问：是鲁国孔丘的学生吗？子路说，对的。桀溺说：现在普天之下都是滔滔洪水，谁能改变，你们又和谁一起去改变（滔滔者，天下皆是也，而谁以易之）？与其跟着"辟人之士"，何不跟着"辟世之士"？这意思也很清楚：现在这个社会已经坏透了，烂透了，根本就不可救药。你们与其像孔子那样，只是拒绝与坏人合作（避人），还不如像我们这样，根本就拒绝与整个社会合作（避世）。

长沮和桀溺说完，就只顾埋头干活，不再搭理子路。子路没有办法，只好回去报告孔子。孔子听了，怅然说道：人又不能和动物一起生活（鸟兽不可与同群）。不跟人打交道，又跟谁打交道（吾非斯人之徒与而谁与）？天下如果太平，我也用不着出来搞改革了（天下有道，丘不与易也）！也就是说，正因为世道看起来无可救药，这才需要我们想办法。

类似的话，子路也说过。有一次，孔子在前面走，子路在后面跟，掉了队。为什么会掉队呢？估计是孔子坐车，子路步行，跟不上。这时，子路遇到一位"荷蓧丈人"，也就是用拐杖挑着除草工具——蓧（音掉）的老人，就问：先生看见我老师了吗？荷蓧丈人说，四体不勤，五谷不分，谁是老师（孰为夫子）？这话也历来有多种解释。有人说"四体不勤，五谷不分"是指荷蓧丈人自己的，也有说是指子路甚至孔子的。这样一来，这句话也就有三种翻译。第一种：老夫四体不勤，五谷不分，哪里认得你们老师？第二种：你们这些人，四体不勤，五谷不分，谁是你们老师？第三种：四体不勤，五谷不分的人也是老师？谁是老师？这三种解释谁是谁非，我们且不去管他，关键是之后子路的议论。子路说：别以为我们不明白。我们主张行不通，那是老早就知道的（道之不行，已知之矣）。

这就有意思。明明知道"道之不行"，为什么还要去推行呢？也有两个原因，一是尽义务，二是有希望。子路说，君子做官，只是为了推行自己的主张，尽到一个士人的责任而已（**君子之仕也，行其义也**）。像隐士们那样只顾洁身自好，其实是取了小义，乱了大伦。所以"不仕无义"。问题是，如果这社会彻底无救，君子就算做了官，又有什么用呢？说到底，还是认为世道可救，或者希望可救。唯其如此，孔子才开出了救世的药方。

以上就是儒道两家的第一个分歧：天下大乱有药可救，还是无可救药。由此，又引出了他们的第二个分歧：我们应该拯救天下，还是拯救自己？

道家认为应该拯救自己。在他们看来，天下既然已经无药可救，那么，能拯救的也就是自己。这是杨朱的观点。杨朱，是先秦道家第一人。先秦道家有三个阶段，各有一个代表。杨朱代表第一阶段，老子代表第二阶段，庄子代表第三阶段。（冯友兰《中国哲学简史》）可惜杨朱没有留下著作，他的生平也没人知道，只能推测他应该生活在墨子之后，孟子之前。因为《墨子》一书没有提到杨朱，而在孟子的时代他却已与墨子齐名，拥有众多粉丝。《孟子·滕文公下》说，当时杨朱和墨子的学说风行天下（**杨朱、墨翟之言盈天下**），所有的言论不是赞成杨朱，就是赞同墨子（**天下之言不归杨，则归墨**），这可真是好生了得！

那么，杨朱有什么主张，竟能够得到如此之多的青睐？

说来简单，也只有四个字：一毛不拔。

杨朱这主张，也有两个版本。一个见于《孟子·尽心上》，道是"拔一毛而利天下，不为也"；另一个见于《韩非子·显学》，道是"不以天下大利易其胫一毛"。成语"一毛不拔"，就是从这里出来的。

这就让人难以接受。只要拔一根毫毛，就能够有利于整个天下，这样的事情都不肯做，岂不是太自私、太小气、太不像话了吗？

但是且慢！杨朱胆敢公然这样说，自然有他的道理。他的主张能够风行天下，也自然有他的道理。据《列子·杨朱》，有一次，墨子的学生禽子（即禽滑釐）问杨朱：拔先生一根毫毛，来拯救天下世道（去子体之一毛以济一世），干吗？杨朱说，世道可不是一根毫毛就能够拯救的（世固非一毛之所济）。禽子说，如果可以，愿意吗（假济，为之乎）？杨朱不理睬他。禽子出门，把这事告诉杨朱的学生孟孙阳。孟孙阳说：你们是不懂先生的用心啊（子不达夫子之心）！还是让我来替先生说吧！请问，如果有人提出，痛打你一顿，给你一万块钱，你干吗？禽子说，干！孟孙阳又问：砍断你一条腿，给你一个国家，干吗？禽子不说话。于是孟孙阳说，与肌肤相比，毫毛是微不足道的；与肢体相比，肌肤又是微不足道的。这个道理，谁都明白。但是，没有毫毛，就没有肌肤；没有肌肤，就没有肢体。一根毫毛固然只是身体中的万分之一，但是，难道因为它小，就可以不当回事吗（奈何轻之乎）？

这话是不是杨朱的意思，我们不清楚。因为有许多学者视《列子》为伪书，至今仍未弄明白。就算是真书，那也是《列子》，不是《杨子》。比较靠得住的办法，是把这里的杨朱和孟孙阳，称为"《列子》中的杨朱""《列子》中的孟孙阳"。《列子》中的杨朱和孟孙阳，是不是历史上的那两个人，也许永远搞不清。但他们讲的话，还是可以讨论的。

应该说，这"《列子》中的孟孙阳"，还真是话糙理不糙，也有道理和教训。有什么道理和教训呢？第一，口子不能乱开。你今天可以拔一根毛，明天就能撕一片皮；今天可以挖一块肉，明天就能剁一条腿；今天可以伤害身体，明天就能杀人或者自杀。千里之堤，溃于蚁穴；口子一开，不可收拾。孟孙阳问禽滑釐，拿一条腿换一个国家行不行，禽滑釐为什么不回答？因为他很清楚，下面的问题，就是"砍掉你的脑袋给你整个天下",那也能同意吗?

第二,局部不可小看。没错,整体利益确实大于局部利益。就连"《列子》中的孟孙阳",也说"一毛微于肌肤,肌肤微于一节,省矣"。但这绝不意味着局部利益就不是利益,就是可以随便牺牲的。因为整体不过局部之和。你不把局部利益当回事,今天牺牲一个,明天牺牲一个,最后整体利益也没有了。不要说什么"大河不满小河干",事实是,长江、黄河都由涓涓细流汇集而成。所有的泉水、溪流、小河都干了,长江、黄河还有水吗?

这两个道理用于社会问题,就能推导出第三个教训:别把小民不当人。个人之于国家、天下,或许有如毫毛之于肢体、全身,但难道因为他们小,就可以不当回事吗(奈何轻之乎)?小民也是人,小民的生命也是生命。只要是生命,就要尊重,就要珍惜,哪怕它轻如毫毛。谁要把我们这些小民当作毫毛,随随便便就拔了,对不起,不干!

显然,杨朱所谓"拔一毛而利天下,不为也",只不过"极而言之",并非当真是只要拔一根毫毛,就能够有利于整个天下,也不干。因为"世固非一毛之所济",哪有只拔一根毫毛就能有利于天下的呢?说穿了,不过是下套,先哄骗我们献出一根毫毛,然后哄骗我们献出肌肤和肢体,最后哄骗我们献出生命。因此,对付的办法,就是把话说透,说到底,说到极点:别说要我的命,就算只要一根毫毛,也不给。

何况杨朱不但说过"损一毫利天下不与也",还说过"悉天下奉一身不取也",而且这两句话是连在一起的,全文是"损一毫利天下不与也,悉天下奉一身不取也。人人不损一毫,人人不利天下,天下治矣"。什么意思呢?就是说,牺牲个人来满足社会(损一毫利天下),不对;牺牲社会来满足个人(悉天下奉一身),也不对。社会和个人是对等的,谁也不能损害谁。只有个人和社会都不受损,都不牺牲,才是天下大治。

这就是杨朱思想的完整表达。这样的思想,怎么能叫极端自私?

更何况当时的情况,不但是要求小民们牺牲个人(损一毫),而且牺牲个人的结果,竟不过是牺牲整个社会(悉天下)来满足另一些个人(奉一身),这才叫极端自私!问题是,这种极端自私的行为,却又是打着大公无私(利天下)的旗号来进行的。因此,为了矫枉,只好过正,即为了否定"悉天下奉一身",只好连"损一毫利天下"也一并否定。也就是说,你想"损人利己"吗?对不起,我"一毛不拔"!

看来,杨朱的思想是被曲解了,杨朱本人也被妖魔化了。这也并不奇怪。思想的传播有一个规律,就是简单化。因为只有简单化,也就是说,只有把深刻的思想变成通晓明白、简单明了、一听就懂、朗朗上口的短语和口号,才能得到最广泛的传播。这可是有风险的。由于语言的多义性和理解的多样性,这些简单的说法就很容易被曲解。如果这种简单化的工作还是由论敌、对手或者不怀好意的人来做,就很有可能被妖魔化,比如共产主义就曾经被妖魔化为"共产共妻"。杨朱思想的命运也大约如此。"损一毫利天下不与也,悉天下奉一身不取也"的观点,如果被删去后半句,就已是片面,已是歪曲;如果再被简单化为"一毛不拔",那么,想不被妖魔化都不可能。明白了这一点,我们才能理解孟孙阳的那句话:你们是不懂先生的良苦用心啊(子不达夫子之心)!

实际上,杨朱不但主张"一毛不拔",同时还主张"天下为公"(详见本书第六章第二节)。他也不反对天下大治,更不反对天下太平。只不过在他看来,这不能靠牺牲个人来实现。因为所谓"天下大利",正是无数"个人小利"的总和,这就叫"积一毛以成肌肤,积肌肤以成一节"。因此,只有每个人的生命都不受伤害,每个人的利益都不受损害,天下才能大治,也才叫大治,这就叫"人人不损一毫,人人不利天下,天下治矣"。

这就是典型的道家思想了，即"无为而无不为"，或者说"不利而无不利"。所有人都不损害自己，那就没人受损害；所有人都不做牺牲，那就没人会牺牲。一个既没人受损害，又不需要有人做牺牲的社会，岂非太平盛世？

问题是，这可能吗？

儒家认为不可能，墨家也认为不可能，只有道家认为可能，而且应该。于是，他们便又有了第三个分歧：积极有为，还是消极无为。

从杨朱到老庄

消极无为，是道家的重要思想，也是道家区别于儒、墨、法三家的紧要之处。儒家主张推行仁义，墨家主张推行兼爱，法家主张推行法治，他们都要做些什么。道家却主张什么都不做，而且认为越做越糟糕。只有什么都不做，才能实现天下太平。

这种观点，老子有，庄子也有。这里说的老子，就是《老子》一书的作者。《老子》一书的作者是谁，没人能够肯定。以前有说是李耳或老聃的，也有说是太史儋或老莱子的，至今也没弄清楚，我们且不去管他。《老子》一书写于什么时候，也不清楚。但我赞同许多学者的看法，应该成于孔子之后，庄子之前，比墨子和杨朱还要晚一些。《老子》其书，也有各种版本。过去流传的版本，都是《道经》在前，《德经》在后。长沙马王堆出土的，却是《德经》在前，《道经》在后。高亨、池曦朝先生认为，前一种是道家传本，后一种是法家传本（《试谈马王堆汉墓中的帛书〈老子〉》）。这个我们也不管，还按大家熟悉的版本来。总之，诸如此类的笔墨官司，我们都不在这里打，随大流。反正本书所说的老子,就是《老子》一书的作者。至于他是谁,这里暂不讨论,后面我会谈点看法,也只是仅供参考而已(请参看本书第六章第三节)。

庄子是什么人,却大体上是清楚的。庄子名周,字不详,大约生于公元前369年,卒于公元前286年,与梁惠王、齐宣王同时,与孟子同时而稍晚。庄子是宋国蒙(今河南商丘)人,当过蒙地的"漆园吏"。这"漆园吏"是什么意思?是漆园这个地方的小吏,还是看管漆树园的小吏,也不清楚。我们只知道,庄子一生都很穷,长期住在"穷闾厄巷",也就是贫民区。他也经常没有饭吃,饿得面黄肌瘦。有一次,庄子大概实在是饿得受不了啦,就去向监河侯借米。这位"监河侯",按照唐代学者成玄英的说法,就是魏文侯。魏文侯说:可以,寡人正好要收税,税金收上来以后,借给你三百金(很多钱),行吗?庄子一听,鼻子都气歪了。庄子说:鄙人来的路上,有一条鱼困在车辙里,向我求救。鱼说:我是东海一名小官(东海之波臣),现在困在陆地上,快要死了。先生能不能弄一小盆水(斗升之水)来让我活下去?鄙人说:可以。鄙人正好要去游说吴、越之王,我让他们把西江引过来救你,行吗?鱼听了鄙人这话,冷笑一声说:那先生就到干鱼市场去找我吧!

这个故事,见于《庄子·外物》。《外物》是《庄子》的杂篇之一,而杂篇又出于庄子后学之手,其中不少是寓言。所以这个故事是真是假,我们并不清楚,也不打算处处区分庄子和庄子后学。但庄子一生穷困潦倒,并不荣华富贵,则可以肯定。其实庄子要想富贵,也有机会。《史记·老子韩非列传》就说他曾经拒绝楚威王的拜相。这事《庄子》的《秋水》(外篇之一)还有更详细的描述。《秋水》说,当时楚国两位大夫千里迢迢来到濮水(在今河南省濮阳县),找到正在河边钓鱼的庄子,转达楚威王的意思:说是我们大王想以国境之内的事来麻烦先生（愿以境内累矣）！这意思很清楚，就是要请庄子当楚国的国相了。庄子没有直接回答，一边继续钓鱼，一边头也不回地问：听说贵国有一种神龟，死了三千年。贵国的大王宝贝得不得了，小心翼翼恭恭敬敬地珍藏在庙堂之上，有这事吧？那么请问：作为一只乌龟，它是宁愿去死，留下骨头享受荣华富贵（死为留骨而贵），还是宁愿活着，拖着尾巴在泥巴里打滚（生而曳尾涂中）呢？两位大夫异口同声地说，那还用问吗？当然是后面那种。庄子说：二位可以回去了，我会继续拖着尾巴在泥巴里打滚的。

类似的说法，杂篇中的《列御寇》里也有。《庄子·列御寇》说，有人想聘用庄子，庄子对使者说：先生见过那用来做牺牲的牛吗？披着绸缎，吃着好料。可是，等到它被牵入太庙，准备杀了来祭祀祖宗时，它就算想做一只孤独的小牛（孤犊），还能够吗？

我们还可以讲一个故事来证明庄子的这种想法。这故事也记录在《庄子·秋水》中，说的是庄子和惠子的事情。惠子就是惠施，大约生于公元前370年，卒于公元前310年，宋国人，与庄子同时，两人还是好朋友，也都是先秦诸子中的代表人物。不过庄子是道家，惠子是名家；庄子不做官，惠子做大官。惠子曾经当过魏国（也就是梁国）的国相，还随同魏惠王（也就是梁惠王）朝见齐威王，使魏、齐互尊。《庄子·秋水》说，惠子当了魏国的国相，庄子去看他。这时，有人对惠子说：庄子来，是要夺你的相位。于是惠子大为恐慌，派人在全国境内搜捕庄子三天三夜。庄子听说，就去见惠子。庄子说：南方有一种鸟，叫鹓鶵（音渊除，凤凰的一种）。这种鸟儿，不是梧桐不栖，不是竹实不食，不是甘泉不饮。它从南海飞往北海的时候，有一只猫头鹰正好抓住了一只死老鼠，见鹓鶵从它头上飞过，以为抢饭碗的来了，就对着鹓鶵一声"吓"。现在，老兄也要因为你的梁国来"吓"我吗？

其实这话说得还算客气，更不客气的话记录在《列御寇》。《列御寇》说，宋国有一个人叫曹商，被宋王派遣出使秦国。去的时候，宋王给了他几辆车子；回来的时候，因为得到秦王的赏识，车子增加到上百辆。这人回到宋国，就去见庄子，对庄子说：住在贫民区（穷闾厄巷），编着草鞋子（困窘织屦），饿得面黄肌瘦（槁项黄馘），这是鄙人比不上先生的。但是，与万乘之主只不过见上一面，就能得到上百辆车子，这是鄙人的一点点长处。庄子说：是啊是啊，鄙人知道秦王的规矩。秦王有病找医生，能够把他的痈呀疖子呀弄破治好的，赏车一辆。如果用舌头去舔他的痔疮，就能得到五辆。可见，事情越下作，赏赐就越多。先生究竟为秦王做什么了，居然得到这么多车子？

显然，在庄子看来，再高的官位，也不过一只死老鼠；靠投机取巧巴结上司而升官发财，则等于舔痔疮。即便是堂堂正正地被聘做官，也等于是死得只剩下骨头，还不如像乌龟那样拖着尾巴在泥巴里打滚，或者做一只孤独的小牛。这是什么人的观点？隐士的观点。前面说过，所谓隐士，就是有本事却"不做事"，或者说"不做官"。庄子有本事，是没有问题的。他不肯做官，也是肯定的。所以，庄子至少在思想上属于隐士这一类人。

老子呢？司马迁说是"隐君子也"（《史记·老子韩非列传》）。不过司马迁说的老子，却未必是《老子》的作者。《老子》一书作者的身份，其实是搞不清的。我们只能猜测他是隐士，姑且算作疑似。不过，真正的隐士（比如前面说到的荷蓧丈人），恐怕是连话都不会多说的，更不会和别人辩论。所以，严格地说，老子和庄子都顶多只能算是隐士哲学家。既然如此，那么，对于同为隐士哲学家的杨朱的观点，他们的态度如何呢？

当然会赞成或者同情。

前面说过，杨朱的观点，是"人人不损一毫，人人不利天下，天下治矣"。老子怎么说呢？老子的说法，是"贵以身为天下，若可寄天下；爱以身为天下，若可托天下"（《老子·第十三章》）。庄子又怎么说呢？庄子的说法，是"贵以身于为天下，则可以托天下；爱以身于为天下，则可以寄天下"（《庄子·在宥》），几乎如出一辙。在这里，贵和爱，都是动词。若，按照《小尔雅·广言》的解释，就是"乃"。所以"贵以身为天下"，就是"贵自身超过贵天下"；"爱以身为天下"，就是"爱自身超过爱天下"。如此，老子这句话，也包括庄子的话，就可以这样理解：重视自己超过重视天下，爱护自己超过爱护天下，就可以把天下托付给他（请参看高明《帛书老子校注》）。甚至我们还可以补充一句：只有这样的人，才可以托付天下。

这话恐怕不少人听了都会吓一跳。有没有搞错？可以托付天下的，难道不是那些"先天下之忧而忧，后天下之乐而乐"的仁人志士？怎么能够是把自己看得比天下还重的自私鬼？这些人，只顾自己，不顾别人。把天下交给他们，放心吗？

其实，如果了解道家，尤其是熟悉《老子》一书的人，就会发现这是典型的"老子式思维"。老子的思维方式是什么样的？是"正言若反"（《老子·第七十八章》），也就是反过来思考问题，反过来表述观点。这样一种反向思维，在《老子》一书比比皆是。比如"明道若昧，进道若退"，"上德若谷，大白若辱"（《老子·第四十一章》）。也就是说，明白就像隐晦，前进就像倒退，高尚就像卑下，洁白就像污黑。按照这个逻辑，当然是"大公若私""为公若己"，越是重视爱护自己的人，就越是可以托付天下于他。

问题是我们不能只顺着老子的逻辑来，还得看有没有道理。依我看，老子的说法有道理。为什么呢？因为天下不是某个人的天下，而是天下人的天下,也是每个人的天下。所以,重视爱护天下,就是重视爱护每个人,包括我们自己。而且,这种重视和爱护,就应该从自己开始。古人云,一屋不扫,何以扫天下?同样,一个人如果连自己都不重视、不爱护,怎么能指望他重视别人、爱护别人,重视天下、爱护天下?不信你看那些视死如归的侠客或者江湖好汉,自己脑袋固然别在腰带上,别人的脑袋又何曾放在眼里?显然,只有首先尊重自己,才能尊重别人;首先爱护自己,才能爱护社会。真正贵天下、爱天下的,也一定是贵自己、爱自己的。

结论是:爱护天下,请从爱护自己做起。

这样一说就清楚了。爱护天下,既然必须从爱护自己做起。那么,要拯救天下,也就只有先拯救自己。如果人人爱护自己,人人重视自己,或者说"人人不损一毫,人人不利天下",则"天下治矣"。

不过这里仍有问题,因为老庄的说法与杨朱并不完全相同。老庄的"贵以身为天下"和"爱以身为天下"都是前提,最后还是要"寄天下"和"托天下",只不过"先存诸己而后存诸人"(《庄子·人间世》),先救自己,后救天下而已。杨朱所谓"人人不损一毫,人人不利天下"则不同,是说只有当所有的人都不需要做出牺牲拯救天下时,天下才真正太平。但仔细想想,这种表面上的不同,也就不成问题:如果人人都可以寄托天下,天下还需要寄托吗?人人都可以拯救天下,天下还需要拯救吗?或者换一种说法也行:如果人人都不需要被人寄托,天下还需要寄托吗?人人都可以拯救自己,天下还需要拯救吗?

这就有了第二个结论:最好的天下,是不需要拯救和寄托的。

这也正是庄子的观点。在《大宗师》篇(《天运》篇也有),庄子说,泉水干了(泉涸),鱼儿们一齐被困在陆地上(鱼相与处于陆),相互用湿气呼吸(相呴以湿),相互用唾沫滋润(相濡以沫),哪里比得上生活在江湖之中，自由自在，彼此相忘，互不相识呢（不如相忘于江湖）？众所周知，相濡以沫，一直被视为我们民族的美德，庄子对此显然也并不否定。然而在他看来，这并非最高境界。最高的境界，是根本用不着这样。因为相濡以沫的前提，是泉水干了。那么，泉水不干，岂不更好？所以我曾经说，我无比敬重见义勇为的人，但绝不希望人人都成为这样的英雄。因为一旦有见义勇为，就同时意味着有灾难和犯罪。从这个角度讲，能够相忘于江湖，确实比相濡以沫还好。人人相忘于江湖的社会和时代，就是"人人不损一毫，人人不利天下"的社会和时代。因此，杨朱的说法与老庄并不矛盾，反倒顺理成章。这样的思想，当然不能简单地否定。

于是又可以得出第三个结论：谁都不用管谁，才叫天下太平。

问题是，这可能吗？

可能，但没保证。风调雨顺，丰衣足食，国泰民安的时候，确实可以各人自扫门前雪。而且，如果每个人的"门前雪"都打扫干净了，也就用不着去管别人的"瓦上霜"。不过这要有一个前提，就是青山长绿，泉水长流。可惜，谁也不能保证那泉水不干。没有人祸，还有天灾呢！也因此，我们仍必须高度肯定相濡以沫，肯定见义勇为。何况春秋战国时期，人祸也并不比天灾少。频繁的战争，频繁的动乱，频繁的宫廷政变，哪一天消停过，又哪有什么相忘于江湖？恐怕只有"相斗于战场"。这才有了众多思想家的争鸣，即都希望为这个有病的社会和动乱的时代，找到一个医治的办法和救助的出路。

那么，道家对当时的社会状态满意吗？

不满意，甚至更不满意，早就不满意了。孟子推崇尧、舜，墨子推崇大禹，庄子则是连尧、舜、禹都要否定。在庄子看来，事情就是从尧、舜、禹开始坏起的。而且，追根溯源，这笔账还得算到三皇五帝头上。在《天运》篇,庄子编了一段老聃与子贡的对话,可以看作儒道之争的一个案例。这故事讲,子贡问老聃:三皇五帝治理天下的方式虽然各有不同,但享有的盛名却是一样,为什么先生偏要说他们不是圣人呢?老聃说:年轻人,你靠近一点,我来告诉你。黄帝治天下,还算行,因为他让人心纯一(使民心一)。这个时候,大家都是平等的、一样的,谁也不把自己的亲人看得比别人重要。即便亲人去世,也不特别悲痛。帝尧就有问题了。他治天下,让人们亲亲(使民心亲)。结果是每个人都只亲爱自己的亲人,疏远别人,人与人之间就有了隔阂。帝舜的问题又大。他不但让人们区别亲疏,还让人们互相竞争(使民心竞)。小孩子生下来五个月就会说话,一点点大就知道区别人我,害得许多孩子都夭折。夏禹的问题更大。他治天下,让人心变坏(使民心变)。人人都用计谋,个个都害别人(人有心而兵有顺),还认为理所当然,是杀盗贼不是杀人(杀盗非杀人),是为了天下而不是为了自己(自为种而天下耳)。结果是什么呢?是"天下大骇,儒墨皆起",世道人心大乱,儒家、墨家都跑出来了,蛊惑人心,害人不浅。究其所以,就因为"三皇五帝之治天下,名曰治之,而乱莫甚焉"。奇怪!事情不是从尧、舜、禹开始坏的吗?怎么怪到三皇五帝那里去了?原来问题就出在"治"上。有三皇五帝的"治",就一定有尧、舜、禹的"乱"。这就是道家对社会问题的看法:有治必有乱,治为乱之源。

由此可见,儒、墨、道三家的社会观和历史观可谓有异有同。相同的是,他们都认为当时的社会出了问题。不同的是,他们对出问题的原因看法不一样。有什么不一样呢?孔子和墨子认为是缺少爱,老子和庄子则认为是瞎折腾。

老庄是反对折腾的。老子有句名言,叫"治大国若烹小鲜"(《老子·第六十章》)。小鲜,就是小鱼。烹煎小鱼,应该怎么样?文火慢熬。小火，少油，慢慢煎。水过地皮湿，火到猪头烂。工夫到了，鱼骨头都酥了。如果频繁地用锅铲翻，还不得翻成渣子？治理国家，也如此。不要折腾，不要胡整，不要好高骛远好大喜功。《老子·第七十五章》说：老百姓为什么肚子饿？就因为统治者收税多（民之饥，以其上食税之多）。老百姓为什么难治理？就因为统治者做事多（民之难治，以其上之有为）。老百姓为什么不爱惜生命？就因为统治者太想万寿无疆（民之轻死，以其求生之厚）。既贪生怕死，又贪得无厌，当然就有为，就折腾，就做事多。做事多，怎么就难治呢？因为"君有为，民多欲；君行暴敛，民多盗贼"，这是历史之必然（高明《帛书老子校注》）。想想也是。君是人，臣也是人；官是人，民也是人。你能攻城略地，我就不能偷鸡摸狗？你能横征暴敛，我就不能多吃多占？这可真是"和尚摸得，我摸不得"。

庄子的说法就更有意思。他告诫统治者千万不要自作聪明。《庄子·胠箧》说，人们为了防贼，总是喜欢把自己的柜子、箱子、袋子用绳索捆得紧紧的，锁扣锁得牢牢的。这顶多能防范那些小偷小摸。要是来个江洋大盗，扛着柜子、拎着箱子、提着袋子就跑。哈！他还生怕你绳索捆得不紧，锁扣锁得不牢。统治者也一样。他们筑城墙，建军队，设政区，立法度，讲道德，怎么知道就不是为那些"窃国大盗"准备的呢？

所以，正如最好的社会是不需要任何人拯救的社会一样，最好的管理、领导、统治，也应该是看不见的。这就叫"太上，下知有之"，也有版本写作"太上，不知有之"。太上，有人说是远古，也有人说是最好，其实都一样。因为在老子和庄子看来，最好的时代也就是最古的时代。不知有之，就是民众根本就不知道还有领导人；下知有之，则是民众仅仅知道有那么一个领导人而已，并不发生什么关系，等于没有。

这是最好的。次一点，是领导人和老百姓相互讨好，叫"亲而誉之"。再次，是统治者威胁老百姓，老百姓害怕统治者，这叫"畏之"。最差的，就是统治者侮辱老百姓，老百姓仇恨统治者，这叫"侮之"（《老子·第十七章》）。事情到这个份上，那就是乱世了。

老庄所处的年代，就是这样一个乱世。乱的原因，在老庄看来，则是统治者和老百姓都在瞎折腾。老子和庄子都认为，从尧、舜、禹，到夏、商、周，整个天下的历史，就是一部自以为是、自作多情又自讨没趣的"折腾史"。频繁的战争和奢靡的生活固然是折腾，制度的建立和道德的建设，甚至包括科技的发明和文明的进步，也都是瞎折腾。只有把这些统统废除、抛弃，人类才能回到他们理想中那个最美好的时代和社会。这就是老庄的主张：无为。

那么，他们的无为又有什么内容呢？

无为之谜

老庄的无为，可以概括为八个字：寡欲、愚民、弃智、不德。

前面说过，在老庄看来，社会动乱的原因是瞎折腾。为什么会瞎折腾呢？因为多欲望。欲望也无非两条，一是名，二是利。庄子说，过去一些名臣被杀，就因为好名；小国被灭，就因为好利（《庄子·人间世》）。因此，庄子告诫人们："无为名尸，无为谋府，无为事任，无为知主。"（《庄子·应帝王》）也就是说，不要追求功名，不要充当智囊，不要承担重任，也不要卖弄聪明。岂不知，聪明反被聪明误。卖弄聪明、承担重任、充当智囊、追求功名的人，从来就没有好下场。我们还是老老实实待在家里，淡泊宁静的好。

个人如此，国家亦然。《老子·第五十七章》说，一个社会，禁忌越多，人民越穷（**天下多忌讳，而民弥贫**）；器械越多，国家越乱（**民多利器，国家滋昏**）；技巧越好，怪事越多（**人多伎巧，奇物滋起**）；法令越明，盗贼越凶（**法令滋彰，盗贼多有**）。总之，"罪莫大于多欲，祸莫大于不知足"（《老子河上公章句·俭欲第四十六》）。多欲，就不知足；不知足，就瞎折腾。越折腾，天下就越乱，事情就越多，麻烦也就越大。

所以，一个人，如果迫不得已君临天下，那么，最正确的态度"莫若无为"（《庄子·在宥》）。展开来说，就是"为无为，事无事，味无味"（《老子·第六十三章》）。什么叫"为无为"？为，就是追求。为无为，就是"以没有追求为追求"。什么叫"事无事"？事，就是动作。事无事，就是"以没有动作为动作"。什么叫"味无味"？一般都解释为吃没有味道的东西，喝白开水，但我认为可以把"味"理解为成就感，这样，才能与"为无为，事无事"连成一气。先有追求，这就是"为"；然后有动作，这就是"事"；最后有成就感，这就是"味"。"味无味"，就是"以没有成就感为成就感"。这也就是虚、静、淡。"为无为"就是虚，"事无事"就是静，"味无味"就是淡。淡就没感觉，静就不折腾，虚就不存欲望。相反，有欲望就会有追求，有追求就会有动作，有动作就会有成就，有成就当然就会有成就感，有了成就感又会更有追求。因此，不但不能有追求，不能有动作，也不能有成就感。

这一招很厉害！一般人主张无为，顶多也就想到不要有追求，不要有动作。然而老子却直捣黄龙，将人类"有为"的深层原因连根拔起。我们知道，人之所以要做事，并不都为生存所迫，也并不都为名和利，也有不为这些的。那他为什么？为成就感。就算为名为利，也希望同时有成就感。所以，成就感，是人最大的"欲"，也是人最难以克服的"欲"。只有把这根儿都拔了，才能真正做到无为。在这里，我们看到了老子的老辣之处。

问题是人不可能没有追求，没有动作，没有成就感。因此，老子使用他"正言若反"的思维方式，来了个"为无为，事无事，味无味"，告诉我们不妨"以没有追求为追求"，"以没有动作为动作"，"以没有成就感为成就感"。结果还是有追求，有动作，有成就感。而且，按照他"明道若昧，进道若退"，"上德若谷，大白若辱"的逻辑，没有追求的追求，就是最高的追求；没有动作的动作，就是最好的动作；没有成就感的成就感，就是最大的成就感。这样一来，你还有什么话说，又还有什么遗憾？

这就是所谓"消极"了。这里的"消极"并不是贬义词，不要以为消极就不好。实际上，消极与积极，要看人和事。有些人要积极，有些人要消极；有些事要积极，有些事要消极。比如城市规划，我就主张消极，即不是规划干什么，而是规定不干什么。比方说，什么东西不能建，什么地方不能动，哪些水系要保留，哪些建筑要保护。红线图画出来，坚决执行，就可以保证子孙万代不受祸害。这就是"消极规划"。为什么是消极呢？因为好像什么都没规划。但这种"什么都没规划"的规划，才是最重要的规划。

同样，统治者或者领导人，在和平时期，也是"消极"一点好。比如西汉初年，一方面因为天下初定，民生凋敝，统治者不能不克制自己的欲望；另一方面也因为他们推崇黄老，以道家学说为国家意识形态，于是便无欲以静，与民休息。结果是什么呢？是造就了历史上有名的"文景之治"。

所以，不要轻易否定"消极"二字。要知道，就连治病，也有保守疗法嘛！看来，问题并不在于积极还是消极，而在于科学还是不科学。积极是科学的，就积极；消极是科学的，就消极。比如某件事情可能有负面影响或者不良后果，就消极一点；某件事情能促进科学发展，就积极一点。总之，实事求是，因时制宜，因地制宜，因事制宜。

当然，老子他们的"消极无为"并不是这个意思，他们也不知道"科学发展观"。道家只是敏锐地感觉到，统治者"积极有为"不是什么好事，因为"有为"的背后往往是"多欲"。老子说，欲望这东西，是很害人的。比方说，"五色令人目盲，五音令人耳聋，五味令人口爽，驰骋畋猎令人心发狂，难得之货令人行妨"（《老子·第十二章》）。什么意思呢？就是说，五彩缤纷让人眼花缭乱，最后让人变成瞎子；鼓乐齐鸣让人双耳失聪，最后让人变成聋子；山珍海味让人口味败坏，最后让人变成呆子；骑马打猎让人心花怒放，最后让人变成疯子；奇珍异宝让人蠢蠢欲动，最后让人变成贼子。欲望这东西，是不是很坏？更何况，上多欲则下多贼。所有人都欲壑难填，整个社会物欲横流，天下非乱不可。

那么，有什么办法可以纠正呢？

也只有两个字：寡欲。

首先是，统治者要寡欲。《老子·第五十七章》说：统治者无所作为，老百姓就会自己归化（我无为，而民自化）；统治者喜欢清静，老百姓就会走上正轨（我好静，而民自正）；统治者无所事事，老百姓就会逐渐富裕（我无事，而民自富）；统治者清心寡欲，老百姓就会善良纯朴（我无欲，而民自朴）。统治者自己"为无为，事无事，味无味"，老百姓也就不会浮躁，不会动乱，不会多欲。这就叫"无为而治"。

为此，老子提出了"无为而治"的"三不原则"，即不要选贤任能，不要器重宝物，不要展示欲望——原文是"不尚贤""不贵难得之货""不见可欲"。不尚贤，就是不推崇有德有才之人。因为一旦推崇，人民就会向他们学习，争着做这样的人。这就有了欲望，也有了竞争。为了寡欲，为了不争，就只好连德才兼备这样公认的贤良之士，也不推崇。不贵难得之货，就是不把那些珍禽异兽、奇珍异宝当回事。因为你宝贝它们，别人就会想着来偷。如果把它们看得一文不值，谁又会盗窃呢？不见可欲，就是不炫耀那些可能引发和激起贪欲的东西。这里的"见"，读如现，意思也是显示、显现、表现。看来，老子也很清楚，欲望这东西，其实是人人都有的。能做到的，也就是不去勾引和诱惑。俗话说，不怕贼偷，就怕贼惦记。所以，千万别去提醒贼。谁会提醒呢？说到底多半还是自己。自己有了好东西，生怕人家不知道，到处炫耀，可不就把贼引来了？相反，如果统治者自己不去勾引诱惑，老百姓就不会蠢蠢欲动。这就叫"不尚贤，使民不争；不贵难得之货，使民不为盗；不见可欲，使民心不乱"（《老子·第三章》）。总之，作为一个高明的统治者，一定要"处无为之事，行不言之教"（《老子·第二章》）。只要统治者自己清心寡欲，不瞎折腾，天下自然就会太平，这就叫"不欲以静，天下将自定"（《老子·第三十七章》）。

问题是欲望这东西，顶多能克制，不能消灭，也未必应该消灭。比方说你可以不要物欲、权欲，总不能不要求知欲吧？但是，如果保留某些欲望，那就什么欲望也都消灭不了。因此，为了消灭某些欲望，只好不管合理不合理，统统消灭，包括求知欲。

于是，寡欲的结果必然是愚民，愚民的结果也必然是弃智。

愚民，是道家政治思想的重要一环。就在前面说过的"三不原则"后面，老子紧接着就提出了他的愚民政策。老子说："是以圣人之治，虚其心，实其腹，弱其志，强其骨。常使民无知无欲，使夫知者不敢为也。"(《老子·第三章》)什么意思呢?就是要简化人民的思想(虚其心),填饱他们的肚子(实其腹);削弱人民的志向(弱其志),强壮他们的身体(强其骨);永远让民众没有知识没有欲望(常使民无知无欲),让自以为是的人不敢胡作非为(使夫知者不敢为也)。也就是说,肉体生存是必须保证的,物质需求也是必须满足的,精神生活就免谈,思想文化更是要不得。一句话:饱食终日,无所用心。哈!这岂不是喂猪喂狗、养马养牛吗?《老子》一书,基本上是韵文。所以,我也把这个观点总结为一句押韵的话:虚其心,实其腹,弱其志,强其骨,舒舒服服,变成动物。

这个观点,庄子也有。庄子心目中的"至德之世",也是不推崇贤良(不尚贤),不使用能人(不使能),统治者就像树上的叶子,老百姓就像地上的麋鹿,叫"上如标枝,民如野鹿"(《庄子·天地》)。这不就是动物世界吗?说得好听点,大约也可以叫做回归自然。这可是儒家和墨家不赞成的。想想墨子怎么说?墨子认为不能"天下之乱也,至如禽兽然"(《墨子·尚同中》)。孟子又怎么说?孟子说"无父无君,是禽兽也"(《孟子·滕文公下》)。可见儒墨两家都反对把人类社会变成动物世界,这也正是他们与道家的分歧。

那么,道家为什么要把人民变成动物呢?因为在他们看来,所谓太平盛世,就应该是浑浑噩噩的。老子说:"其政闷闷,其民淳淳;其政察察,其民缺缺。"(《老子·第五十八章》)也就是说,统治者稀里糊涂,老百姓就淳朴敦厚;统治者明察秋毫,老百姓就心怀鬼胎。可见为了做到混沌一片,不但要愚民,还要愚君,而且首先要愚君。因此,这里所说的愚民,与我们现在理解的为了统治方便而使民众懵懂无知是有区别的。

这一点,也很明确。老子说,从古至今,善于奉行"道"的(古之善为道者），都不用"道"来开发民智（非以明民），而是用来愚民（将以愚之）。因为国家之所以难以治理，就因为老百姓懂得太多（民之难治，以其智多）。所以，要治国，就要愚民；要愚民，就要愚君；要愚君，就得弃智。如果一个君主雄才大略，聪明绝顶，还要把这聪明用来治国，那他就是一个"国贼"。相反，如果他傻乎乎的，或者装聋作哑，甚至装疯卖傻，那就是天下和国家的福气。为什么呢？因为上有所好，下必效焉。统治者心明眼亮，老百姓不也跟着聪明伶俐起来？所以，就算装，你也得糊涂。这就叫"以智治国，国之贼；不以智治国，国之福"（《老子·第六十五章》）。

由此可见，道家的愚君，归根结底是为了愚民。为了愚民，又不惜弃智。这正是后世统治阶级愚民政策的思想来源之一。但我们必须讲清楚，后世的政策，是只愚民不愚君。他们也不愚官，反倒要求官员饱读诗书。这就不好把账都算到道家头上了。要知道，道家的观点，是民也愚，官也愚，臣也愚，君也愚，最好上上下下都是一群糊涂虫。

都是一群糊涂虫又怎么样呢？就"上如标枝，民如野鹿"了。这就是人类原始的生存状态。因此，道家不但弃智，还要反文明，尤其是科技文明。《庄子·天地》说，有一次，子贡途经汉阴，看见一位老人在浇菜园。这老人挖了一条隧道进入井中（凿隧而入井），用水瓮装了水，再抱着装满水的瓮从隧道里出来，去浇菜园子（抱瓮而出灌）。子贡说：先生这不也太费事了吗？为什么不用水车呢？用水车，事半功倍呀！老人的脸一下子就变了，然后冷笑一声说：一个人，如果用了投机取巧的器械，就一定有投机取巧的事情（有机械者必有机事）；有投机取巧的事情，就一定有投机取巧的用心（有机事者必有机心）。你以为我不知道有水车呀？我是不屑于用（羞而不为也）！哈！幸亏庄子没有生活在今天。他要是生活在今天，看见我们的这些电脑呀手机呀，还不得气晕过去!

庄子的这个思想值得注意,它绝不是简简单单一个"反对科技文明"就可以打发的,其中有很深刻的东西需要我们思考。比方说,科技文明果真就能给我们带来幸福吗?在科技进步的背后,就没有人类付出代价吗?浇园老人说得对,"有机械者必有机事,有机事者必有机心"。有了机心,就心性不纯(纯白不备);心性不纯,就心神不宁(神生不定);心神不宁,就无法与道同一(道之所不载)。结果,我们原本要追求的幸福,可能就反倒没有了。

没错,人类不能没有科技进步,科技进步也给我们带来许多好处。至少,它能使我们的生活更方便,更快捷,更有效率,也更安全和舒适。但是,为了这些方便、快捷、效率、安全和舒适,我们也付出了代价。比方说,自从有了复印机,许多学生就不会记笔记了;自从有了照相机,许多画家就不会去写生了。有个段子说,现在的人为什么"言而无信"?答案是因为有电话。又有人说现在的人为什么不会写情书?答案是因为有短信。电话好不好?好。当时就能对话,不用望穿秋水嘛!可视电话就更好了,不但能听到声音,还能看见样子。但是,好不容易才收到一封书信的那种欣喜若狂,没有了;捧在手里反复阅读的那份感觉,也没有了。当然,短信也可以保存,也可以拿出来反复看,可是,现在的短信,比得上当年的情书吗?没错,你也可以把短信写得精彩一些,漂亮一些,问题是,现在干什么都是匆匆忙忙的,还有那份心境吗?当我们坐在飞机上,像一件特快专递的包裹一样被运送时,还有"细雨骑驴入剑门"的情趣吗?微波炉热就的方便食品里面,能够有妈妈的味道吗?俗话说,物以稀为贵。当一切都变得方便、快捷、有效率时,我们还会觉得珍贵吗?

可见,凡事都有两面性,有得也就有失。我们不能因为科学技术有了进步，就沾沾自喜，忘乎所以；也不能得了便宜还卖乖，一边享受现代科技文明带来的好处，一边抱怨它的不足。毕竟，科学技术不是万能的，它不能包办我们的一切，更不能包办我们的幸福。幸福不是科学的话题，也不是科学的任务。在自然科学之外还必须有人文学科，道理就在这里。

事实上，老子和庄子之所以主张弃智，主张愚民，就是为了人类的幸福。在他们看来，人类要想幸福，就必须"人如赤子，民如野鹿"。也就是说，社会，最好回到原始状态；个人，最好回到婴儿状态。社会的原始状态，就是人的婴儿状态。你看婴儿，想哭就哭，想笑就笑，一点顾忌都没有，多好！所以，一个人，没心没肺，就最快乐。只要没心没肺，就能过上"贫嘴张大民的幸福生活"了，想那么多干什么！

这就是老庄的弃智和愚民。而且，按照老子和庄子的思路，愚民的结果是愚君，愚君的结果是弃智，弃智的结果是反文明。既然是反文明，那就不但要反科技、反知识、弃智慧，还得要反对一样东西。反什么？反道德。

事实上，老子和庄子也是将知识智慧和仁义道德放在一起，来加以反对的。《老子·第十九章》说："绝圣弃智，民利百倍；绝仁弃义，民复孝慈；绝巧弃利，盗贼无有。"这段话，可谓"三绝三弃"。其中，"绝圣弃智"就是不要圣贤，"绝仁弃义"就是不要道德，"绝巧弃利"就是不要功利。利也不要，德也不要，圣贤也不要。儒家和墨家当作宝贝的，道家都不要。而且，在老子他们看来，只有把儒墨两家视为宝贝的东西都消灭得干干净净，天下才能太平，人民才能幸福。

老子不要的，庄子也不要。不但不要，还要讽刺。庄子说，仁义道德是什么？是盗贼也有的东西。在《胠箧》篇，庄子借当时一位江洋大盗的口说：准确地猜出室内收藏的东西，这就是圣明（妄意室中之藏，圣也）；行窃的时候第一个冲进去，这就是勇敢（入先，勇也）；撤退的时候最后一个出来，这就是义气（出后，义也）；知道能不能得手，这就是巧智（知可否，知也）；坐地分赃时人人有份，大家一样，这就是仁爱（分均，仁也）。庄子说，这个强盗遵循的，哪一条不是儒家的道德，哪一条不来自所谓圣人的教导？看来，没有圣人之道，好人固然无法立身，强盗同样也不能成功。显然，圣人之道也好，仁义道德也好，是好人和强盗都用得上的，而且强盗还用得更好。因此，庄子得出结论——"圣人生而大盗起"；"圣人不死，大盗不止"。也就是说，只有消灭仁义道德，才能实现天下太平。

这可真是惊世骇俗，与儒家、墨家都翻脸。但这是道家思想中最重要的内容，因为它直接关系到道家为什么叫道家，也关系到道家的"道"究竟是什么。

那么，它究竟是什么呢？

道之谜

先说道家为什么主张"不德"。

准确地说，老子和庄子主张的"不德"，也不是不要道德。老子说得很清楚，如果"绝仁弃义"则"民复孝慈"（《老子·第十九章》），可见，道德还是要的，只是不要儒家的那一套，即仁义礼乐，或者说仁义道德。

道家反对儒家的仁义，原因也很多。比方说，虚伪——至少庄子或者庄子学派是这么认为的。在他们看来，当时的社会和儒家的道德，都极其虚伪。这种虚伪让庄子或者庄子的追随者总是忍不住要讽刺他们。《庄子·外物》说，有两个儒家之徒去盗墓。地面上望风的大儒问：天快亮了，怎么样了？但他不这么说，他要吟诗："东方作矣，事之何若？"小儒在下面回话：还没解开衣服呢！这死人嘴里有一颗珠子。但他也不这么说，也要吟诗："未解裙襦，口中有珠。"接着，那小儒便一边吟诗，一边盗墓。小儒唱："青青之麦，生于陵陂。生不布施，死何含珠为？"陂，音杯，山坡的意思。这诗翻译过来就是：绿油油的麦子呀，长在山坡坡；活着的时候不捐善款呀，死了还含颗珠子干什么？偷人家的东西，还要讲大道理，这道理还要用诗来讲，酸不酸呀，虚伪不虚伪呀，是不是伪君子呀！

　　庄子反对仁义的又一个原因，是认为这些玩意违背人性。《庄子·骈拇》就说，仁义大概不是人的本性吧（意仁义其非人情乎）！否则，那些仁者为什么总是很忧郁，总是那么多愁善感呢（彼仁人何其多忧也）？在道家看来，人的本性是天然的，也是自然的。既然是天然、自然的，就用不着刻意，也不能够刻意。野鸭的腿再短，也不能拉长；仙鹤的腿再长，也不能截短。是圆的就不用规，是方的就不用矩，儒家为什么总要弄个圆规和方矩（仁义礼乐）来整人呢？有人说，儒家的仁义也很自然。比方说，父子相亲，难道不是自然而然的事情吗？对此，庄子的回答是：这就和禽兽没有区别了。《庄子·天运》说，有一次，宋国的太宰向庄子问仁。庄子说，虎狼也有道德（虎狼，仁也）。太宰说，这话怎么讲？庄子说，虎狼也是父子相亲的，怎么就不是仁？显然，如果认为仁义是道德，那么，人与虎狼就没有区别。如果认为人与虎狼有区别，那么，仁义就不是道德。

　　庄子（也可能是庄子后学）甚至还编了一个故事来批判儒家的仁义。《庄子·天道》说，孔子编写了很多书，希望周王室的图书馆能够收藏。子路就出主意说，老聃不是周王室图书馆退休的馆长吗？何不找他试一试？孔子觉得有道理，就去找老聃。老聃却不同意。于是孔子便开始絮絮叨叨地讲自己的著作。老聃说，这样讲，太慢了，请讲要点！孔子就说"要在仁义"。老聃说：请问，你说的这个仁义，它符合人的本性吗？孔子说，当然！一个君子，如果不仁，就站不住脚（不仁则不成）；不义，就活不下去（不义则不生）。仁义，当然是真正的人性（仁义，真人之性也），这又有什么可怀疑的呢（又将奚为矣）？老聃又说，请问，什么叫"仁义"？孔子说，怀着一颗爱心，愿万物安乐；爱天下所有的人，没有任何私心杂念（中心物恺，兼爱无私），这就是仁义。老聃说：噫呀！你们这是存心要搞乱人性啊（夫子乱人之性也）！太自私了！为什么这样说？因为在老聃（其实是庄子）看来，天地、万物、人，都有自己的天性。按照各自的天性去生存，去生活，就很好，就是幸福，甚至就是最高境界（放德而行，循道而趋，已至矣），犯不着人为地再去制定什么规则。人为地、强制性地去规定，去规范，反倒乱了真性情；儒家这样做，无非是自以为是，妄想充当救世主。因此，讲仁义，不但是"乱性"，而且是自私（无私焉，乃私也）。

这里说的老聃，是否就是老子，或者说，是否就是写《老子》的老子？不好说。但老子反对仁义，则可以肯定。老子为什么反对仁义呢？因为在他看来，仁义是道德堕落的结果。老子说："大道废，有仁义；智慧出，有大伪；六亲不和，有孝慈；国家昏乱，有忠臣。"（《老子·第十八章》）。也就是说，只有当社会出了问题，比方说，六亲不认了，天下大乱了，才会有孝子贤孙、忠臣良将之类的人物出来，人们也才需要他们来做榜样、做典型，以便矫正时弊。相反，如果大家都是孝子，还有孝子吗？如果大家都是忠臣，还有忠臣吗？如果天下太平，"其政闷闷"而"其民淳淳"，还需要仁义道德吗？显然，社会需要孝子，是因为没有了孝；需要忠臣，是因为没有了忠；需要道德，是因为没有了道德。

这是有道理的，也是很深刻的。的确，一个社会，如果个个都是好人，人人都有道德，就不需要特别提倡道德。请大家想想，什么时候最喜欢嚷嚷要道德？礼坏乐崩的时候。什么人最喜欢嚷嚷要道德？装模作样的人。李零先生说："满嘴仁义道德、礼义廉耻的人，一般都很缺德。"（《人往低处走》）这话我很赞成，也深有体会。至于老子提出这样一个观点，也不奇怪，因为符合他的辩证法。按照老子"明道若昧，进道若退"，"上德若谷，大白若辱"的逻辑，最高的道德，一定看起来不是道德，是"不德之德"。

实际上老子也是这么说的。在什么地方？第三十八章。这是《老子》的《德经》第一章，也是马王堆出土的帛书《老子》第一章，极其重要。在我看来，它就是道家的"批儒总宣言"。在这一章，老子把为什么不要仁义礼乐的道理讲透了。所以，我们要重点分析这一章，看看老子究竟怎么说（下引《老子》不注者，均见此章）。

第三十八章一开始就说："上德不德，是以有德；下德不失德，是以无德。"什么意思呢？意思很清楚：最高的道德，就是用不着道德（上德不德）。正因为用不着，反倒有（是以有德）。下等的道德，是生怕失去道德（下德不失德）。正因为怕失去，反倒没有（是以无德）。也就是说，你越怕没有，就越是没有。你不怕没有，反倒不会没有。那么，大家又为什么生怕没有呢？因为它已经没有了。没有了又怎么办？找回来。怎么找？一靠仁，二靠义，三靠礼乐。显然，仁义礼乐，都是道德堕落以后才冒出来的东西。这样的东西，能是好东西吗？不能。这就好比一个人，被毁了容。你再做手术，做得再漂亮，也无法恢复真容了。

所以，最好的仁义礼乐，也只能算是"下德"，不是"上德"。上德与下德有什么区别？上德的特点，是"无为而无以为"。下德的特点，是"为之而有以为"。什么叫"为"？就是人为，也就是做。什么叫"以为"？就是心里想做，而且刻意去做。所以，上德，就是彻底的无为，不做，也不想做。下德呢？或者做，或者想做，或者既想又做，还刻意去做。因此，下德也分三个层次：仁、义、礼。仁、义、礼，也分上下等。上等的仁，是"为之而无以为"，即行动有为，思想无为。上等的义，是"为之而有以为"，即行动有为，思想也有为。上等的礼，则是"为之而莫之应，则攘臂而扔之"。什么意思呢？应，就是回应、呼应、跟着做、照着办。攘臂，就是卷袖子、伸胳膊。扔之，就是拉扯。所谓"为之而莫之应，则攘臂而扔之"，就是不但行动有为，思想也有为，并刻意为之；而且，如果别人不回应，不呼应，不跟着做，不照着办，还要卷起袖子伸出胳膊生拉硬拽，强迫别人做。这还是"上礼"！如果是"下礼"，就不知糟糕到什么程度了！

显然，在老子这里，德、仁、义、礼，是由高到低、从好到坏的四个层次。德最好，仁次之，义再次，礼最坏。老子说，礼，是"忠信之薄，而乱之首"，也就是忠信的淡化，祸乱的开端。社会一旦必须讲礼，那就势必天下大乱。礼乐制度，岂能不批判？

不过这样一来，也就有了两个问题。第一，礼，为什么就这么坏呢？第二，如此之坏的礼，又是怎么冒出来的呢？

第一个问题，只要列出来，便一看就明白了：

上德　　　思想和行动都无为

下德　上仁　行动有为，思想无为

　　　上义　行动有为，思想也有为

　　　上礼　自己思想、行动都有为，还强迫别人有为由此可见，在老子看来，无为才有德，有为必失德。越是有为，就越是失德。礼最有为，所以最失德，也最坏。

那么，这个最坏的"礼"，又是怎么回事？老子认为，是道德沦丧的结果。而且归根结底，是最高道德沦丧的结果。最高道德是什么？是彻底无为的"不德之德"，也就是"上德之德"。可惜，它后来没有了。失去了德，就只好讲仁，这就叫"失德而后仁"。后来，仁也没有了。失去了仁，就只好讲义，这就叫"失仁而后义"。再后来，义也没有了。失去了义，就只好讲礼，这就叫"失义而后礼"。到了讲"礼"的时候，就很糟糕，不可收拾了。这可真是早知今日，何必当初！当初不丢掉"德"，多好！

这就有了第三个问题：德，又是怎么丢掉的呢？老子的说法，是因为失去了"道"。失去了道，就只好讲德。这就叫"失道而后德"。后面的事情，就是不可遏制地滑坡：失德而后仁，失仁而后义，失义而后礼，最后是礼坏乐崩，天下大乱。看来，说到底，根本的原因，还是"失道"。因此，解救道德沦丧的唯一办法，就是回到"道"。

那么，什么是"道"？

要弄清楚什么是"道"，先得说清楚什么是"德"。因为道与德是相对的。没有德，也就无所谓道。德，甲骨文的字形，是一只眼睛在看路。看路，当然是直直地看过去。所以，德有"直"的意思，也读如直。它也可以写作双人旁加直，即路走得正；或者上面一个直字，下面一个心字，即内心正直。还有一种写法，是上直下心再加双人旁。无论哪种写法，都从直得声。孔子说"以直报怨，以德报德"（《论语·宪问》），就因为德与直有关系，可以玩这个文字游戏（请参看李零《丧家狗》）。

德的第二个意思是"得",得到的得。德,有两个读音。一是读如直,意思也是直;二是读如得,意思也是得。从哪里得来的呢?路上。德的字形,就是一只眼睛在看路。路,也就是道,合起来叫"道路",只不过大的叫道(大道),小的叫路(小路)。这就是道。德,则是看路的眼睛,以及眼睛看到的东西。也就是说,德,就是从"道"那里得到的东西;道,则是能够让"德"有所得的东西。老子从"道"那里得到的东西(德)是什么呢?无为。由此推论,道,也是无为。所谓"回到道",就是回到"无为"。

这一点,老子自己说得也很清楚,比如《老子·第三十七章》就说"道常无为"。而且,道不仅无为,甚至根本就是"无":无名,无欲,无声,无形。这些都没有问题。问题是:回到无为,是回到哪里去?无为的社会,又是什么社会?

这就要弄清楚来龙去脉。前面说过,老子的"德",是从"道"那里来的。那么,老子的"道",又是从哪里来的?有人说是想象出来的,我不太同意。一个人,怎么可能凭空想出一个"道"来,还说得头头是道呢?陈鼓应先生说,老子的"道",其实是"他在经验世界中所体悟的道理"(《老庄新论》),这个我同意。比如"失德而后仁,失仁而后义,失义而后礼",就可以在经验世界得到证明。怎么证明?西周初年,周公讲德;春秋晚期,孔子讲仁;战国中期,孟子讲义;战国晚期,荀子讲礼。这不正好就是一个由德而仁、由仁而义、由义而礼的过程吗?所以有人据此认为,《老子》一书是战国末年的作品,要不然怎么讲得这么准?岂不真成了神?这就暂不讨论了。反正,历史上既然真实地存在着德的时代、仁的时代、义的时代、礼的时代,那么,道的时代,也应该是曾经有过的。这个时代,以及这个时代的社会,就是老子"道"的来源。

那么，这是什么时代，又是什么社会呢？

原始时代，氏族社会。

原始氏族社会，确实是曾经有过的。到了战国时代，可能还有一些记忆或传说。比如编纂成书于西汉的儒家著作《礼记》，就描述了这个社会。《礼记·礼运》说：那个时候，人们选举贤良和能干的人担任领导（选贤与能），讲诚信，爱和平（讲信修睦）。所有人都不仅仅亲爱自己的父母（不独亲其亲），不仅仅疼爱自己的孩子（不独子其子）。所有的老人都能得到赡养（老有所终），所有的壮年都能找到工作（壮有所用），所有的儿童都能得到抚育（幼有所长），鳏夫、寡妇、孤儿、没有子女的老人、残疾人，也都能够得到照顾（矜、寡、独、废疾者，皆有所养）。男人有职业（男有分），女人有归宿（女有归）。东西随便放，用不着藏起来（货，恶其弃于地也，不必藏于己）；力气尽量出，却并不为自己（力，恶其不出于身也，不必为己）。因此，没有人会去搞阴谋诡计（谋闭而不兴），也没有小偷出没、强盗横行（盗窃乱贼而不作），家家户户都不关大门（外户而不闭）。这就叫做"大同之世"（是谓大同）。后来，大同之世结束了。所有人都只亲爱自己的父母（各亲其亲），只疼爱自己的孩子（各子其子），每个人都是为了自己（货力为己），领导人的职位世袭也成为制度（大人世及以为礼）。人们建起城池来保护财产（城郭沟池以为固），确定礼义来管理社会（礼义以为纪），规范君臣、父子、兄弟、夫妇的关系（以正君臣，以笃父子，以睦兄弟，以和夫妇），并根据这一整套伦理道德规范，来建立制度（以设制度），划分领地（以立田里），豢养爪牙（以贤勇知）。正因为成就功业都是为了自己（以功为己），所以阴谋也有了（谋用是作），战争也有了（兵由此起）。这就叫做"小康之世"（是谓小康）。

这样一说，就很清楚。《礼记》所谓"大同"，就是道家"道的时代"。因为这个时代的前提，是"大道之行也，天下为公"。《礼记》所谓"小康"，就是道家"德的时代"。因为这个时代的前提，是"大道既隐，天下为家"。大道既隐，就是"失道"。失道而后德，所以有周公的"以德治国"。到春秋时期，礼坏乐崩了，这就是"失德"。失德而后仁，所以孔子讲仁。到战国中期，孔子这一套也不行，这就是"失仁"。失仁而后义，所以孟子讲义。到战国后期，孟子这一套也没人听，这就是"失义"。失义而后礼，所以荀子讲礼。请大家想想，这样说，是不是都讲通了？

更有意思的是，在"失道而后德，失德而后仁，失仁而后义，失义而后礼"的后面，紧接着还有一句"夫礼者，忠信之薄，而乱之首"。就是说，一旦从讲仁、讲义堕落到讲礼，就不可救药了。为什么呢？因为仁、义、礼虽然都是"下德"，但仁是下德之上，义是下德之中，礼却是下德之下，是"下下德"。事情到了"下下德"的份上，那道德的含量也就微乎其微了。事实也是如此。战国后期，旧道德的崩溃已不可收拾，无法挽救，整个社会，差不多都是道德沦丧，信义全无。比如楚国，原本是与齐国联合，共同抗秦的，然而，公元前313年，也就是荀子诞生的那一年，楚怀王却背信弃义，单方面撕毁合同，联秦反齐，原因是秦相张仪许诺他六百里土地。可是，等到楚国当真与齐国断交，张仪却耍赖说只答应了六里地，没什么六百里。楚怀王怒不可遏，发兵攻秦，结果在第二年被秦军打得落花流水。韩国和魏国听说，也发兵袭击楚国，怀王这才收兵。怀王是见利忘义，张仪是坑蒙拐骗，韩、魏则是趁火打劫，都没有道德和道义可言。这个时候，再来讲仁义礼乐，就滑稽可笑了。于是荀子的学生韩非便不再讲礼。讲什么？讲法。这可以叫"失礼而后法"。荀子的礼与韩非的法有什么区别？区别就在荀子的礼还要讲道德,韩非的法却一句道德都不讲,只讲利害,只讲功利,只讲算计,只讲权谋。具体情况,我们将在下一章告诉大家。

西周封建,道没有了;春秋晚期,德没有了;战国中期,仁没有了;战国晚期,义没有了;战国末年,礼也没有了。这可真是"王小二过年,一年不如一年"。或如九斤老太所说,一代不如一代。照这样发展下去,只怕最后是连人都没有了。这当然不行,必须急刹车。急刹车以后怎么办?老子主张开倒车,退回到远古时代和氏族社会。因为只有原始氏族社会才是"无":无阶级,无矛盾,无斗争,无智慧,无道德,无政府。

这就是道家之道:无。或者说,无为。这是道家思想的核心范畴,也是道家之所以叫做道家的原因。因此,如果说一个"兼"字区别开儒家和墨家(儒家讲仁爱,墨家讲兼爱),那么,一个"无"字就区别开儒和道家(儒家讲有为,道家讲无为)。至于他们的是非得失,我们第六节再讲。

无为,是老子和庄子的共同观点。但是,老子和庄子也有区别。比方说,为什么无为,或者说,无为要达到什么目的,他们的想法就不一样。正是这一区别,使老子和庄子成为不同的两个人。我们现在就来比较老庄,然后再去比较儒道。

老庄之别

老子与庄子的不同之处很多。

首先,老子寡情,庄子善感。老子这个人,基本上是不动情的。我们读其书五千言,几乎都是冷冰冰的话。比如《老子·第五章》开头那段话，就很冷酷。这话的原文是："天地不仁，以万物为刍狗；圣人不仁，以百姓为刍狗。"刍，音除。刍狗，有两种解释：一种说是草和狗，还有一种说是用于祭祀活动的草扎的狗，相当于现在的花圈。祭祀的时候，刍狗披红挂绿，被郑重其事地供在那里。活动一结束，就被随随便便地扔在路边，任牛踩，任马踏。总之，刍狗就是始用终弃，或不必看重的东西。

刍狗既然是这么个东西，那么，所谓天地"以万物为刍狗"，圣人"以百姓为刍狗"，也就是天地和圣人不把万物和百姓当回事了。正因为不当回事，所以是"不仁"。这一点，所有的学者都没有分歧。问题是这种"不仁"究竟对不对？有的学者认为不对，因此认为老子这句话是批判。也有的学者认为对，因此认为老子这句话是肯定。我的看法，是这句话本身对不对，并不重要，重要的是老子自己怎么想。他会怎么想呢？我粗略地统计了一下，"圣人"一词在《老子》书中出现二十多次，或者说圣人应该怎么样，或者说圣人能够怎么样，都是肯定的语气，没有一次是批判的，难道本章就例外？实际上，只有庄子才骂圣人，老子并不，因为两书中的"圣人"并非同一概念。庄子说的圣人，是儒家的。老子说的圣人，是自己的。自己的圣人，怎么会批判？批判天地就更不可能了，"人法地，地法天，天法道，道法自然"（《老子·第二十五章》）嘛！天地既然不能批判，则天地"以万物为刍狗"就是对的。事实上也对，因为天地不能仁爱。为什么不能？因为天地无情，"天若有情天亦老"嘛！天地不老，就证明天地无情。"无情"则"不仁"。天地"不仁"既然是对的，那么，依照人类效法天地的原则，"圣人不仁，以百姓为刍狗"也是对的。

这就有点恐怖了。天地"不仁"也就罢了，圣人怎么能"不仁"，怎么能把百姓当作刍狗呢？原来，所谓"以百姓为刍狗"，并不是要践踏人民，蹂躏人民，迫害人民，只不过不爱而已。不爱也不是恨，而是不爱不恨。说得再准确一点，就是"不管"。统治者或领导人不管，老百姓就自由了，就可以按照自己的心愿以自然的方式生活。男耕女织，早出晚归，鸡犬之声相闻，老死不相往来。显然，所谓"以百姓为刍狗"，不过"无为而治"。这当然也有他的道理，可惜话说得太难听。看来，老子在提倡寡欲的同时，也寡情了。

与老子相比，庄子就要感性得多。学术界公认，《庄子》一书，是可以当作文学作品来看的。就说一般都认定是庄子本人所著的"内篇"，文学性就极强。比如"北冥有鱼"，比如"庖丁解牛"，比如"庄生梦蝶"，都脍炙人口。你看他写自己的梦，道是"昔者庄周梦为胡蝶，栩栩然胡蝶也"；"俄然觉，则蘧蘧然周也"（《庄子·齐物论》）。栩栩（音许），就是欣然自得的样子。蘧蘧（音巨），就是惊醒诧异的样子。梦见自己变成蝴蝶时，就像真是蝴蝶了。翻动着两只小翅膀，在花丛里飞呀飞呀，那份惬意，只用"栩栩然"三个字就表现无遗。等到突然一下醒来，发现自己还是自己，不是蝴蝶，那种无法言传的若有所失，也只用"蘧蘧然"三个字就尽收笔下。这样的文章，老子不可能写，也写不出。

当然，作为道家，庄子也赞成"不仁"，而且比老子有过之无不及。老子只是主张，也只是对百姓"不仁"。庄子却是身体力行，对自己、对亲人"不仁"。据《庄子·至乐》，他的太太去世，好朋友惠子前来吊丧，却发现庄先生正"箕踞鼓盆而歌"。箕踞（音基巨），就是两腿伸直岔开，形如簸箕；或者屈膝张足，总之是一种傲慢的坐姿。鼓，就是敲打，弹奏。盆，就是瓦罐。也就是说，庄子不但毫无悲痛之情，还以一种傲慢的姿势坐在那里，一边弹奏瓦罐，一边唱歌。惠子就认为太不像话。惠子说：人家跟你过了一辈子，生儿育女，现在老而亡故,你不哭就已经是无情,还要唱歌,这不是太过分了吗?庄子说:唉!不是这样的呀!她刚刚去世的时候,我又何尝不悲痛?只是想到一个人的生命,从无形到有形,又从生存走向死亡,这生老病死,不就像春夏秋冬一样吗?现在,她安安静静地在天地之间踏踏实实地睡了,我却在这里鬼哭狼嚎,不是太不懂得生命的真谛了吗?所以就不哭了。请问,这是无情吗?不是。不但不是无情,而且还是深情,是"情到深处人孤独"。

看来,对于同一问题同一结论(比如"不仁"),在老子那里可能是逻辑推理,在庄子这里却多半是人生体验。这也就是老庄的第二个区别,即老子讲逻辑,庄子重感悟。所以,老子的道与庄子的道,虽然都是无为,也都"不可说",但又颇不相同。老子的道是干巴巴、冷冰冰、硬邦邦、无情无义、没滋没味的,因为它是逻辑。庄子的道却是生动鲜活、充满情感、有声有色、可以感知的。在庄子那里,道不可说,却可以体验,就像风。在《齐物论》里,庄子说,那天地之间喷将出来的气,就叫做风啊(大块噫气,其名为风)!你听过风的声音吗(而〔尔〕独不闻之翏翏乎)?这风不吹则已,一旦吹起来,那是一呼百应,地面上所有的孔穴都会发出声音。前面的吹着,后面的跟着;前面的唱着,后面的和着(前者唱于而随者唱喁)。如果是微风,它们就轻轻地哼(泠风则小和);如果是狂风,它们就高声地唱(飘风则大和)。可是,风一停,就万籁俱寂,一点声音都没有了。然而,这时你去看那些树呀草呀叶子呀,大的也好,小的也罢,不都在那里尽情摇摆吗(独不见之调调之刁刁乎)。它们的摆动虽然不同,但在摇摆,却是相同的。这就是"道"啊!

这可真是诗意,而这种诗意是老子没有也不会有的。因为老子的工具是逻辑,老子的结论是推理。推理是冷静的,靠理智;感悟是体验的，靠慧根。所以我个人的体会，是读老可以得智，读庄可以得慧。这是把智与慧拆开了讲。其实这两个字原本就有细微差别。比如智力、智商、智术、智囊，这些词里面的"智"，就不能换成"慧"。同样，慧心、慧性、慧眼、慧根，这些词里面的"慧"，也不能换成"智"。可见智慧云云，智与慧并不相同。从"智育""智谋"这些词看，智，是可以通过教育来学习、传授、掌握的东西，是能力（智力）、方法（智术），属于社会。慧，则是气质（慧性）、天赋（慧根），或者非同一般的特殊能力（慧眼、慧心），属于个人。它不能授受，只能启迪。老庄之别，即在于此。所以读《老子》可以治国，读《庄子》只能修身。

的确，《老子》一书中不乏权谋，《庄子》一书中则充满灵慧。这就是老庄的第三个区别，即"老子多权谋，庄子多灵慧"。权谋用于政治，灵慧用于逍遥。当然，庄子是不是真逍遥，比方说，饿得要向别人借米的时候，逍遥不逍遥，我们不知道，但他内心深处是向往逍遥的，也是浪漫的。有一次，惠子跟他讲：魏王送给我大葫芦种子，我种了下去，结果长出能装五石米那么大的葫芦。这东西可没什么用。用它来盛水吧，皮薄，盛不住；做瓢吧，要那么大的瓢干什么？我就把它砸了。庄子说：你也真是！你就不能用它做"腰舟"（相当于现在的救生圈），把它绑在身上在江湖之上漂？

前面这个故事，记载在《逍遥游》里。《逍遥游》属"内篇"，一般都认为是庄子本人所作。所以这故事反映的，应该就是庄子的真实心态了。还有一个故事也是在《逍遥游》里，也是惠子和庄子的故事。说是惠子对庄子讲：我有一棵大树，主干木瘤太多不合绳墨，支干弯弯曲曲不合规矩。它长在路边，木匠们都不屑一顾。这就像你的言论，大而无当！庄子说：哈！这还不好办？你把那棵树移栽到无人之乡，旷野之处，然后无所事事地在它旁边转悠（*彷徨乎无为其侧*），逍遥自在地在它下面睡觉（逍遥乎寝卧其下），不就行了吗？看来，庄子是连自己的学说有什么用都不在乎的，能不逍遥吗？

老子就没有那么逍遥了。他其实很关心政治，总在为统治者出谋划策，讲圣人应该这样，圣人应该那样。比如"圣人处无为之事，行不言之教"（《老子·第二章》），比如"圣人抱一，为天下式"（《老子·第二十二章》），比如"圣人不行而知，不见而名，不为而成"（《老子·第四十七章》），等等。我们知道，老子所谓"圣人"，并不是孔子、孟子那样的"道德先生"，而是"圣明的统治者"或"英明的领导人"。所以，老子讲的这些话，便都是"为君主谋"，甚至是"权谋"。

老子的权谋，说来简单，无非三条：一是无为而治，二是后发制人，三是以弱胜强。《老子·第七十八章》说，天底下，没有一种东西比水更柔弱（天下莫柔弱于水）。但要说攻击坚强，也没有什么能够超过水（攻坚强者莫之能胜）。再坚固的城池，洪水漫过来，也没有了。再坚硬的石头，水不停地滴，也能滴穿。这叫什么？这就叫"弱之胜强，柔之胜刚"。最柔弱的，就是最坚强，也最有力的。相反，最坚强的，则是最脆弱的，最没有力量的。所以《老子·第七十六章》说，军队太强大，就会失败；树木太茂盛，就会遭殃。为什么？树木太茂盛，大家都会来砍伐；军队太强大，所有人都会与你为敌。这就叫"兵强则不胜，木强则兵"。用老百姓的话说，就叫树大招风，或者"出头的椽子先烂"。

最后的胜利既然永远属于柔弱的一方，那又该怎么办？装傻充愣，后发制人。《老子·第六十八章》说，善于当兵的，不英武（善为士者不武）；善于作战的，不愤怒（善战者不怒）；善于胜敌的，不与敌人交锋（善胜敌者不与）。这是有道理的。别人还没动手，你先跳起来，龇牙咧嘴，张牙舞爪，浑身的毛都竖起来，做不可一世状。这是什么？

是刚出道的小公鸡。相反，会打仗的，遇到真正的对手，一定不会示威、示强，只会示怯、示弱。比如战国时齐魏马陵之战，孙膑战胜庞涓，用的就是这个办法。当时孙膑对齐国的统帅田忌说：魏国的军队，一向瞧不起我们齐国，说我们齐国的军队是胆小鬼。那就让他们这样认为好了。请将军下令：进入魏国后，第一天挖十万人吃饭的灶，第二天挖五万人吃饭的灶，第三天挖三万人吃饭的灶。果然，庞涓追过来，看见这些一天比一天少的灶，哈哈大笑说，我早就知道齐国人贪生怕死，却没想到他们进来才三天，就逃跑了一大半！于是抛开大部队，自己率领小股精锐部队深入敌后。结果怎么样呢？结果是庞涓在马陵中了埋伏，全军覆没，自己也自杀身亡。而且，据《史记·孙子吴起列传》，孙膑还事先在设埋伏的地方写下了一行字：庞涓死于此树之下。请问，孙膑和庞涓，谁是高手？

看来，老子所谓"善为士者不武，善战者不怒，善胜敌者不与"，其实就是"兵道"了。实际上，所谓"敌进我退"，所谓"以逸待劳"，所谓"以退为进"，所谓"以守为攻"，都是这个理。尤其是在敌强我弱的情况下，必须这样。曹刿说得对："夫战，勇气也。一鼓作气，再而衰，三而竭。"（《左传·庄公十年》）一个人的气是有限的，总共就那么多，鼓完了，也就没有了。所以，要让敌人"泄气"，就得先让他"鼓气"。这也是老子的主张。《老子·三十六章》说："将欲歙之，必固张之；将欲弱之，必固强之；将欲废之，必固兴之；将欲夺之，必固与之。"也就是说，你要想让对方收敛，就得先让他张扬；你要想让对方削弱，就得先让他加强；你要想废除对方，就得先让他兴起；你要想剥夺对方，就得先暂且给予。总之，必须先让对方扩张（张之）、强势（强之）、兴起（兴之）、得到（与之），然后才能收敛、削弱、废除、夺取。这，难道不是权谋？

当然，《老子》一书虽然多有权谋，那也是高级权谋。比如"以正治国，以奇用兵，以无事取天下"（《老子·第五十七章》），就很有道理。兵不厌诈，故"兵以诈立"，这就是"奇"。国有常法，故"国因法治"，这就是"正"。若要天下归心，则还得清心寡欲，清静无为，这就是"无事"。这也是道家的一贯主张。但无论怎样取天下，总归还是要取。所以，老子的无为，其实是假无为。他嘴巴上讲"为无为，事无事，味无味"（《老子·第六十三章》），骨子里却是"为有为，事有事，味有味"。只不过在老子看来，要想"有所为"，必先"无所为"，或者装着"无所为"。因为按照老子的辩证法，矛盾对立的双方，总是相互转化的。你越是想得，就越是没有；越是不想，就越能得到。"没有"到什么程度，就能"占有"到什么程度；"后退"到什么程度，就能"前进"到什么程度。如果什么都不去想，那就什么都能做，什么都能得，什么都能有。这一点，老子倒不避讳。《老子·第三十四章》说：圣人"终不自为大，故能成其大"。《第二十二章》说："夫唯不争，故天下莫能与之争。"《第三章》更干脆说："为无为，则无不为矣！"据说，这就叫"道常无为，而无不为"（《第三十七章》）。可见老子的无为，其实是有为，甚至是"大有作为"。它甚至不过是重拳出击之前的收回胳膊，难怪有那么多的"有为者"会喜欢《老子》了。

这就是老庄的第四个区别，即"老子假无为，庄子真无为"。庄子一生，不知把多少送上门来的功名利禄拒之门外，我们前面已经讲过。这件事，大家一般都理解为庄子的清高。其实庄子不是清高，而是透彻。也就是说，作为哲学家，庄子想明白了一个最重要的问题：人活着，为什么？是为了有名吗？不是。在《天道》篇，庄子曾经假借老子的话说：你管我叫牛，我就跟着你把自己叫做牛；你管我叫马，我就跟着你把自己叫做马（呼我牛也而谓之牛，呼我马也而谓之马），有什么关系呢？那么，是为了有用吗？也不是。在《人间世》，庄子讲：有一棵树，奇大无比，许多人都去看它（观者如市），只有一位大木匠不屑一顾，说这是没有用的东西。晚上，树就来跟他说话，说：我要是有用，岂不早就被你们砍掉了？正因为我什么用都没有，才活到今天。这正是我的大用啊！

显然，在庄子看来，有名有用，都没有意义，因为它们都不是生命的目的，也不是人生的价值。前面说过，庄子是主张逍遥的。《庄子》的第一篇，就是《逍遥游》。所谓"逍遥游"，也就是真实而自由地活着。这个问题，我们将在后面再说（请参看本书第六章第三节）。这里要说的是，正因为庄子主张逍遥游，主张真实而自由地活着，所以，他向往的生活，是旷野之处有一棵没有用的大树，却能够"彷徨乎无为其侧，逍遥乎寝卧其下"；是腰上绑一只没有用的葫芦，在江湖之上漂；是有一搭没一搭地在河边钓鱼，钓不钓得到都无所谓。我相信，当庄子这样逍遥的时候，他也一定想明白了另外两个问题：世界上什么最可宝贵，什么最有价值。什么最可宝贵呢？生命。什么最有价值呢？自由。这两个问题合起来，就可以表述为这样一句话：人最宝贵的是生命，生命的价值在于自由。

我认为，这就是庄子哲学的核心。庄子一生，也在实践着他的哲学。为了生命和自由，庄子把很多问题都想得很开，把很多事情都看得很淡。比方说，在孔子那里极为重要的"名"，在庄子这里就无所谓。他也不在乎自己有没有用，甚至没用更好。相反，如果为了生命之外的东西去死，在庄子看来，那就可悲了。为此，他连儒家极其推崇的"以身殉国""舍生取义"也予以否定。在《骈拇》篇，庄子说，历来就有人为了生命以外的事情去死。小人为了利益，士人为了名誉，大夫为了家国，圣人为了天下。这些人，事业不同，名声也不同，但在违背天性、伤害生命这一点上，是一样的，都不可取。由此可见，庄子把个体的生命看得高于一切，它甚至高于道德追求、民族大义、国家利益、社会理想。

庄子的可贵正在这里，庄子的问题也在这里。在那样早的一个时代，庄子能够切身体会到人的"不自由"，并对这"不自由"进行批判和反抗，是可贵的。但将自由理解为或解释成不做事、不作为，则是他的局限。他不知道，自由从来就不是天赋，也从来就不属于自然，只属于人类。唯人知自由，唯人能自由，因为人做事。于是，人就有了自由意志。正因为有自由意志，他才能进行选择。比方说，为了民族、国家、他人，放弃和牺牲自己的生命。这就是孟子所说"生亦我所欲也，义亦我所欲也，二者不可得兼，舍生而取义者也"（《孟子·告子上》）。因此，见义勇为、赴汤蹈火、为国捐躯等等，并非如庄子所说，是对自由的否定。恰恰相反，如果是出自当事人的自由意志，是他心甘情愿的自由选择，那么，就正是对自由的肯定。在这里，"自由意志"四个字，是极为重要的。

当然，我们不能以这样一种现代观念来苛求古人。而且，由于庄子是那样地注重人的个体生命和自由精神，他的哲学便充满了聪慧和灵气，让人读后心驰神往，久久不能忘怀。我同意李泽厚先生的观点，庄子哲学，是可以看作美学的（《中国古代思想史论》）。庄子对后世的影响主要在文学艺术领域，道理也在这里。

这大约就是老、庄的区别了，即老子"以无为求有为"，庄子"以无为求无为"。这正是一种辩证的关系。而且，按照辩证法的逻辑，它还将发展为第三个阶段，即"以有为求无为"。我们知道，这就是禅宗。

不过这已是后话。现在要回答的，是前面提出的那个问题：儒道两家谁是谁非?

儒道再评价

前面说过,儒家与道家的根本分歧,就是"有为还是无为"。那么,道家为什么主张无为呢?原因也有三个:古无为而今有为,道无为而德有为,天无为而人有为。所以,儒道之争,也就是古今之争、道德之争、天人之争。两家的是非,亦在于此。

先说"古今之争"。

说儒道之争是古今之争,其实并不准确。因为先秦诸子中真正主张与时俱进的,只有法家。道家和儒家,还有墨家,都主张回到过去,只不过老庄退得更远而已。所以儒道两家的区别,也仅仅在于"远古还是近古"。主张"复古",则是一样的。

这并非没有道理,更不是没有原因的。原因就是对当时的社会状态不满意。不满意现在,就会想念和向往从前。这是很正常的心理,也是很普遍的心理。问题是,当人们想念从前、向往从前的时候,他们往往只记得住从前的好处,记不住从前的坏处,而且那好处也往往被放大。也就是说,当人们把过去的时代描绘得无比美好时,这种描绘是不准确的,不真实的,至少也是不全面的。

就说原始氏族社会,果真有那么好吗?未必。比如《礼记》说,那时"选贤与能,讲信修睦","人不独亲其亲,不独子其子"。这在氏族、部落内部,可能是的。氏族与氏族、部落与部落之间,就不是了。是什么呢?是频繁的战争,频繁的掠夺,恨不得你吃了我,我吃了你。

本部落的领袖，开始可能是选出来的，后来就慢慢变成世袭了。部落联盟的领袖，就更是打出来的。黄帝不是和蚩尤打吗？炎帝不是和黄帝打吗？谁的武力最强，谁就能当老大。甚至氏族、部落内部，也没他们说的那么好。什么"老有所终，壮有所用，幼有所长"，矜、寡、孤、独、废疾者"皆有所养"，也就丰衣足食的时候勉强能够做到。如果遇到灾年，或者青黄不接，则往往是老人被抛弃，婴儿被杀死，甚至被吃掉。这是人类学家研究的发现。为什么呢？穷嘛！口粮不够，只能先保证青壮年，因为他们是生产力。夜不闭户、路不拾遗也一样。那是因为物资匮乏，根本就没东西可偷，闭什么户，又哪有遗可拾？

所以，不要把原始社会想象得太好，文明、富裕、发展、科技进步，也绝不是导致罪恶的原因。贫穷、愚昧、落后，才是万恶之源。历史证明，人类越是发展，越是文明，战争就越少，犯罪也越少。你看现在世界上的战争有多少？没多少吧！为什么呢？文明了嘛！二十世纪五六十年代时，台北街头两辆自行车相撞都要打架。现在呢？小轿车撞了都没事。大家客客气气交换一下名片就分手，剩下的事情自然由律师和保险公司去打理。可见，发展才是硬道理，发展也就是硬道理。

原始社会既非道家想象的那么美好，也非道家所说的那么无为。事实上，竞争从来就存在，甚至存在于动物世界。许多群居的动物每到发情期，雄性之间就要竞争，就要打斗。胜利者妻妾成群，失败者孤家寡人。当然，动物之间的这种竞争比较"费厄泼赖"（费厄即不穷追猛打，泼赖即不过分认真），也就是讲究游戏规则，正大光明地进行比赛，就像体育竞技。胜利者并不将对方置于死地，而是分出胜负就住手，明年开春再重来。这点比人类好，也比较像春秋时期的战争，不为已甚，见好就收（请参看本书第六章第四节）。可见问题并不在于"有为还是无为"，而在于应该为人类的竞争制定公平合理、文明和谐的规则。儒家的讲"礼",其实也就是强调规则和文明。所以孔子才主张"从周"(《论语·八佾》),主张"为东周"(《论语·阳货》),主张"克己复礼"(《论语·颜渊》)。因为西周也好,东周也好,战争和竞争,相对而言还是比较文明的。

由此可以得出结论,所谓"古无为而今有为"是不成立的,但这并不等于道家的主张就没有道理。我们要问:道家的无为,主要是对谁说的?对统治者,或者说领导人。统治者或领导人"无为",又有什么好处呢?老子说得很清楚:"我无为而民自化,我好静而民自正,我无事而民自富,我无欲而民自朴。"(《老子·第五十七章》)。也就是说,君无为则民自为,君不治则民自治,君不给则民自足。统治者什么都不做,老百姓自己就会做,这就是"自为"。统治者什么都不管,老百姓自己就会管,这就是"自治"。统治者什么都不给,老百姓自己就什么都有了,这就是"自足"。自为、自治、自足,这是老子的希望。自为、自治、自足,就自由,这是庄子的追求。

哈!这不就是所谓"小政府,大社会"吗?只不过,这样一种主张,并不能靠倒退来推行,而只能靠发展来实现。也就是说,只有当社会发展到一定阶段时,这种方案才是可能的。这就是我们对第一个问题的回答。

再说"道德之争"。

前面说过,道家主张无为的第二个原因,是"道无为而德有为"。这话有一定道理。因为道是规律,德是方式。规律本身当然无所作为,方式却不能没有可操作性。问题是,在道家那里,不但道无为,德也无为,"上德不德,是以有德"嘛!相反,在儒家那里,不但德有为,道也有为。因为儒家的"道",是"有为之道"。他们的"德",当然也是"有为之德"。既然如此,为什么还要说儒道之争是"道无为而德有为"呢？

原来，在儒家和道家那里，道与德有三重含义。一，道是规律，德是方式；二，道是远古，德是近古；三，道是理想，德是现实。道家认为，规律高于方式，远古好于近古，理想优于现实，因此取道不取德。儒家则认为，大同之世既然不复存在，道的时代既然已经一去不复返，那么，能保住的，也就是"德的时代"；能建设的，也就是"小康社会"。保住了德，也就保住了道。这种态度，无妨叫做"保德以求道"。儒家"保德以求道"，道家"取道不取德"，结果是道家极力推崇"道"，儒家极力维护"德"。道家取道，所以叫"道家"；儒家取德，就应该叫"德家"。实际上诸子百家的命名也不统一。道家和法家依主张（崇道或依法），名家和阴阳家依对象（研究名实或者琢磨阴阳），儒家依身份（儒者），墨家依创始人（墨翟），真是五花八门。当然，我们也没有必要改过来。

取道与保德，有什么不同呢？前者理想，后者现实；前者大气，后者实在。取道，就是一种"要做就做最好"的理想境界。如果不是最好，就宁肯不要。这就是大气了。道家是向往"大"的。在《秋水》篇，庄子曾这样描述"大"的境界。庄子说：秋天，雨水随着时节降临（秋水时至），大小川流都汇入黄河（百川灌河），黄河水面变得非常宽广，站在岸边和水中的沙洲上隔水相望，分不清对面的牲口是牛是马（泾流之大，两涘渚崖之间不辩牛马）。这时，黄河之神（河伯）就"欣然自喜"，认为普天之下的美都在自己这里了（以天下之美为尽在己）。可是，当他顺着河流来到北海，"东面而视"时，却发现北海之水浩渺无边，远远望去，不见际涯。于是，河伯一改自鸣得意的态度，眺望大洋，对海神（北海若）发出感叹说：今天如果没到您的门口，那可就危险了。我将会永远被得道之人嘲笑呀（吾长见笑于大方之家）！

"望洋兴叹"这个成语,就是从这里来的。

听了黄河伯的话,北海若怎么说?北海若告诉黄河伯:海虽然大,却不是最大的。与天地相比,我们北海就像高山之上一块石头、一棵树(犹小石小木之在大山也),哪里就能算作"大"?四海之于天地,不过大泽一孔(礨空之在大泽);中国之于四海,不过大仓一粟(稊米之在大仓)。这样看来,则五帝的禅让(五帝之所连),三皇的纷争(三王之所争),儒家的忧患(仁人之所忧),墨家的操劳(任士之所劳),都小得像马身上的毛(豪末之在于马体)。至于伯夷自以为清高,孔子自以为博学,不也都像你从前一样,是自作多情吗?

所以,老子和庄子都认为,我们千万不能被现实的、世俗的东西所蒙蔽。那些东西,都是"小",只有"道",才是"大"。老子为什么说"五色令人目盲,五音令人耳聋,五味令人口爽"(《老子·第十二章》)?不但因其"欲",而且因其"小"。绘画、音乐、美味佳肴,就算再好,也比不上黄河吧?黄河之神尚且要"望洋兴叹",那些东西又算什么呢?要知道,只有"天地之美""道之美",才是"大美"啊!

那么,"天地之美"和"道之美"为什么是"大美"?因为天地和道无为。庄子说:"天地有大美而不言"(《庄子·知北游》),所以它"朴素而天下莫能与之争美"(《庄子·天道》)。老子也说"大音希声,大象无形","大方无隅,大器免成"(《老子·第四十一章》)。为什么是"大器免成"而不是"大器晚成"呢?因为"晚"不是"无","免"才是。事实上,长沙马王堆出土的帛书《老子》乙本,写的就是"大器免成"(高明先生编为第四十章)。这恐怕就是《老子》一书的原字。如此,则前面四句话就可以这样翻译:最美的音乐没声音,最美的绘画没形象,最方的东西没棱角,最大的器物不用做。这应该是符合老子思想的。当然,说"大器晚成",也通,即"后发制人",但总不如"先威"彻底。

道家大气,儒家实在,因为儒家取德。这是一种"退而求其次"的现实精神。在儒家看来,多谈"大道之行也,天下为公"的理想没有用,保住"德的时代",建设"小康社会",才切实可行,也必须扎扎实实去做。方式,是要讲究可操作性的。以德治国,更是需要操作。这就必须从自己做起,从身边做起,从现在做起,从一点一滴做起。所以儒家务实。比如孔子,就很朴素、平实和温润。读过《论语》的人,都不难有此体会。我们知道,先秦儒家三巨头,风格是不一样的。孔子平和,孟子霸气,荀子严谨。但即便气势磅礴如孟子,辩才无碍如荀子,所论也都实实在在,没有东拉西扯之说、不切实际之言。就算难免空想,也想得实在,可操作。比如孟子的理想社会,就不过"五十者可以衣帛","七十者可以食肉"(《孟子·梁惠王上》)。所以,孔子的药方虽然治不了当时社会的病,却在后世被当作了宝贝。为什么呢?贴近生活,讲求实际,多少管用。我的看法,儒家的药,比如仁义道德,比如以德治国,就像黄芪、党参、枸杞、茯苓,六味地黄丸,救不了命,但经常吃点儿,能补补身本(比如补肾),也能防些不大不小的病(比如防感冒)。这就是"实在"使然。

道家大气,儒家实在,我们该学谁?我个人的态度,是欣赏道家,赞成儒家。或者说,做人学道家,做事学儒家。做人斤斤计较,就委琐;做事好高骛远,就虚浮。所以做人要大气,做事要实在。大气不是夸夸其谈,而是豁达大度;实在也不是婆婆妈妈,而是脚踏实地。因此,我是主张儒道兼修的。就连墨家和法家,也都有可取之处。不过这也是后话。

现在说"天人之争"。

天,就是自然。自然无为吗?无为。自然界没有自由意志,岂能有为？故天道无为。就连孔子，也说"天何言哉"（《论语·阳货》）。可惜人不是天，人道也不是天道。人，既是自然的存在物，也是社会的存在物。"鸟兽不可与同群"（《论语·微子》），人的社会性比自然性更本质也更重要。所以孔子认为，人不能无为，也不能只讲天道，不讲人道。甚至明知事不可为，他也主张去做。据《论语·宪问》，有一次，子路在鲁城的外门（石门）睡了一宿（估计是没能赶在关门前进城）。第二天早上，看城门的小吏问子路：你从哪里来？子路说，从孔子那里来。那小吏说：啊！就是明明知道做不到，却偏偏还要去做的那个人吗（是知其不可而为之者与）？可见孔子的"知其不可而为之"，差不多已是众所周知。

对于孔子的这种精神，我是由衷地敬重的。要知道，就连那些可为之事，某些人都是不屑一为的，何况原本就"不可为"？不是说孔子样样都对，但这种精神值得敬重。没错，孔子那个时代，确实是问题成堆，积重难返，正所谓"滔滔者，天下皆是也"（《论语·微子》）。然而，正因为人心世道坏成这个样子，才更需要有识之士挺身而出，担负起天下的兴亡。如果天下太平，世间有道，当然可以坐在家里高谈阔论，著书立说，或者在旷野上种棵大树，"彷徨乎无为其侧，逍遥乎寝卧其下"（《庄子·逍遥游》）。但是现在树都快倒了，你还睡得着吗？既然睡不着，那么，即便明知以一己之躯扛不住这棵树，也得去扛啊！

何况这个社会总要有人做事，不能都去做隐士。都去做隐士，人类社会就真成动物世界了。不要以为隐士就清高，有真隐士，有假隐士。真隐士真清高，假隐士假清高。区别真假的标准，就看他们说不说话。真隐士是不说话的，要说也是自己说，不强迫别人同意。对他们，我也敬重。最可鄙的是那些冒牌货：自己不做事，还不让别人做。谁要出来做点事情，他们就泼冷水，放冷枪，横挑鼻子竖挑眼，一百个不乐意，一百个不顺眼。这种人，八成是吃不着葡萄说葡萄酸，或者站着说话腰不疼，要不就是生怕别人不知道自己"清高"。

社会既然总要有人做事，就得提倡做事的精神。而且，为了把话说透，说到底，还得提倡"知其不可而为之"，至少也要肯定、支持、敬重。因为只有当"不可而为"都受到敬重时，那些"可为之事"才会有人去做。实际上，人的一生不可能什么都不做，他总是有所为有所不为的，问题是何所为，何所不为。如果选择的标准只是可与不可，那就只有功利没有道德了。前面说过，道德是必须有超越性的。在这里，人们需要超越的，便正是那个"可"字；而"知其不可而为之"的精神，就恰恰具有这种道德的超越性。

这就是"德"了。何况儒家虽然主张"有为"，却并不主张"有求"。他们是"有为而无求"，即不问收获，只问耕耘；只重过程，不重结果。正如子路所说："君子之仕也，行其义也。道之不行，已知之矣。"（《论语·微子》）也就是说，他们并非不知道事不可为，或事已难为，甚至一开始就没打算成功（道之不行，已知之矣）。那又为什么要去做呢？道义使然，责任使然（行其义也）。显然，他们的有为，不是为了别的，只是由于道德本身的要求，只是为了实践自己的道义和责任。因此，如果说他们有所求，那也是只求问心无愧。

问心无愧、尽心尽力以后，儒家便把事情的成败交给了命运（天命）。孔子说："道之将行也与，命也；道之将废也与，命也。"（《论语·宪问》）总之，做，是我的本分，也是我的责任。至于主张能不能推行，主义能不能弘扬，理想能不能实现，都听天由命吧！

这就是儒家的天命论，曾经遭到墨家的批判。墨家认为，如果赞成这个理论，必定是统治者"不行治"，老百姓"不从事"，大家都消极怠工，这就"足以丧天下"（《墨子·公孟》）。其实这是歪曲，或者是误解。你想，就连明明知道做不到的事，孔子都还要去做，怎么会主张消极怠工？可见孔子的"信命"，并非不努力，更非不负责，只是不对结果抱幻想、认死理。在决定一件事做不做之前，也不问可否，不求成功。只要是该做的事，就义无反顾地去做，全心全意地去做，尽心尽力地去做。至于成不成功，那是老天爷的事。这就叫"成事在天，谋事在人"。请问，这是宿命论吗？

既然不是宿命论，为什么还要讲天命呢？原因也很简单。我们知道，人类的实践能力是有限的，任何人都不能保证事事成功。何况孔子他们要做的事情，原本就是不大可能成功的。这就需要解释，也需要安慰，还需要有个说法。怎么解释？怎么安慰？什么说法？在当时的条件下，恐怕也只有归于天命。因此听天由命云云，说到底，不过主张随遇而安。其实到了随遇而安的境界，也就无所谓命不命的了。怕的是"遇而不安"，这才要讲天命：命里有，不拒绝；命里没，不在乎。该干什么，还干什么；该怎么办，还怎么办。这怎么能说是宿命论呢？

正因为孔子的天命论不是宿命论，这才有"知其不可而为之"的精神，也就是明明知道不可能成功，还是要做。为什么做？不求如愿，但求心安。显然，在孔子看来，事情有两种：一种是应该的，一种是可能的。应该做的也有两种：一种是应该做又可能成功的，一种是应该做却未必成功的。对于有社会责任感的人来说，只能选择"应该不应该"，不能考虑"成功不成功"。成功不成功的问题，交给"天"。墨子则认为，既然要做事，那就一定要成功。不成功，做它干什么？那么，不能成功怎么办？请鬼神帮忙，交给"鬼神"。这就是儒墨两家的三大分歧之一：天命还是鬼神——第二章第五节没能展开说，这里做个补充。

于是我们看到了儒、墨、道三家的异同之处：第一，道家讲天道，墨家信鬼神，他们都不讲天命；儒家则讲人道，信天命，不信鬼神。第二，道家（准确地说是庄子）无为而无求，儒家有为而无求，墨家有为而有求。第三，道家无求而同于道，儒家无求而得于德，墨家有求而求于鬼。所以，儒道可以互补，儒墨就难。其实后世对墨家表示了同情的，不是儒家，也不是道家，反倒是法家。法家是儒、墨、道三家的继承者，也是他们的批判者，还是新学说的主张者。法家对于三家，是都有继承，也都有批判的。

那么，法家继承了什么，批判了什么，又主张什么呢？

第四章
儒法之争

血染的思想

先秦百家中，最后成熟的是法家。法家是诸子的另类。

法家另类吗？另类。儒、墨、道诸家争鸣，不过唇枪舌剑；他们学说的创立，也至多呕心沥血。法家的思想，却要豁出命来实践，流出血来祭奠。流血的、牺牲的，不仅有许多有罪或无辜的贵族或平民，也有法家自己的代表人物。其中有两个人大家都很熟悉：一个是商鞅，一个是韩非。

商鞅是著名的改革家，也是法家的重要代表人物之一。他大约生于公元前390年，卒于公元前338年，与孟子、庄子同时而略长。据《史记·商君列传》，商鞅本是卫国的"庶孽公子"，也就是国君旁支侧出之子孙，甚至是庶子的庶子。当时的制度，国君的孙子都叫公孙。所以商鞅的"氏"（不是姓），也是公孙（本姓则是姬），叫公孙鞅。因为是卫国人，又叫卫鞅。后来因为秦孝公封他於、商之地十五邑，便被称为商君或商鞅。

作为国君的孙子，商鞅说起来也是贵族。但可惜，第一，他是庶出；第二，当时他自己的国家卫国，已经沦为魏国的附庸。所以，年轻时的商鞅，便只能去做魏国宰相公叔痤的家臣。公叔痤对商鞅极为欣赏，认为他"年虽少，有奇才"，临终前还建议魏国的国君魏惠王"举国而听之"，也就是让商鞅接替自己为相。这位魏惠王，就是前面说过的梁惠王，曾被孟子斥为"率兽而食人"（《孟子·梁惠王上》）的。他听了公叔痤的建议，一言不发，其实是不以为然。公叔痤就说：大王如果不用公孙鞅，那就一定要把他杀了，别让他跑了。梁惠王说行。梁惠王一走，公叔痤就把商鞅叫来，把所有的情况都告诉了他。然后说：我这是先公后私，先君后臣，你就赶快跑吧！商鞅却说：王既然不能听主公的话而用臣，哪里又会照着主公的话做，来杀臣？于是商鞅就不跑，梁惠王也不杀他。不但不杀，还对身边的人说：公叔痤糊涂了，居然要寡人用公孙鞅为相，这不是太搞笑了吗？

梁惠王不用商鞅，商鞅就跑到了秦国，与秦孝公谈了几次以后，就受到重用。所有的意见和主张，也都得到采纳和实现。这就帮了秦国的大忙，也帮了商鞅自己的大忙。商鞅因为秦国而得以施展抱负，秦国因为商鞅而得以迅速崛起。所以后来贾谊写《过秦论》，讲秦王国的兴起，第一个提到的就是他。至于那位魏惠王，据司马迁说，事后连肠子都悔青了。

然而秦孝公一死，商鞅就倒了霉。先是有人告他图谋不轨，接着是全国大搜捕，最后是被处以极刑，而且用刑极惨。什么刑？车裂。车裂是什么意思？就是五马分尸。具体地说，就是用绳子一头捆住受刑者的头和四肢，另一头系在马身上。行刑的时候，同时鞭策五匹马，分裂人犯的身体（有分裂死尸和活人两种）。这可真是惨绝人寰。

商鞅悲惨，韩非冤枉。他连意见和主张都没来得及实现，就被害死了。韩非是先秦法家的最后一人，也是法家学说的集大成者。所以，讲法家，主要是讲韩非。韩非大约生于公元前280年，卒于公元前233年，晚于孔子约二百七十年，晚于墨子约一百八十年，晚于孟子和庄子约八九十年。据《史记·老子韩非列传》，韩非出身韩国王族（**韩之诸公子也**），因为痛感韩国的衰弱，曾经多次上书韩王，要韩王变法图强，然而"韩王不能用"。韩非没有办法，再加上自己口吃，不善言语，便只好著书立说，来发表自己的意见。

不过，韩非得不到自己国君的欣赏，却另有国君欣赏他。谁？秦始皇——当然，秦始皇这时还没当皇帝，不能叫秦始皇，只能叫秦王嬴政。韩非的著作传到秦国后，嬴政读了爱不释手，说是如果能够认识这个人，和他一起讨论问题，就死而无憾了（死不恨矣）。当时秦国已是超级大国，秦王想要的人，哪有得不到的？于是秦国发兵猛攻韩国（因急攻韩）。韩王原本是不用韩非的，一看又要挨打，连忙派韩非出使秦国，嬴政也就如愿以偿。

如愿以偿以后，又怎么样呢？不怎么样。秦王嬴政的态度，竟是"悦之，未信用"。其实，如果仅仅只是"未信用"，倒也罢了。糟糕的是，韩非后来还被杀死，死时可能是四十八岁。我们知道，先秦诸子是比较长寿的，比如孔子七十三岁，荀子大约七十六岁，孟子和庄子大约八十四岁，墨子大约九十三岁，都是寿终正寝。只有商鞅和韩非死于非命，而且正当年富力强（商鞅五十出头，韩非不到五十），岂非人生悲剧？

这就让人惆怅，也令人费解。商鞅是秦国兴旺发达的功臣，韩非是嬴政梦寐以求的人才，怎么说杀就杀了呢？当然，韩非死了以后，嬴政也很后悔。韩非的学说，在秦国也得到了应用。但人死不能复生。用其计而杀其人，自毁人才，也没这个道理。于是我们就想知道，商鞅和韩非之死，究竟是怎么回事？

先说表面原因或者直接原因。

商鞅被害的直接原因，是因为得罪了人。得罪了谁？太子。原来，商鞅在秦国执法时，惩罚了太子的师傅。其中一位叫公子虔的，还被割了鼻子。师傅，是高官；公子，是贵族。这样一个人被割了鼻子，没脸见人，八年杜门不出，这口气怎么咽得下，这个仇又怎么能不报？所以秦孝公去世，太子即位（即秦惠王），公子虔马上就一状告到惠王那里，说是商鞅想谋反，谓之"欲反"。什么叫"欲反"？说白了就是莫须有，诬告。过去的太子，现在的秦王，对商鞅也是恨之入骨，当然一告就准。抓住以后，往死里整，商鞅可上哪儿说理去，又有谁会听他申辩？也就只好去做冤死之鬼。

韩非被害的直接原因，则是因为遭人嫉妒。嬴政对韩非，不是仰慕之极吗？为了见到韩非，不是还不惜发动战争吗？这就让某些人感到不安。嬴政得到韩非以后，不是只"悦之"而"未信用"吗？他对韩非的态度，不是还很犹豫吗？这就让他们感到有空子可钻。于是这些人就去对嬴政说：韩非可是韩国的公子，他能向着咱们，不向着韩国吗？大王既然不打算用他，就得把他送回去。送回去，那不是放虎归山吗？不如"以过法诛之"。嬴政一想有道理，就找个岔子把韩非下了大狱。韩非想申辩，却见不着秦王，毒药反倒被嫉妒他的人送了进来。韩非无奈，只好饮恨服毒自杀。等到嬴政后悔来救，已是无力回天。那么，陷害韩非的人是谁？有两个，其中一个叫李斯。李斯是什么人？韩非的同学。李斯和韩非，都是荀子的学生。当学生的时候，李斯就觉得自己不如韩非（斯自以为不如非），此刻就更是感到威胁，于是下此毒手。

如此说来，商鞅和韩非，岂非死于小人之手？

倘若只是这样一个结论，就用不着在这里说了。实际上，商鞅和韩非，既是死于敌人和对手，更是死于自己，死于自己的学说和主张。

先说商鞅。据《史记·商君列传》，商鞅被公子虔诬告后，很清楚自己浑身是嘴也说不清，只好逃亡。他跑到秦国的边境，想住店，住不进去。旅店老板说："商君之法，舍人无验者，坐之。"什么意思呢？就是说，商鞅规定，所有的客人住店，都要出示路条、护照、身份证。

如果没有，就不能收留。如果违法收留，那客人碰巧又是罪犯或者嫌疑人，那么，这犯人将来判什么罪、受什么罚，旅店老板也判什么罪、受什么罚，这就叫"连坐"（请参看王伯祥《史记选》）。旅店老板并不知道来人就是商鞅，商鞅自然也不敢出示什么证件，于是便长叹一声说：唉，真没想到，制定法律的弊病竟到了这个份上（*为法之敝，一至此哉*）！

这就是搬起石头砸自己的脚了，因此很为法家的反对派幸灾乐祸，看作以身试法、作法自毙的典型，甚至"作法自毙"这个成语，就从这里来。

其实这事也得一分为二，话说两头。首先，商鞅执法，确实公正严明，真正做到了只唯法，不看人。你想，他连太子的罪都敢治，以后谁还敢看人下菜碟子？当然，商鞅只是"将法太子"，并没有当真治太子的罪，也治不了。但能治太子的师傅，已不简单。俗话说，打狗还要看主人。整治太子的师傅，其实就是治太子罪了。这样一来，所谓"王子犯法与庶民同罪"，在他那里就不是空话，而是动真格的。这就让人敬佩，值得肯定。毕竟，"法律面前人人平等"是一种现代法治观念。这样一种东西，在我们的文化传统中是比较稀缺的，因此应该作为一笔宝贵的遗产予以抽象地继承。

商鞅治太子罪，也是有原因、有道理、是时候的。当时他在秦国变法，搞新政，很多人反对。新法实施一年内，秦国人民前往咸阳声诉新法不好的，数以千计。正在这个节骨眼上，太子触犯了新法（*于是太子犯法*）。这时如果姑息，新法就会威望尽失，改革也会一败涂地。在此关键时刻，商鞅顶住压力，坚决维护法律的尊严，是应该肯定。

甚至就连商鞅的死，也不妨看作他对中国历史的一种"贡献"。尽管这种"贡献"，是被迫的、不人道的，在表述的时候要打引号，但商鞅毕竟以自己的死证明了一个道理：天无情而法无私。所谓"天无情"，就是说，历史的发展并不以某个个人的意志为转移。所谓"法无私"，则是说，法律一旦成立，就对所有的人同等有效，而且必须同等有效，包括立法者本人。不能说某法系某人所立，便对他网开一面。法治是不能讲情面，也不能讲关系的。"天若有情天亦老"，有情有私的结果，必定是无法无天。商鞅用自己的生命证明了这一点，也证明了他立法的成功。因此他的死，不能看成作法自毙，而应看作壮烈牺牲。

问题是事情还有另一面，那就是执法固然要严明，立法也要合情理。比如要求旅店验看身份证，是对的，我们现在也这么做。但连坐，就太过分了。事实上，商鞅的法，基本上是严刑峻法。比如商鞅规定，但凡不务农而经商，或者干农活不卖力的，老婆孩子都要被收为官奴（《史记·商君列传》）；治安的要求，则竟是"步过六尺者有罚，弃灰于道者被刑"（刘向《新序》）。这就实在是太严峻了！而且，谁都看得出，这些严刑峻法，主要是针对老百姓的。因为大夫并不存在干农活卖不卖力的问题，国君也绝不会"弃灰于道"，乱扔垃圾的。

商鞅的法有问题，他的执法也有问题。仍据刘向的《新序》，有一次商鞅一天之内就在渭水之滨处决囚犯七百余人，以至"渭水尽赤，号哭之声动于天地，畜怨积仇比于丘山"，简直就是惨绝人寰！这就绝不是改革必须付出的代价，而是为了建立统治者的绝对权威，不惜制造人间悲剧，杀一儆百。这也绝不是什么法治，而只能叫做军事管制和铁血统治。不错，商鞅执政时秦国的治安确实很好，《史记·商君列传》的说法是"道不拾遗，山无盗贼，家给人足"。但我们必须讲清楚，商鞅肃清盗贼，整顿治安，禁止斗殴，并不是为了保护人民群众的生命财产，而只是为了将社会上闲散的武力集中起来为其所用，使民"勇于公战，怯于私斗"。所谓"勇于公战，怯于私斗"，也就是只为国君战斗,不为自己战斗;只杀外国人,不杀秦国人;只为高官厚禄杀人,不为蝇头小利杀人。要知道,按照商鞅的规定,杀一个敌人,是能够晋爵一级的。显然,商鞅之法培养教育出来的,并非现代意义上的守法公民,而不过是些毫无爱心的杀人机器。

这些严刑峻法,当时就有人不以为然。然而商鞅却一意孤行,还不准议论。《史记·商君列传》说,商鞅的新法实行十年之后,原先那些说新法不好的人,也有来说新法好的(初言令不便者有来言令便者)。商鞅却不论好歹,一律称之为"乱民",将其放逐到边邑。结果当然令商鞅满意。从此以后,谁也不敢议论法令了(其后民莫敢议令)。同样,商鞅逃亡的时候,也没人敢收留他了。难怪司马迁要说,商鞅的身败名裂,实在是不无原因。

不过司马迁也有局限性。在司马迁看来,商鞅之所以"卒受恶名于秦",主要是他为人不好。怎么不好?天性残忍不仁,行事刻薄少恩。由这样一个人来执行严刑峻法,势必矫枉过正,弄得天怒人怨。事实上,早就有一个名叫赵良的人提醒过商鞅,劝他不要"畜百姓之怨",可惜商鞅不听。结果怎么样呢?结果是终于被诬陷,被冤杀。

司马迁的说法自然也有道理,但我认为商鞅悲剧的主要原因,还不是他的"人"有问题,而是他的"法"有问题。有什么问题呢?只有维护君王统治的手段,没有保护人民权利的条款。试想,商鞅的"法"如果是保护人民的,或者多少有点保护人民的意思,那么,他被捕以后,就应该能够得到公正的审判。最起码,也能让他为自己辩护吧?然而没有。为什么没有?法无此条,法无此例,也没有这个立法精神嘛!这正是商鞅之"法"最大的问题,也是所有法家之"法"共同的问题。我们今天在肯定和祭奠商鞅这位改革先驱的时候,千万不要忘记这一点。

现在再说韩非。

韩非的死其实不用多说，他死于同学李斯的阴谋诡计。对此，司马迁很是感慨。司马迁说，韩非怎么就"不能自脱"呢？他可是写过《说难》的呀！说，音税，游说的意思。说难，就是游说之难。韩非说，游说君王，是一件很不容易的事。比方说，对方是个好名的，你跟他说利，他会认为你卑鄙；对方是个好利的，你跟他说名，他会认为你迂腐。如果对方又好名又好利，又想做"婊子"，又想立牌坊呢？那就更麻烦了。你跟他说名吧，他会表面上客客气气，实际上却疏远你；你跟他说利吧，他会暗地里予以采纳，却公开抛弃你。反正不管你怎么说，都不落好。就算摸清了对方的心思，说起来也不容易。直截了当吧，他会认为你不过如此；详尽具体吧，又会认为你啰里巴嗦；言简意赅吧，会认为你吞吞吐吐；言无不尽吧，又会认为你过于放肆。你说难不难？这就让人想起鲁迅先生的话："与名流学者谈，对于他之所讲，当装作偶有不懂之处。太不懂被看轻，太懂了被厌恶。偶有不懂之处，彼此最为合宜。"（《而已集·小杂感》）可见古今的世故，也都是相通的。

　　事实上韩非这个人是懂世故的，也是懂阴谋的。他的《说难》《说林》，就讲了不少世故；《内储》《外储》，也讲了不少阴谋。比如《韩非子·内储说下》讲，楚怀王原先有个宠妾叫郑袖，后来又得到了一个更漂亮的（据说是魏国送来的）。于是郑袖就去对那新来的美人说：我们大王，最喜欢看漂亮女人遮住嘴巴的样子了。那美人信以为真，每次见到怀王，都以袖掩口。怀王奇怪，问郑袖怎么回事。郑袖说：她嫌大王口臭。结果怀王一怒之下，便下令削掉了那美人的鼻子。（这事有两个版本，此为其中之一。）

　　这样的故事，在韩非的书中很是不少。其实韩非不但懂阴谋，还是中国历史上有名的大阴谋学家，以后我们还要再讲。这样一个人，怎么会不能自保呢？他那么懂阴谋，怎么就没想到李斯是郑袖呢？可见阴谋学家和阴谋家，还是两回事。这下好了，那美人只不过丢了鼻子，韩非可是掉了脑袋。所以说，韩非其实也是死于自己的学说，也是作法自毙。他教大家如何算计别人，结果自己却被别人算计。我想，韩非一定是死不瞑目的。

商鞅死了，韩非也死了，存活下来的只有法家的思想。那是血染的思想。

这，也许就是法家与诸家的最大区别了：儒家也好，墨家也好，道家也好，他们的主张，都是"治病的药"。孔子的药方叫"仁爱"，墨子的药方叫"兼爱"，老子和庄子的药方叫"无为"——其实是不吃药，静养。法家的主张，却是"杀人的刀"。刀出鞘，要见血。不杀别人，就杀自己。所以谁爱用刀，谁最危险。这个道理，墨子早就说过。据《墨子·鲁问》，墨子曾经与齐太王谈话。齐太王就是田和，原来是齐国的国相，后来变成齐国的国君。墨子问田和：现在这里有一把刀，用它来试着砍人的头，一刀就砍断了，锋利吗？田和说：锋利。墨子又问：多次试着砍别人的头，都是一刀就断，锋利吗？田和说：锋利。墨子再问：刀是锋利了，谁会倒霉呢？田和说：试刀的人。于是墨子最后问：兼并别人的国家，消灭别人的军队，残害别人的百姓，谁会倒霉？田和低下头，又抬起头，想了又想说：我会倒霉。

墨子讲这故事，目的当然是反战，也是为了宣传他兼爱的主张。但他讲的道理，却有普遍性，那就是轻易不要动刀，也不要铸刀、磨刀、舞刀。兵者凶器也，用之不祥。这个道理，商鞅他们不会不懂。试刀的人有危险，献刀的人也有危险。因为献刀的很可能就是试刀的，甚至是被试的人。这个道理，韩非他们也不会不懂。韩非可是不但写过《说难》，而且写过《孤愤》的。孤，就是孤独；愤，就是愤慨。为什么孤独愤慨呢？因为做事太难。韩非说：现在政界有两种人。一种是他们法家，韩非称之为"法术之士"，也叫"智术之士""能法之士""智法之士"。另一种是掌权的大臣，叫"当涂之人"，也叫"贵重之臣""奸邪之臣"，还叫"重人"。这两种人，势不两立。前者弱势，后者强势。"当涂之人"对付"法术之士"，有的是办法。既可以找个岔子公开处死（*以公法而诛之*），也可以找个刺客暗地谋杀（*以私剑而穷之*）。在这样一种情况下，君主如果还不问青红皂白就拿起刀来（*人主不合参验而行诛*），我们法家又怎么能冒着生命危险建言献策，"蒙死亡而进其说"呢？

这话说得透彻，也很有预见性。韩非自己的遭遇，不就是"人主不合参验而行诛"吗？既然如此，法家为什么还要"献刀"？他们献给谁？怎么献？献出的又是什么？

谋士的哲学

韩非的书中故事很多，但没有献刀，倒有献玉。

献玉的故事在《韩非子》中是单独的一篇，叫《和氏》。这故事说，楚国有个人叫"和氏"（应该是以"和"为氏的人，也有书说他叫"卞和"），在山中得到了一块"璞"。璞，就是尚未雕凿的玉，或者蕴藏有玉的石头。和氏发现了这璞，知道是宝贝，便拿去献给楚厉王。厉王让玉匠鉴定，玉匠说是石头。厉王认为和氏在欺骗自己，就砍了他的左脚。后来厉王去世，武王即位，和氏又去献玉。武王又让玉匠鉴定，玉匠又说是石头。武王也认为和氏在欺骗自己，又砍了他的右脚。等到武王去世，文王即位，和氏便抱着这块璞在山下痛哭，哭了三天三夜，眼泪流干了，哭出来的都是血。文王听说，就派人去问他：天下被砍了脚的人多得很,你为什么哭得这样伤心?和氏说:我不是哭脚,而是哭玉。明明是美玉,却被说成是石头;明明是忠臣,却被说成是骗子。这才让我悲痛欲绝啊!于是文王让人打开那璞,果然得到了玉,便命名为"和氏之璧"。

这个故事,估计大家都听说过。这里要说的,是韩非为什么要讲它。为什么要讲呢?原来,他是要说明推行法家主张之难。韩非说:宝玉,是君王们迫切想得到的;法术,则是君王并不那么迫切想得到的。那"人主之所急也"的宝玉,尚且"两足斩而宝乃论";这"未必和璧之急也"的法术要想得到推行,恐怕就得献法的人先掉脑袋了。想当年,吴起在楚国推行法术,结果被大卸八块(枝解);商鞅在秦国推行法术,结果被五马分尸(车裂)。我们法家的遭遇与和氏相比,岂不是还要悲惨?

当然是更悲惨。不过这样一来,就有了一连串的问题。我们要问:法家主张的"法术",为什么这样难以推行呢?因为它不讨人喜欢。不讨谁喜欢?人民群众和朝廷大臣。朝廷大臣为什么不喜欢?因为君王一旦实行法术(主用术),那些大臣就不能擅权(大臣不得擅断),那些近臣就不能专政(近习不敢卖重),他们当然不乐意。人民群众为什么不喜欢?因为政府一旦实行法术(官行法),那些游民就得去种地(浮萌趋于耕农),那些游侠就得去打仗(游士危于战陈),他们当然也不乐意。最后的结果是什么呢?是"大臣苦法而细民恶治",都把法家及其法术看作自己的头号敌人(法术者乃群臣士民之所祸也)。

这就有些意思了。我们知道,一个社会,一个国家,无论实行何种政策,总要有利于某些人。不利于官,则利于民。上策,是官民皆利。中策,是各有所利又各有所不利。但能将不利降到最低,就算不错。如果只利于其中一方,已是下策,没听说过偏要各方皆不利的。然而法家的主张,却既不利于官,又不利于民。那么,它对谁有好处?

只对一种人,甚至只对一个人有好处。这个人,就是君王。

对于这一点,法家并不讳言。比如韩非,就明确宣布自己的主张是"帝王之璞"。他的著作,也几乎通篇都是在为君王出谋划策,告诉他们要注意什么,防备什么,怎样才能保证自己的视听不被蒙蔽,权力不被分享,威势不被削弱,王位不被篡夺。在这些方面,韩非想得很多、很细、很周到,而且只为君王着想,不替他人考虑。韩非说,天底下最重要的,只有四样东西,那就是君王的身体、地位、威望和权势,叫做"身之至贵""位之至尊""主威之重""主势之隆"(《韩非子·爱臣》)。韩非的所有主张,都是为了保障它们不受损害,不被觊觎。为此,韩非将儒生、侠士、食客、纵横家和工商业者视为危害社会的五种人,称之为"五蠹之民",主张将其统统消灭,只留下农民和战士(《韩非子·五蠹》)。为什么呢?因为前者对国家有害,后者对君王有用。韩非甚至还告诫君王,千万不要亲爱臣下、姬妾和兄弟,因为"爱臣太亲,必危其身;人臣太贵,必易主位;主妾无等,必危嫡子;兄弟不服,必危社稷"(《韩非子·爱臣》)。君王的臣下、姬妾和兄弟,同属统治阶级,韩非尚且认为爱他不得,又遑论被统治阶级呢?显然,在韩非的心目中,只有君王,没有别人。他理想中的社会,也只容得下两种人:高高在上的君王,以及供君王奴役驱使的农民和战士。

这就是不折不扣的"为君主谋"了,也就与儒、墨、道三家大相径庭。总体上说,三家的主张,都是"为天下谋"的。这个特点,墨家最突出。在《墨子》一书中,出现次数最多的一句话,就是"兴天下之利,除天下之害"。这是墨子最值得我们肯定和崇敬的地方。没错,墨子并不反对君主制。其他诸家,也没有一个反对的。然而墨子却提出了一个许多人都不曾想过的问题,那就是我们为什么要有君主,要有政长？墨子的回答，是为了"一同天下之义"（《墨子·尚同中》）。那么，为什么要"一同天下之义"呢？墨子的回答，是只有这样，才能摆脱"若禽兽然"的无政府混乱状态，从而"兴天下之利，除天下之害"，实现人与人之间的"兼相爱"。也就是说，在墨子看来，人类之所以要有政府，政府之所以要有首长（君主），不为别的，就是为了天下人的幸福。这实在是相当深刻的思想，也是相当独到的见解。难怪张荫麟先生要说，墨子是世界史上第一个"拿理智的明灯向人世作彻底的探照"（《中国史纲》）的人。因此，尽管墨子的方案并不可行，甚至与他的愿望背道而驰，我们还是要表示崇高的敬意。墨子，是站在天下的立场为天下谋的。

道家的情况要特别一点，因为道家主张"无为"。无为，则"不谋"。说道家"为天下谋"，会有人来钻牛角尖。不过在我看来，道家的主张，亦无妨说是"不谋之谋"。他们的主张无为，终归还是为天下人好。无论是老子的"其政闷闷，其民淳淳"（《老子·第五十八章》），庄子的"上如标枝，民如野鹿"（《庄子·天地》），还是杨朱的"人人不损一毫，人人不利天下，天下治矣"（《列子·杨朱》），说到底，都是为了让天下人活得幸福。只不过，在庄子和杨朱看来，所谓"天下人的幸福"，必须落实到每个人自己的身上。只有每个人都幸福，天下人才会幸福。不妨说，他们是站在个人的立场为天下谋。

如果说墨家的着眼点是"天下人"，道家的着眼点是"每个人"，那么，儒家的着眼点就是"掌权人"。前面说过，孔子的立场是贵族的，甚至是统治阶级的。孔子更关心的，是君主有没有饭吃，而不是人民有没有饭吃。在这一点上，孔孟之间甚至都有区别，即孔子尊君，孟子贵民。但孔子尊君不唯君，他只是"先关心君主有没有饭吃"，而非"不关心人民有没有饭吃"。因为如果普天之下的人民都没有饭吃，君主大约也不会有。这个道理，孔子不会不懂。据《论语·颜渊》，鲁哀公曾经问孔子的学生有若，说如果遇到灾年怎么办。有若的回答是少抽点税。哀公说：多抽我都不够用，少抽怎么行？有若的回答是："百姓足，君孰与不足？百姓不足，君孰与足？"这话我认为能代表孔子。其实孔子也是为天下谋，只不过是站在君主的立场为天下谋。因为天下既然是君主的，要为天下谋，就只能先为君主谋，或者通过"为君主谋"来实现"为天下谋"。从根本上说，他更关心的，还是天下是否"有道"。这就与墨家不乏相通之处了。实际上，作为孔子的继承者，孟子和荀子都已经在调整和转变立场，并且形成了一个"以民为本"的政治思想传统。比如孟子的观点，就是"民为贵，社稷次之，君为轻"（《孟子·尽心下》）。荀子的观点，也是"天之生民，非为君也；天之立君，以为民也"（《荀子·大略》）。因此封土建国也好，列官定爵也好，都不是为了诸侯、大夫，而是为了人民。这就相当接近墨子的立场，而且比墨子说得还要明确，还要斩钉截铁。

墨子站在天下的立场为天下谋，杨朱站在个人的立场为天下谋，孔子站在君主的立场为天下谋。立场虽不同，所谋则一致，均为天下。法家则不同。他们是站在君主的立场为君主谋。其中格调高一点的，兼谋天下；格调低一点的，专为君主。但即便"兼谋天下"，也多半是"为君主谋天下"，而非"为天下谋君主"。事实上，法家是"君权至上，君主唯一"的。他们的学说，也只对君主有利，只为君主服务。这便正是法家与儒家、墨家、道家的又一区别：三家都是"心系天下"，只有法家是"心系君主"。或者说，三家为天下谋，法家为君主谋，尽管君主们未必领情。

那么，法家何以如此？

这就要弄清楚法家是什么人的代表。前面说过，先秦诸子无论何家,都代表着士的不同派别和阶层。儒家代表文士,墨家代表武士,道家代表隐士。所以,儒家思想,是"文士的哲学";墨家思想,是"武士的哲学";道家思想,是"隐士的哲学"。那么,法家呢?法家代表什么人?谋士。谋士是干什么的?出谋划策的。替谁出谋划策?替雇佣或聘用他们的人。谁雇佣和聘用他们?君主。君主雇佣、聘用他们干什么?保卫自己,巩固政权。为什么要保卫自己,巩固政权?因为当时天下大乱,群雄并起,斗争相当激烈。各国的君主,内有权臣觊觎,外有强敌威胁,很不安全。至于那些强势的君主,则又想兼并他人,称霸天下。总之,无论是强势的君主,还是弱势的君主,是想苟且偷安,还是想发展进取,都需要谋士的帮助。谋士既然是给这些雇主帮忙的,是受雇或受聘于某一君主的,那他就不能再为别的君主或雇主谋划。这就好比一个律师,不能既代表原告,又代表被告。他也只能为当事人着想,不可能代表全体人民。所以,法家只为君主谋,不为天下谋,也是有原因、有道理,甚至有道德的。什么道德?职业道德。这是第一点。

第二,谋士既然专门为君主或雇主出谋划策,而且是谁雇佣或聘用他们,他们就为谁出谋划策,则所谓谋士,就可以看作"职业策划人"。职业策划人有什么职业要求呢?很简单,就是要懂行。比如你是策划电视节目的,那你就得懂电视;你是策划图书出版的,那你就得懂出版。战国时代的谋士,既然是帮助君主策划如何对付政敌的,那他们就必须懂权谋,而且也只会讲权谋。也就是说,他们只有"杀人的刀",没有"治病的药"。

第三,谋士的手上既然拿着"杀人的刀",那他们就一定要献出去,而且只会献给君王。为什么呢?答案也很简单:宝刀赠烈士,货卖与识家。刀,如果不用,等于没有。用,就得献给有用的人,会用的人,能用的人。谁有用?谁会用?谁能用?君王。

现在我们明白了。为什么法家明知"献刀"有极大的风险，还是执著地要献，而且必须献给君王？就因为法家的思想是"谋士的哲学"。现在的问题，则是法家如何实现自己的主张了。正是在这个问题上，法家又表现出与诸家的不同之处，那就是三家忠于理想，法家面对现实；三家复古守旧，法家与时俱进。

先说理想与现实。

众所周知，儒、墨、道三家的理想主义色彩是比较浓的。他们虽然也想推行自己的主张（道家中至少老子是想的），但在提出、陈述和宣讲这些主张的时候，却是只管自己说，不管别人怎么想。比如孟子去见梁惠王，梁惠王对他说：老头！大老远地跑来，也能给寡人的国家一点什么好处吧（叟！不远千里而来，亦将有以利吾国乎）？孟子马上硬邦邦地顶回去：王！何必开口闭口就是好处呢？讲讲仁义就是了（王！何必曰利？亦有仁义而已矣）！这当然很爽，也值得敬佩。思想家就得这样！一个思想家，如果见风使舵，首鼠两端，看人下菜碟子，还有什么思想，又能是什么思想家？更何况，儒、墨、道三家是当医生开药方的。医生看病，该怎么治，就怎么治；该开什么药方，就开什么药方，不能由着病人喜欢。你要实在不喜欢，硬不吃这药，医生也没办法。所以，站在三家的立场上，他们没什么不对。

问题是凡事都有两面性。你要坚持自己的思想，不考虑对方能不能接受，那就必须付出代价，即"道之不行"，自己的学说不能得到应用。这可是法家受不了的。法家为什么就受不了呢？因为法家是谋士，法家的思想是"谋士的哲学"。谋士的特点是什么？就是必须见用。不能用，就一点价值都没有。那么，一种学说，一种主张，怎样才能被采纳应用呢？两条。一是对口，二是管用。对口，就是要针对使用者，而且就针对使用者的需求。管用，则是要能够满足使用者的需求。一个针对，一个满足，这就是现实的考虑。

对于这些，法家想得很明白，也很透彻。他们非常清楚当时的现实问题是什么，也非常清楚自己的服务对象是谁。当时的问题是什么呢？是社会需要拯救，国家需要治理。谁来拯救？谁来治理？在当时，只能是统治者。人民群众没有这个权力，也没有这个能力。所以，除非你不考虑现实社会问题和政治问题，或者虽然考虑却并不打算解决；否则，你就只能单方面把统治者当作游说的对象。这一点，孔子、墨子、孟子等人倒也懂，他们不懂（或者懂了也不愿意做）的是：你的话要让他们听得进去，你就得站在他们的立场，替他们着想，而且知道他们想要什么。不想清楚这些，人家就不理你。

这也是有教训的。据《史记·商君列传》，商鞅入秦后，靠着秦孝公宠臣景监的推荐见到了孝公。他先是向孝公说帝道（尧、舜、禹那一套），孝公无动于衷；再说三道（夏、商、周那一套），孝公昏然欲睡；最后说霸道（齐桓公、晋文公那一套），孝公听得忘乎所以，不知不觉就移席凑前，一连几天都毫无倦意。显然，商鞅去见孝公，是准备了三套方案的，哪套管用就用哪套。这倒未必是投机取巧，很可能是投石问路，或者讨价还价。事后，推荐人景监曾经问商鞅：先生究竟说了什么，让我们国君那么欣赏那么高兴？商鞅说：我本来也是主张"大同之世"（帝道）或者"小康社会"（王道）的，君上却说那个理想太久远，他等不得（久远，吾不能待）。他怎么能等他数十上百年，才成就"帝王之道"？鄙人就只好给他说"霸道"。看来，商鞅也有理想，可惜孝公听不进去，只好打折扣。所以他也批评自己，说虽然能够帮助秦国强大，却也无法"比德于殷周"。这正是一种现实的态度。

实际上，正是这样一种现实的态度，使法家对儒、墨、道三家的复古守旧不以为然。前面说过，三家都是对现实不满，也都是主张回到过去的。孔子比较实际，主张回到西周。实在不行，打个折扣，东周也对付。墨子又往后退，主张回到大禹之世。因为大禹比文王、周公古老。孟子为了压倒墨子，言必称尧、舜，这又比夏禹古老。道家再退一步，连尧、舜、禹也否定，最好是太古。这就简直是一场"复古大奖赛"，一个比一个退得远。不过，退到伏羲和神农，差不多也就到头了。再退，就只能退到盘古，或者山顶洞人。

这就不能不让法家嗤之以鼻，甚至冷嘲热讽，视为守株待兔。韩非说，宋国有个农民，在田里种地。一只兔子稀里糊涂跑过来，一头撞到了田里的树桩上。从此，这个农民就不种地了，天天守在那树桩跟前等兔子。结果大家都知道，是全宋国的人都笑话他。韩非说，现在那些主张"以先王之政，治当世之民"的，与宋国那个农民没什么两样，"皆守株之类也"（《韩非子·五蠹》）。为什么呢？因为时代是发展的，情况是变化的。过去发生的，现在不一定发生；过去管用的，现在不一定管用。你要认为守住"先王之道"这个树桩就能等到兔子，那你就等吧！只怕等到天荒地老，也等不来！

因此，法家主张与时俱进，顺应潮流。商鞅说："民道弊而所重易也，世事变而行道异也。"（《商君书·开塞》）也就是说，社会出了问题，工作重点就要变；情况发生变化，思想方法就要改。没什么是永恒不变的，也没什么是永远管用的。英明的领导人一定要根据当前当下的实际情况，来制定相应的具体措施，这就叫"圣人不期修古，不法常可。论世之事，因为之备"（《韩非子·五蠹》）。韩非还说：当今之世，盛行的学说，就是儒学和墨学（世之显学，儒、墨也）。儒家的老大是孔丘（儒之所至，孔丘也），墨家的老大是墨翟（墨之所至，墨翟也）（《韩非子·显学》）。可是，孔子死后，儒分为八；墨子死后，墨离为三。这些派别，各不相同，互相攻击，又都说自己是孔子、墨子的嫡系真传。然而孔子和墨子不能复活，我们哪里知道他们谁说得对？同样，儒家和墨家都说自己是先王圣人的嫡系真传，而先王圣人也不能复活，我们又怎么知道他们谁说得对？由此可见，复古守旧，根本就行不通。

行不通又怎么办？只有与时俱进。事实上，法家也正是这样做的。所以，也只有法家逮住了兔子。想想看，孔子周游列国，墨子奔走呼号，孟子游说诸侯，结果怎么样呢？谁都不听他们的。老子和庄子原本自说自话，当然更没有人听。唯独法家，不但其说被采纳，其人也被重用。比如申不害，曾任韩相十五年；商鞅，相秦十年，封为商君；李斯，则是大秦帝国的开国元勋和当朝宰相，秦始皇的左膀右臂。而且，正是在法家思想的指导下，秦国在众多邦国中脱颖而出，迅速崛起，终于兼并天下，成为新制度（帝国制度）和新时代（帝国时代）的开创者。这样的成功，在诸子百家中可是独一无二的。

这就发人深省。法家，为什么会最终成功呢？

也有多种原因。简单地说，可以概括为十六个字：面对现实，与时俱进，横行霸道，两面三刀。面对现实，与时俱进，这是思想方法的原因，前面已经说过；横行霸道，两面三刀，这是学说本身的原因，后面还要展开。当然，这两个词，都要打引号，其实另有含义。下面，我们就先说"横行霸道"，再说"两面三刀"。

横行霸道

前面说了，儒家思想，是"文士的哲学"；墨家思想，是"武士的哲学"；道家思想，是"隐士的哲学"；法家思想，是"谋士的哲学"。从这个结论可以看出，儒、墨、道、法四家，可谓有异有同。不同的是立场，相同的是哲学。既然是哲学，那就不能只讲"术"，还得讲"道"。事实上，四家也都是讲"道"的，只不过他们的"道"不同。道不同，这才不相与谋。那么，四家之道又各是什么？大体上说，是道家讲"天道"，墨家讲"帝道"，儒家讲"王道"，法家讲"霸道"。讲"天道"，就是要回到太古；讲"帝道"，就是要回到尧、舜、禹；讲"王道"，就是要回到夏、商、周。这些都是倒退，法家当然不能同意，所以法家讲"霸道"。商鞅让秦孝公听得忘乎所以的，就是"霸道"。

什么是"霸道"？表面上看，霸道即"五霸之道"，也就是齐桓公、晋文公那一套。齐桓公、晋文公做了什么呢？做了"霸主"。什么叫"霸主"？就是诸侯各国中最强最牛的国家。我们知道，从西周到春秋，中华大地上实行的，是一种特殊的国家联盟制度。这个国家联盟叫"天下"（周天下），它的领袖叫"天子"（周天子）。天子既是其中一个国家（周王国）的国君，也是所有国君的共同领袖，叫"天下共主"。周王国以外的国家，名义上都是周天子建立的。周天子以外的国君，名义上也都是周天子指派的。这就叫"封建"。封，就是周天子为诸侯各国划定疆域；建，就是周天子为诸侯各国指定国君。所以，在封建之初，周王国和周天子的地位是最高的，实力也是最强的（请参看本书第五章第四节）。但是，到了春秋时代，周王国就逐渐没落了。许多国家的综合国力，都超过了周王国。这样，周天子就只剩下了一个"天下共主"的名义，实际上管不了那些越来越牛的诸侯。这时，就必须另外有人来摆平天下。谁来摆平呢？霸主。当然，霸主在摆平天下的时候，还是要打出周天子的旗号，这就叫"尊王"。尊王的背后，则是"称霸"。也就是说，春秋时代的天下，其实有两个中心：一个是周天子,他是名义上的"共主";另一个就是齐桓、晋文这些人,他们是实际上的"霸主"。共主地位最高,是为"至尊"。霸主实力最强,是为"至强"。一个"共主",一个"霸主";一个"至尊",一个"至强";一个天下,两个中心,能不乱吗?乱,就必须治。谁来治?共主治不了,只能靠霸主。于是,如何成为霸主,就成了一个问题。解决这个问题的办法,就叫"霸道"。

不过,这只是春秋时期的"霸道",不是战国时期的"霸道",也不是商鞅、韩非他们讲的"霸道"。因为战国时期的周,已沦为一个可怜兮兮、坐以待毙的小国;而孝公时期的秦,却有了"席卷天下、包举宇内、囊括四海之意,并吞八荒之心"(贾谊《过秦论》)。可见至少秦国的国君,已不再满足于只做齐桓公之类的霸主了。春秋时期的"霸道",怎么够用?

这就需要一种全新意义上的"霸道"。它不再简单地只是"齐桓晋文之事",或者"富国强兵之法",而是要建立一种新的国家制度,把国家联盟的"天下",变成统一国家的"天下",就像秦始皇后来做的那样。这种"霸道",在商鞅那里可能还很朦胧,在韩非时代就应该已经自觉。毕竟,从韩非去世,到秦兼天下,只有短短十二年。所以,韩非的思想,实际上是在为一种新的社会制度和国家制度做理论上的准备。这可是一个前所未有的事业,当然需要极大的勇气,也需要很高的智慧——一种先知和烈士才有的勇气和智慧。商鞅就是这样一个烈士,韩非就是这样一个先知。他们的"横行霸道",不是没有道理和原因的。

要"霸道",就得"横行"。怎样横行?首先要在思想上和理论上把此前所有的观点和学说都颠覆掉。因此,作为法家学说的集大成者,韩非对儒、墨、道三家的思想都进行了批判。批判也不是一概反对,也有继承。但所有的继承，都做了改造，骨子里还是颠覆。这种颠覆，也可以概括为十二个字：非先圣，反传统，批孔墨，变老庄。其中，"非先圣"和"反传统"是贯穿始终的，"批孔墨"和"变老庄"则是其具体表现。下面，我们就来看看韩非如何批判孔子和墨子，又如何把老庄的思想变成自己的主张。

先说"批孔墨"。

韩非对孔子和墨子的批判，是带根本性的。孔子和墨子的根本是什么呢？就是为当时的社会开了药方。他们开出的药方，都叫做"爱"，只不过孔子的叫"仁爱"，墨子的叫"兼爱"。为此，儒墨两家还吵得不亦乐乎。然而在韩非看来，这种争论毫无意义。因为仁爱也好，兼爱也好，只要是"爱"，就是"毒药"，至少也是不顶用的东西。在《五蠹》篇，韩非说，儒家和墨家都说什么"先王兼爱天下"，他们看待人民，就像父母看待子女（视民如父母）。或者按照王先慎改过的话说，人民看待他们，就像子女看待父母（民视如父母）。但是怎么样呢？人民照样犯罪，君王也照样杀人。君王为什么杀人？因为那些人犯罪。这就怪了。那些人不是也得到了慈父慈母般的疼爱吗？为什么还要犯罪呢？可见爱不管用。你就是再疼爱他，疼得就像亲生子女一样，他该犯罪，还犯罪。既然如此，那你爱他干什么？没错，你们儒墨两家推崇的所谓"先王"看起来是很仁慈：人民犯了罪，他难过；判了死刑，他流泪。好嘛！你们的先王既然如此心软，如此爱人，那他别杀呀！为什么要一边痛哭流涕，一边格杀勿论呢？还不是因为他自己心里也很清楚，什么仁爱，什么兼爱，都没有用，有用的还是刀子。其实不要说什么子民，就连亲生子女，做父母的也未必管得住。不信你看那些不成器的孩子，父母批评他不改正，乡亲谴责他不动心，老师教育他不变好，官员和衙役拿着绳子枷锁一来，他就老实了。请问：真正管用的，究竟是

"爱"呢，还是"法"呢？

这还是客气的。按照《五蠹》篇后面的说法，爱，不但不管用，而且还害人。害谁？国家、君主。韩非说，楚国有个人，父亲偷了羊，他去官府举报，结果被官员杀死，罪名是"不孝"。鲁国有个人，每次打仗都败下阵来，从来不拼死作战。孔子问他为什么，他说家里还有老父亲，没人赡养，所以不敢死。结果孔子推荐他做官，理由是"仁孝"。楚国那个人，是忠于国家的，却背叛了父亲；鲁国那个人，是孝顺父亲的，却在战场上背叛了国家。所以，韩非就说，国君的忠臣，一定是父亲的逆子（**君之直臣，父之暴子**）；父亲的孝子，一定是国君的叛徒（**父之孝子，君之背臣**）。那么，国与家，谁更重要？国。君与父，谁更重要？君。仁义孝悌既然是只利于家，不利于国，只利于父，不利于君的，能要吗？不能！

好家伙！这可是抄了儒家的老窝。儒家的主张，尤其是孔子的主张，就是以孝为仁，以仁立德，以德治国，以家治天下。现在韩非却说，孝也好，仁也好，都是祸害国家的，这话可怎么说？儒法两家，又到底谁是谁非？

各有各的道理。先看孔子。孔子为什么主张仁孝呢？因为这是人的天性。人，都是亲爱自己亲人的。亲爱父母，就是孝。亲爱兄弟，就是悌。有此爱心，就是仁。有了仁，就有了道德。有了道德，国家就安定，天下就太平。为什么呢？因为按照孔子的理想，天下应该是"家国一体"的。天子，是天下人的君主，也是天下人的父亲。国君也一样。他既是国民的君主，又是国民的父亲。君即父，父即君，叫"君父"。臣即子，子即臣，叫"臣子"。至于其他人，则无非兄弟姐妹、亲戚朋友。总之，君臣、父子、兄弟、朋友，说到底都是一家子。所以，一个人，如果在家孝顺父母，在国就会忠于君王；在家友爱兄弟，在朝就会团结同僚。家与国，父与君，孝与忠，矛盾吗？不矛盾。

那么，韩非为什么认为矛盾呢？因为情况变了。孔子的时代，已是礼坏乐崩；韩非的时代，更是天崩地裂。家国不再一体，公私也很分明。国与家，君与臣，父与子，人与人，各有各的利益，各有各的算盘。谁的力气大，拳头硬，谁就是赢家，没什么仁义道德、温良恭俭让可言。先前那个天下人的"父亲"——周天子，现在不是连孙子都不如了吗？而先前某些当孙子的，现在不是变成大爷了吗？这就是时代的变化。这个变化，用韩非的话说，就叫"上古竞于道德，中世逐于智谋，当今争于气力"。在这样一种"古今异俗，新故异备"的情况下，如果还想"以宽缓之政，治急世之民"，靠什么仁爱、兼爱来平定天下，那就等于是既无缰绳又无鞭子，却去驾驭烈马，哪里能够成功（《韩非子·五蠹》）？

因此，不要鼓吹"兼爱天下"，不要主张"以德治国"，也不要指望"贤人政治"。这些玩意，都靠不住。韩非说，请大家掰开手指头数一数，一国之内，真正道德高尚、聪明贤良的人，能凑够十个吗？凑不够吧！治理国家的官员需要多少呢？好几百吧！如果所有的官员都必须是"贞信之士"（《韩非子·五蠹》），请问这个国可怎么治？再说了，贤人就靠得住吗？也靠不住。不信请大家想想，为人子而篡夺其父之家，为人臣而篡夺其君之国的，有多少？不少吧！姜姓的齐国，不就被田氏篡夺了吗？子姓的宋国，不就被戴氏篡夺了吗？这些篡国夺权的人——田氏啦，戴氏啦（其实还应该包括瓜分晋国的人），难道都是笨蛋傻瓜，是"愚且不肖"的吗？所以说，"上（尚）贤则乱"而"任智则危"（《韩非子·忠孝》）。

道德靠不住，道德的楷模也靠不住。贤人靠不住，贤人的榜样也靠不住。比如唐尧、虞舜、商汤、周武，历来是被看作道德楷模、贤人榜样的——儒家崇尚，墨家也崇尚。然而在韩非看来，尧是糊涂虫，舜是伪君子，商汤和周武是乱臣。尧为什么是糊涂虫呢？因为舜明明是臣，尧却把他当作君（为人君而君其臣）。舜为什么是伪君子呢？因为尧明明是君，舜却把他当作臣（为人臣而臣其君）。商汤和周武为什么是乱臣呢？因为商汤灭了夏桀，周武灭了殷纣，这是"为人臣而弑其主"啊！尧不能"畜舜"，还"自以为明"，这不是糊涂虫是什么？舜不能"戴尧"，还"自以为贤"，这不是伪君子是什么？商汤和周武"弑其君长"，还"自以为义"，这不是乱臣贼子是什么？所以，这四个人，就是后世之乱的总根源，是"弑君"和"曲父"的始作俑者。因此，他们留下的，不可能是什么光荣传统，而只能是"天下之乱术"（《韩非子·忠孝》）。

这可真是不折不扣的"非先圣"和"反传统"。唐尧、虞舜、商汤、周武，可从来都是被看作"伟大先驱""千古圣王"的，怎么说打倒就打倒了呢？更有意思的是，尧、舜搞禅让，汤、武闹革命，并不是一回事，怎么都一概否定了呢？禅让不好，革命也不对，那要怎么样？不要怎么样——君永远是君，臣永远是臣，大家都在自己的位子上不动，最好。在韩非看来，所谓太平盛世，就是永远维护君主的绝对统治，既不巧取（宫廷政变），也不豪夺（武装夺权）。因此，既不能称颂尧、舜的禅让，更不能宣扬汤、武的革命。正确的做法是：臣下尽力守法，专心事主；君主清静无为，垂拱而治。

说到这里，或许有人会问：清静无为，垂拱而治，这不是道家的主张吗？韩非难道是赞成道家的？他为什么会赞成道家呢？

没错，表面上看，清静无为，垂拱而治，确实是道家的主张。甚至就连儒家，虽不赞成"清静无为"，却也主张"垂拱而治"。这说明什么呢？说明韩非对儒、墨、道三家，并非只有批判，没有继承。

他也是有继承的,只不过在继承的同时进行了改造。这就是我们前面说过的"变老庄"。因此,我们就要说清楚三个问题:一,韩非是不是主张"无为而治"?二,如果是,他为什么这样主张?三,韩非的这一主张与道家有什么相同和不同?

首先我们要肯定,韩非的思想,与道家尤其是老子的思想,确实有着千丝万缕的联系,甚至有着明显的传承关系。这一点,早就有人指出。比如司马迁,就将韩非与老子合为一传,并且说韩非的思想"归本于黄老"(《史记·老子韩非列传》)。李泽厚先生的《中国古代思想史论》,也将孙(《孙子兵法》)、老(老子)、韩(韩非子)合为一篇,并且说"由韩非承接《老子》,似乎顺理成章"("孙老韩合说")。实际上,老子对韩非的影响,不仅在思想方法,而且波及行文风格。比如前面引用过的"爱臣太亲,必危其身;人臣太贵,必易主位;主妾无等,必危嫡子;兄弟不服,必危社稷"(《韩非子·爱臣》),就很像《老子》的口吻。《主道》篇所谓"去好去恶,臣乃见素;去旧去智,臣乃自备",就更是如出一辙,可谓神似了。老、韩之间的关系,应该不成问题。

其次,我们也要肯定,韩非确实是主张无为而治的。在《大体》篇,韩非说,君王的统治,应该像"日月所照,四时所行,云布风动"一样顺其自然,不要为智谋和私欲所累(不以智累心,不以私累己)。在《扬权》篇,韩非更是用《老子》式"哲理诗"的语言说:"事在四方,要在中央。圣人执要,四方来效。虚而待之,彼自以之。四海既藏,道(导)阴见(现)阳。左右既立,开门而当。"这话什么意思呢?就是说,事情虽在臣民(事在四方),主权却在君主(要在中央)。牢牢把握主权(圣人执要),臣民自然归顺(四方来效)。君主清静无为(虚而待之),臣民就各尽其能(彼自以之)。君主越是消极，臣民就越是积极（四海既藏，道阴见阳）。这时，国家机器就会自行运转（左右既立），君主只要坐享其成（开门而当）就行了，用得着自己操劳吗？用不着吧！

看来，韩非主张"无为而治"是肯定的了，问题是为什么？

也有许多原因。首先，在韩非看来，君主只有无为，才尊贵。还是在《扬权》篇，韩非阐明了一个观点：最高级、最尊贵、最重要的东西，一定是与众不同，也一定是不掺和的。道，因为不同于万物，所以能生万物。德，因为不同于阴阳，所以能成阴阳。衡（秤），因为不同于轻重，所以能知轻重。绳（尺），因为不同于长短，所以能正长短。和，因为不同于干湿，所以能均匀干湿。同样，君主，因为不同于群臣，所以能驾驭群臣。由此可见，独尊者无为，无为者独尊。君主既然要唯我独尊，就不能像群臣那样忙忙碌碌；君主既然要像秤和尺那样当裁判员，那就不能再当运动员。

其次，在韩非看来，君主只有无为，才明智。道理很简单：一件事情，有人做，就有人不做。你做了，他就不做。你一个人做了，大家就都不做。一个国家，要做的事情数也数不清，君主一个人做得完吗？做不完。既然做不完，那就不如一件也不做。君主不做，臣下自然会做；君主闲下来，臣下就忙起来。这就叫"因而任之，使自事之；因而予之，彼将自举之"（《韩非子·扬权》）。那么，是君主一个人忙合算呢，还是大家去忙合算呢？不用说吧！

最后，在韩非看来，君主只有无为，才安全。为什么呢？因为君主一旦做事，臣下就会揣摩。事情做得越多，臣下揣摩到的东西就越多。最后，君主的底牌，全被摸得一清二楚，一点神秘感都没有了。没有了神秘感，这君王还怎么当？相反，如果你永远都是一言不发，面无表情，高深莫测，不置可否，他们就只能老老实实地该干吗干吗，偷不了奸，也耍不了滑，更不敢觊觎你的政权。这就叫"权不欲见（现），素无为也"（《韩非子·扬权》）。

其实，在韩非看来，君主不但要无为，而且最好"无能"。也就是说，君主不需要管理和操作具体事务的能力。如果有，反倒是坏事。如果不但有，还要炫耀，还要表现出来，那就更糟糕了。因为"上有所长，事乃不方；矜而好能，下之所欺"（《韩非子·扬权》）。君主有一技之长，臣下就会各以其所长来进行比较。那么多人来比，岂不就把君主比下去了？

这就与儒家的说法不同。儒家也是主张垂拱而治的，但儒家认为，执政者必须在道德上做出表率，靠高尚的品格和人格的魅力感召百姓，这样才能像北极星一样，"居其所而众星共（拱）之"（《论语·为政》）。韩非却认为，就连这样一种表率作用都不必要。因为君临天下，靠的不是道德，而是权力。有了最高权力，自然是"天上的星星参北斗"。

同样，韩非的主张也与老庄有本质的区别：老子的无为是弱者的智慧，韩非的无为是强者的权谋。庄子讲无为，是为了个性的自由；韩非讲无为，是为了君主的统治。韩非说得很清楚，"明君无为于上，群臣竦（悚）惧乎下"（《韩非子·主道》）。也就是说，君主无为，只是为了让臣民不知底细，莫测高深，从而俯首帖耳，战战兢兢。这难道不是强者的权谋，难道不是"横行霸道"吗？

那么，君主无所作为，能治国吗？能。为什么能？因为"事在四方，要在中央"，最高统治权和决策权在君主手里。只要把握权柄，稍加操弄，自然"四方来效"。如果说需要做点什么的话，那也只是"使鸡司夜，令狸执鼠"，让官员们"皆用其能"而已（《韩非子·扬权》）。剩下的事情，都可以交出去。交给谁？交给"法"，也就是"寄治乱于法术,托是非于赏罚,属轻重于权衡"(《韩非子·大体》)。最高统治者,只要紧紧抓住手中的"刀子"就行了。我们知道,这"刀子"是法家献给他们的,比儒家和墨家的"药"管用得多。

现在的问题是:法家献的是什么"刀"?

两面三刀

法家的"刀",是"两面三刀"。什么叫"两面"?什么叫"三刀"?要说清楚这些,我们还得先弄清楚什么是法家,弄清楚法家的来龙去脉。

如果望文生义,以为法家就是主张"法治",主张"依法治国"的学派,那就把问题想简单了。法家这个学派,成熟很晚,起源很早。追根溯源,可以追溯到春秋时期的管仲。管仲是什么人?帮助齐桓公成就霸业的人。为什么能成就霸业?实行霸道,富国强兵。靠什么实行霸道?靠什么富国强兵?军事管制。怎么管制?一是查户口,二是定编制。据《国语·齐语》,管仲给齐桓公讲霸术,主要就是这两条。首先是士、农、工、商分开住。士民安排在清净的地方(就闲燕),然后农民住乡村(就田野),工民住官营手工作坊(就官府),商民住闹市(就市井)。士、农、工、商,不能杂居,也不能乱窜,更不能见异思迁,随便更换职业。相反,还必须保证"士之子恒为士","农之子恒为农","工之子恒为工","商之子恒为商"。农、工、商当中,个别优秀的,也可以变成士。安居乐业以后,就"作内政而寄军令",即寓军令于政令,按照部队建制来管理。具体地说,就是在士人之乡中,以五家为一轨,设轨长。十轨一里,设里长(里有司)。四里一连,设连长。十连一乡,设乡长。每个家庭,都要出一个人当兵。五家一轨,轨长就有五个兵(士)。依此类推,各级官吏手下的士兵,里长五十,连长二百,乡长两千。一乡两千,五乡一万,这就是一个军。全国十五个士人之乡,正好三军。国君统率中军,大夫统率左军、右军。春练兵,秋习武,就可以横行天下,称王称霸了。

这就是管仲的治国方略。显然,它与其说是"法治",不如说是"霸术";与其说是"依法治国",不如说是"君主集权"。其目的,就是要把全国都置于国君的绝对控制之下,是其是,非其非,步调一致,令行禁止。最后的结果,是全国都变成了一座军营,一个以农民和战士为主体的耕战组织。商鞅的改革,就是这样。韩非的主张,也大体如此。

君主集权,是法家的核心思想。但如何做到这一点,法家内部也有不同看法。管仲之后,法家产生了三个派别,有三种不同的主张。一派以慎到(约前395—约前315)为代表,认为要靠权力威势。统治者有权势,老百姓就害怕。即便那君主是个笨蛋,也能管住聪明人。这个叫做"势派",即主张"势治"。一派以申不害(约前385—前337)为代表,认为要靠政治谋略。君王有谋略,臣下就老实,不敢耍心眼、耍滑头。这个叫做"术派",即主张"术治"。一派以商鞅为代表,认为要靠规章制度。国家有制度,民众就规矩;做事有规章,秩序就稳定。这个叫做"法派",即主张"法治"。这就是战国法家三大派,韩非则是集大成者。势、术、法,哪个重要?韩非认为都重要。势、术、法,怎么统一?韩非认为应该统一于法。所以法家叫法家。

现在我们知道了,所谓法家,就是主张以势、术、法来治国的学派。势,就是由权力和地位形成的统治力量,即权势。术,就是统治人民和控制下属的政治手段,即权术。法,就是规章制度,其实是国家机器的统治职能,即权能。权势、权术、权能,核心是权,关键也是权。所以,正如主张以德治国的儒家其实应该叫"德家",主张以权治国的法家也其实应该叫"权家"。当然,重新正名,没有必要。但请大家注意:法家真正看重的,其实不是法,而是权。法家的"法",是为君主的"权"服务的。说到底,就是要保证君主拥有至高无上、不受限制的绝对权力。

那么,如何保证君主的权力呢?"两面三刀"。首先是"两面",韩非称为"二柄"。韩非说,英明的君王靠什么来引导和控制臣下?无非两种手段(明主之所导〔道〕制其臣者,二柄而已矣)。这两种手段,一个叫"刑",一个叫"德"(二柄者,刑、德也)。什么叫刑?什么叫德?"杀戮之谓刑,庆赏之谓德"(《韩非子·二柄》),也就是奖与惩,赏与罚,都是行政手段和司法手段,与道德无关。这两种手段,用今天的话说,一个是"大棒",一个是"胡萝卜",说白了就是威胁利诱,但甜头、苦头都有,所以我称为"两面"。

有了"两面",还要有"三刀"。"三刀"就是势、术、法。前面说了,势,就是权力威势,即权势。这个东西很重要。《韩非子·难势》引用慎到的话说,飞龙和腾蛇为什么高高在上?就因为它们腾云驾雾。一旦云开雾散,掉到地上,跟蚯蚓、蚂蚁也没什么两样。同样,人君为什么一呼百应、令行禁止?就因为他们有权有势,而与德才毫不相干。这就叫"势位之足恃"而"贤智之不足慕"。

慎到的这个观点,可能曾经遭人非议。仍据《韩非子·难势》(下引不注者均同),反对者说,权势就那么重要吗?德才就那么没用吗?飞龙和腾蛇为什么能够腾云驾雾?蚯蚓和蚂蚁为什么就不能?还不是因为前者"材美"而后者"材薄"?想当年,桀、纣的权势,与尧、舜没什么不同。为什么桀、纣就弄得天下大乱,尧、舜就实现了天下大治呢?可见权势这东西固然重要,也还要看谁来用。"贤者用之则天下治,不肖者用之则天下乱",岂能一概而论?一口咬定权势足以治天下,是非常肤浅的(其智之所至者浅矣)。

这话看起来十分有理,其实可以商量。没错,蚯蚓、蚂蚁是不可能腾云驾雾,但不等于无德无才的人做不了君主。要知道,当时的君主可是世袭的。世袭的君主当中,怎么就不可能有蚯蚓、蚂蚁呢?怎么就一定德才兼备、至圣至明呢?这一点,韩非看得十分清楚。韩非说:尧、舜也好,桀、纣也好,都是百年不遇的,不能拿来做标准。我们法家的制度,却是给"中者"设计的。绝大多数世袭的君主,都是这样的人。他们没有尧、舜那么好,也没有桀、纣那么坏,只是平平常常的普通人。这样的人,要治国平天下,靠什么?靠德才吗?他们没那么多,甚至根本就不够。那又怎么办?很清楚,只能靠权势。

法家的这个观点,相当深刻。他们看问题,也比儒墨两家透彻。透彻的原因,是因为他们现实。他们很清楚,儒墨两家鼓吹的"贤人政治",根本就靠不住。世袭的君主,能保住中等水平就不错了。实际的情况,只怕是一代不如一代。当然,儒墨两家主张领导人德才兼备,愿望不能说不好。问题是这样一种理想,不要说君主的时代做不到,就连民主的时代也未必就能做到。不信请看那些民选的总统之类,也有缺德少才的吧?因此,国家的治理,不能指望领导人的个人品质,更不能吊死在这棵树上。制度的设计,也不能按照这个理想来。试想,如果我们认准了领导人必须是圣贤,上台的又偏巧是个混蛋或者庸才,请问该怎么办?其结果,多半是那家伙自我感觉良好,马屁精们则一口一个"主上圣明"。明白这一点,就不难理解法家按照普通人的标准来设计制度,是多么的科学、合理。

何况法家从来就没说过,有了权势就一定天下大治,但管用,则是肯定的。桀、纣以其权势而言天下，不正好证明它管用吗？管用，就丢不得。当然，管用不等于就好。管用不管用是一回事，好不好是另一回事。实际上，要想天下大治，光有"势"不行，还得有"法"。所以韩非说："抱法处势则治，背法去势则乱。"势与法，缺一不可。不过这是后话。

现在再说"术"。前面说了，术，就是政治谋略，即权术。《韩非子》一书中，这方面的内容特别多，而且都是一个个生动具体的案例。不过我们要讲清楚一点：不要一提起权谋，就认为是坏心眼。韩非讲的谋略，就并不都是害人的，也有防身的。比如在《内储说下》，韩非讲了一个晋文公时候的故事。这故事说，有一次，膳食官端上来一盘烤肉，有头发缠绕在上面。晋文公勃然大怒，把厨师叫来责问说：你想噎死寡人吗？厨师跪在地上，磕着头说：小人该死，小人有死罪三条。第一，小人的刀磨得飞快，却只切得开肉，切不断头发。第二，小人用铁钎穿起肉，却只看见了肉，没看见头发。第三，小人把肉放在火上烤，却只烤熟了肉，没烧掉头发。小人真是罪该万死！晋文公一听，就知道有人陷害厨师，下令调查，最终真相大白。所以韩非说，一个案子发生以后，一定要考察一下与此案有关的人，看看他们的利害关系。如果是祸害国家的，就看对谁有利（国害则省其利者）。如果是祸害臣民的，就看与谁有仇（臣害则察其反者）。现在警察破案，大体上也是这个思路。

此案在韩非讲的故事中，结局算是好的。原因是那厨师善于自辩，晋文公也算明察。否则，没准真弄出个"烤肉门"事件来。因此韩非认为，术，也是不可少的。但是，正如不能只有势，没有法；也不能没有法，只有术。事实上，作为"帝王之具"，即统治人民的工具和手段，势、术、法"不可一无"（《韩非子·定法》）。势是条件，术是手段，法是标准。为什么是标准呢？因为"一民之轨，莫如法"（《韩非子·有度》）。

那么，是什么"法"？

法家之所谓"法"，与我们今天说的"法"，差别很大。我们今天说的"法"，指法律。法家之"法"，则既包括"法"，也包括"令"，因此也叫"法令"或"宪令"。比如规章、制度、条例、刑律、政令、文件，总之，一切由明文来规定的东西，都叫"法"。这个"法"，是从哪里来的，又是干什么的呢？《韩非子·定法》说："法者，宪令著于官府，刑罚必于民心，赏存乎慎法，而罚加乎奸令者也。"著，就是制定；必，就是标杆；慎法，就是谨守法令；奸令，就是触犯禁令。这样一解释，我们就明白了。原来法家之所谓"法"，就是由官方制定的标杆。这个标杆，是用来决定赏罚的。奖赏谁？谨守法令的人。惩罚谁？触犯禁令的人。谁该守法？谁会犯法？人民。因此，这根标杆，虽然由官方制定，却必须牢牢立在百姓心中。立在那里干什么呢？让他们知道好歹，知道厉害。所以，"明王峭其法而严其刑"（《韩非子·五蠹》），也就是立法必须周密，执法也要严峻。这就叫"刑罚必于民心"。

这下子我们全清楚了。说了半天，还是奖惩赏罚那"二柄"啊！只不过，这奖惩赏罚，不能由着性子来，得"依法"。所以，法，必须公开。用韩非的话说，就是"编著之图籍，设之于官府，而布之于百姓"（《韩非子·难三》）。"编著之图籍"，就是要明文规定，不能随口乱说。"设之于官府"，就是由官方制定，不能搞人民民主。"布之于百姓"，就是要让人民群众都知道，不能藏着掖着。这三条，就是法家之"法"的要求。

这就与"术"不同。术，是要"藏之于胸中"的。藏在心里干什么?"偶众端"而"潜御群臣"。偶,就是整合。众端,就是各种事务。潜御,就是暗中驾驭。也就是说,术的作用,就是整合千头万绪的事务,驾驭各怀鬼胎的群臣,当然必须藏得严严实实。所以韩非说,法,越公开越好,要让人民群众无论贵贱贤愚都知道;术,越秘密越灵,就连最亲近最宠信的人也不能得知。这就叫"法莫如显,而术不欲见(现)"(《韩非子·难三》)。

由此可见,术与法,无非是统治的两个手段。这两个手段,一个软,一个硬,一个晦,一个明。公开的硬控制是刑罚,暗地的软控制是权谋。权谋主要用来对付臣下,刑罚主要用来制服人民。君主无术,就受制于人;民众无法,就犯上作乱。这就叫"君无术则弊于上,臣无法则乱于下"(《韩非子·定法》)。不过,君主能够用术用法,还因为他有权有势。所以,势的作用也不可小看。势立威,术驭臣,法制民,它们都是人君手中的指挥刀。

这就是法家的"两面三刀"。两面,就是"二柄",即奖与惩、赏与罚。三刀,就是势、术、法,即仗势欺人、阴谋诡计、严刑峻法。韩非他们献出去的,就是这些东西。

那么,韩非为什么要主张"两面三刀"?因为在他看来,儒家的仁义道德并不管用,甚至有害。《韩非子·内储说上》说,有一次,魏惠王(也就是梁惠王)问一个名叫卜皮的人:据先生所知,寡人的名声怎么样呀?卜皮说:臣听说大王是一个慈惠的人。梁惠王听了十分高兴,洋洋得意地问:那寡人慈惠到了什么地步呢?卜皮说:到快亡国的地步了。梁惠王大吃一惊,说慈惠不是行善吗?怎么会亡国?卜皮说,慈则不忍,惠则好施。结果是什么呢?必然是该杀的不杀,不该赏的乱赏。"有过不罪,无功受赏",这样的国家,岂有不亡的?显然,在韩非看来,梁惠王的问题,就在于没有用好奖惩赏罚那"二柄"。为什么用不好呢？仁嘛！韩非说，谁都知道，"严家无悍虏（奴）"而"慈母有败子"（《韩非子·显学》）。由此可见，齐家也好，治国也好，都只能靠严刑峻法，靠仁慈疼爱是搞不掂的。

仁不可靠，义也可疑。比如，宋国的大夫子罕，就曾经用这玩意忽悠国君。子罕对宋桓侯说：咱们治国的手段，不就是威胁利诱吗？问题是大家都喜欢奖赏赐予，憎恶杀戮惩罚，这可怎么办呢？要不这么着，那讨好人的事，君上您去做；得罪人的事，臣下我去做。这在我们看来，就是"义"了。宋桓侯也觉得子罕这人够意思，就欣然同意。结果怎么样呢？"大臣畏之，细民归之"（《韩非子·外储说右下》），害怕惩罚的人都归顺了子罕，子罕只用一年工夫就把宋桓侯干掉了。宋桓侯为什么会被颠覆？就因为他与臣下共掌权威，分享"二柄"。为什么分享？为什么共掌？义嘛！所以，谁要当真相信什么哥们义气，宋桓侯就是教训。

仁也不行，义也不行，什么行？阴谋诡计行，严刑峻法行。为什么这两个行？因为君臣关系绝不是儒家说的"仁义"和"礼让"，而是"利害"和"算计"。比如前面说的那个例子，表面上看，那子罕好像很仗义，很谦让，把得罪人的事揽在自己身上，其实他早就算清楚了，威胁比利诱管用得多。所以韩非说，有利于国家却危害自己的事，臣子不会做；有利于臣子却危害国家的事，君主也不会做。君臣交往，是要算计，要考虑利害的。这就叫"君臣之交，计也"（《韩非子·饰邪》）。

君臣如此，其他人也一样。韩非说，长工给地主种地，地主又是送饭又是给钱，是因为爱长工吗？不是，是希望长工能够多卖力气，精耕细作。长工全力以赴，精心耕耘，挥汗如雨，是因为爱地主吗？也不是，是为了多吃好饭，多拿工钱（《韩非子·外储说左上》）。说白了，还是利害和算计。所以，开马车铺的都希望人富贵，开棺材铺的都希望人早死。难道是因为前者仁慈后者残忍吗？不是的。没人富贵，马车就卖不出去；没人死亡，棺材就卖不出去。马车铺老板也好，棺材铺老板也好，都不过是为自己打算，没什么道德不道德，仁义不仁义的问题（《韩非子·备内》）。

算计的结果，必然是防范，是不信任。在《内储说下》，韩非说，卫国有一对夫妻在祈祷。老婆说：但愿我们平安无事，有一百束布（当是布币）。老公说，怎么才要这么一点？老婆说：够了！要多了，你就会去"包二奶"（子将以买妾）。韩非还说，寻常人家，生了男孩就庆贺，生了女孩就弄死，因为男孩是劳动力，女孩是赔钱货。可见父母对于子女，尚且"用计算之心以相待"（《韩非子·六反》），何况那些没有骨肉之恩的呢？

所以，韩非告诫君主，千万不要相信别人。而且必须记住，"人主之患在于信人"。为什么不能相信？因为一旦相信别人，就一定会受制于人，被别人算计（信人，则制于人）。因此，包括你的老婆孩子，都不可以相信。比方说，那些"万乘之主，千乘之君"的后妃、夫人，如果儿子做了太子，没准就会希望君主早点死掉。道理很简单：男人到了五十岁，还很好色（丈夫年五十而好色未解）；女人过了三十，就看不得了（妇人年三十而美色衰矣）。看不得了会怎么样？失宠呗！母以子贵，子以母贵。母亲失宠，儿子的储君地位就会动摇。只有君王驾崩，母为太后，子为新君，母子才能高枕无忧，他们怎么不盼望君王早死？这个时候，毒酒之类的东西（鸩毒），暗中绞杀之类的手段（扼昧），就派得上用场了。后妃、夫人近在君侧，要做点这种事情，可是很便当的。于是韩非感叹说："夫以妻之近与子之亲而犹不可信，则其余无可信者矣！"（《韩非子·备内》）

这可真是"直面惨淡的人生",而且是惊心动魄的"直面"!君臣、父子、兄弟、夫妻,这些儒家最为看重的人际关系,在韩非的眼里和笔下,都变成了赤裸裸、血淋淋的利害和算计,没有半点美丽和温馨。温情脉脉的面纱被无情地撕开了,露出来的,是尔虞我诈,是巧取豪夺,是刀光剑影,是你死我活。在中国历史上,似乎没有哪个人像韩非这样直白地说出了人性中恶的一面,而且还说得那么不动声色。这可真是让人难以接受。受不了的,不仅是他的结论,更是他的态度——那种冷眼旁观、毫不顾及他人感受的态度。这种态度,已不是冷静,而是冷峻,甚至是冷酷。

问题是韩非所说,又无一不是铁的事实。于是,在这种沉甸甸的冷峻面前,孔子的厚道,墨子的执著,庄子的浪漫,一下子就失去了分量。他们的主张,也变得单薄、空洞、苍白无力,甚至滑稽可笑。事实上,在读过《韩非子》以后,你不觉得孔子的克己复礼有点迂腐吗?你不觉得墨子的兼爱天下有点矫情吗?你不觉得庄子的自在逍遥有点轻飘飘吗?一个人,当他身处黑暗,四周都是狼的眼睛,是藏着暗箭的丛林时,他还能仁慈,还能兼爱,还能逍遥吗?也许,只有还以牙眼,才能保证安全。

那么,韩非的这些思想是从哪里来的?他为什么把人心和人性,看得如此之坏呢?

人性是个问题

韩非的思想,与儒、墨、道三家其实都有关联。

首先是老子的"冷峻"。老子是"无情无义"的。他的观点,是

"天地不仁,以万物为刍狗;圣人不仁,以百姓为刍狗"(《老子·第五章》)。这是什么态度?是"冷眼旁观不动声色的理知态度"(李泽厚《中国古代思想史论》)。这是老子的态度,也是韩非的态度。因此,老、韩之"道"虽不同,其"冷"则相似。他们都是先秦诸子中最"冷"的,而墨子和孟子最"热"。热就充满理想,冷就面对现实;热就总想救世,冷就善于旁观。旁观者清,现实者直。所以,冷若冰霜之老、韩,就比侠肝义胆之墨、孟,更能直面惨淡的人生。

其实韩非同样受到墨子的影响,这就是"功利"。韩非与墨子,都是功利主义者和实用主义者。当然,他们讲的内容并不相同。比如墨子讲"天下之利",韩非讲"个人之利";墨子讲"庶民之用",韩非讲"君主之用"。但主张讲功利、讲实用,则是一样的。因此,先秦诸子中,反倒是韩非对墨子有所同情。比方说,有人批评《墨子》没有文采,韩非就借他人之口为之辩护。韩非说,当年秦国的国君嫁女儿,送了七十个盛装打扮的媵女作陪嫁,结果晋公子喜欢媵女,不喜欢公主。楚国的商人卖珍珠,用香木做成盒子,还要"薰以桂椒,缀以珠玉,饰以玫瑰,辑以羽翠",结果郑国人买了盒子,退回珍珠。这说明什么呢?说明形式如果大于内容,就会危害内容。那么,是形式重要,还是内容重要?内容重要。内容为什么重要?因为有用。实际上,墨子的语言之所以质朴,就因为他担心人君"览其文而忘有用","怀其文忘其直",这才故意不要文采(《韩非子·外储说左上》)。

显然,韩非这是以功利主义来反对形式主义。内容有功利,形式无功利,因此要内容不要形式。或许有人会问,内容和形式,难道就不能统一吗?孔子认为可以,韩非认为不行。孔子为什么认为可以呢?因为在孔子他们那里,内容与形式,就像皮与毛。据《论语·颜渊》,有人曾经问孔子的学生子贡:一个君子,有优秀的品质也就行了,为什么还要有文采修饰呢（**君子质而已矣，何以文为**）？子贡说：老先生这话真是太让人遗憾了。质，就好比皮；文，就好比毛。皮与毛，都是不能少的。试想，如果去掉毛，那虎皮、豹皮，与狗皮、羊皮，又有什么区别呢？恐怕是"虎豹之鞹犹犬羊之鞹"（鞹，音阔，去毛的兽皮）。显然，内容与形式是统一的。没有内容，形式就没有必要；没有形式，内容也无法表现。君子之所以是君子，就因为他不但有优秀品质，而且有文采修饰。没有了文采修饰，作为虎豹的君子，与就像犬羊的小人，又有什么不同呢？

韩非却不这么认为。在他看来，内容与形式的关系，不是什么皮与毛，而是冰与炭、寒与暑。"冰炭不同器而久，寒暑不兼时而至"（《韩非子·显学》），怎么可能统一？韩非还说，楚国有个人，卖矛又卖盾。卖盾的时候说：我的盾，什么矛都挡得住。卖矛的时候又说：我的矛，什么盾都刺得穿。有人说，以子之矛，攻子之盾，怎么样？这人不能回答（《韩非子·难一》）。同样，一个东西，你不能既要形式，又要内容。要了形式，肯定会丢了内容。秦伯嫁女贵妾，郑人买椟还珠，就是证明。

这就是韩非的矛盾论。"矛盾"这个词，也就是这样发明出来的。问题是这能证明什么呢？能证明人性是恶的。在《解老》篇中，韩非说，礼乐，是人性的样子（**礼为情貌者也**）；文采，是质地的装饰（**文为质饰者也**）。也就是说，人性是内容，礼乐是形式；人性是质地，礼乐是装饰。装饰的意义何在呢？遮丑。所以，"和氏之璧不饰以五彩，隋侯之珠不饰以银黄"。为什么？用不着嘛！这就叫"其质至美，物不足以饰之"。相反，如果必须装饰，离不开装饰，就说明它的本质有问题。这就叫"物之待饰而后行者，其质不美也"。人性既然需要礼乐做形式、做装饰，岂非证明人性有问题？而且，礼乐越是美好，岂非越能证明人心和人性是坏的？那么，礼乐这东西，是可有可无的呢，还是不可或缺的呢？儒家说绝对不能没有。由此可见，在儒家那里，人心也是坏的，人性也是恶的。

哈哈！这可真是"以子之矛，陷子之盾"，用儒家的砖头砸了儒家的脚。可惜，"矛盾"一词的发明权，是韩非的。内容与形式相矛盾的逻辑前提，也是韩非的。孔子之徒当然不会认账。在他们那里，人情与礼乐，是皮与毛嘛！不过，具有戏剧性的是，韩非的逻辑虽然是自己的，"性恶"的结论却是受了一位儒学大师的影响。谁？荀子。

荀子是先秦儒家的第三位大师，也是先秦儒家的最后一位大师。他是赵国人，名况，当时的人尊称他为"荀卿"。汉代的人，为了避汉宣帝的讳，称他为"孙卿"。荀子大约生于公元前313年，卒于公元前238年，早年曾经游学齐国，三为祭酒，后来又到了楚国的兰陵县（在今山东省兰陵县兰陵镇），被春申君任命为兰陵县令，著书立说，终老于此。韩非和李斯，就是他的学生。

儒家大师教出两个赫赫有名的法家学生，这事真值得琢磨。于是我们就很想知道，作为先秦儒家最后一位巨子，荀子与孔子、孟子有什么不同。

最大的区别，也许就在人性问题。

我们知道，孔子教书育人做学问，是有所言有所不言的。比方说，不谈死亡，不谈鬼神，不谈天道，不谈人性。这一点，他的学生子贡说得很清楚。子贡说："夫子之文章，可得而闻也；夫子之言性与天道，不可得而闻也。"（《论语·公冶长》）这里说的"文章"，就是诗书礼乐和历史文献。这里说的"性与天道"，则是人的天性和自然规律。诗书礼乐和历史文献，孔子说得比较多，学生们也听得到。人的天性和自然规律，孔子就不怎么说了。为什么不说呢？不清楚，反正是不说。

孔子不说，不等于孟子和荀子也不说。许多人认为，孟子和荀子都是谈人性的，只不过观点不同。孟子主张"人性本善"，这叫性善论；荀子主张"人性本恶"，这叫性恶论。不少哲学书都这么讲。其实这种说法可以商量。我的看法是：第一，孟子并不喜欢谈人性，但又不能不谈。第二，孟子也不主张"人性本善"，只主张"人性向善"。为什么不能不谈呢？因为别人要谈，还要拿这个来挑战仁义。所谓性善论，就是孟子应战的结果。

挑战孟子的这个人叫告子。告子是什么人？不太清楚。但他在《墨子》一书中出现过，因此其年龄应该比墨子小，比孟子大。告子是主张谈人性的，而且主张谈人的天性，也就是人的自然属性。据《孟子·告子上》（下引不注者均同），告子说，天生的就叫做"性"（生之谓性）。孟子反问：天生的就叫"性"，好比白就叫白，是吗（生之谓性也，犹白之谓白与）？告子说，正是。孟子又问：白羽的白就是白雪的白，白雪的白就是白玉的白吗？告子又说，正是。孟子再问：那么，狗性就是牛性，牛性就是人性吗？

孟子说完这话，告子怎么回答？不知道。但孟子的意思却很清楚。第一，不要抽象地谈人性。抽象地谈，羽毛与雪、雪与玉，没有区别，都是白的。可是，羽之白，与雪之白、玉之白，当真一样吗？实际上差别是很大的。羽毛与雪、雪与玉的本质区别，就更大。你单单拎出一个相同的"白"来讲，有什么意思呢？难道因为它们都是白的，羽毛的本性就与雪和玉一样了吗？第二，也不要谈什么人的天性。论天性，人与动物没什么区别。告子说得很清楚："食、色，性也。"可见所谓天性，就是吃东西和生孩子。这个动物也会，也想，也能做。如果把这看作人性，岂非"犬之性犹牛之性，牛之性犹人之性"？所以，要么别谈人性，如果一定要谈，就得谈人的社会属性，不能只谈自然属性，更不能把人性等同于人的自然性。

事实上人性问题也不可回避。没有人性做基础,孔子的仁,孟子的义,便都讲不通。这一点,孟子其实心里有数,这才不厌其烦地与告子辩论。告子说,人性就像杞柳,仁义就像杯棬。以人性为仁义,就像以杞柳为杯棬。杞音起,即杞柳。杞柳是一种杨柳科落叶灌木,也叫白箕柳,枝条可以编筐。棬音圈,意思是盂。杞柳编筐没有问题,做杯子就讲不通,因此有人认为杯棬可能就是杯圈。这个且不去管他,姑且理解为器物、器皿吧!反正告子的意思,是说让人性服从仁义,就像把杞柳变成器物,乃是一种扭曲。这种观点,与庄子很相似。庄子不是说过吗?违背人性推行仁义,就像把野鸭的腿拉长,把仙鹤的腿截短,是扭曲嘛(请参看本书第三章第四节)!

对此,孟子的回答是:扭曲不扭曲,要看怎么做。顺着杞柳的本性做,就不扭曲;反着来,就扭曲。行仁义,也一样。如果人性当中原本就有善,就有仁义的基础,就有向善的可能性,那就没有问题,而且应该。问题是:我们有吗?

孟子认为有,告子认为没有。告子说,人性原本就没有什么善不善的(*人性之无分于善不善也*)。人性就像水(*性犹湍水也*),东边开了口子,它就往东流(*决诸东方则东流*);西边开了口子,它就往西流(*决诸西方则西流*)。哪有什么善恶之分?孟子说,不错,水流确实无所谓东西(*水信无分于东西*),但难道也不分上下(*无分于上下乎*)?要分的吧!水尚且要分上下,人难道就不分善恶?也要分的吧!怎么分?水性向下,人性向善。这就叫"人往高处走,水往低处流"。水有往高处流的吗?没有。那么,人也就没有不向善的。这就叫"人无有不善,水无有不下",难道还有什么问题吗?

当然有问题。人性既然是向善的,为什么还会有人作恶呢?孟子的回答是:环境和条件使然。孟子说:丰年多懒惰,灾年多强暴,难道是人们天性懒惰、天性强暴吗?不是。是什么?环境和条件"陷溺其心"。这就好比水,原本是往低处流的。如果你把它堵起来,也会上山(激而行之,可使在山)。但是,你能说这就是水的本性吗(是岂水之性哉)?

水性如此,人性亦然。人性的向善,就像水往低处流一样,天经地义,毋庸置疑,这就叫"人性之善也,犹水之就下也"。这里的"人性之善",也可以有两种解释。一种是把"之"解释为"的",则"人性之善"就是"人性的善"。另一种是解释为"去、往",则"人性之善"就是"人性向善"。但不管哪种解释,都说明孟子主张"人性向善"。为什么是"人性向善",不是"人性本善"呢?因为这个"善",只是可能性。孟子说得很清楚:"乃若其情,则可以为善矣,乃所谓善也。"乃若,就是至于、要说。情,就是人的社会性的本性。因此,这句话就可以这样翻译:要说人的社会性的本性(人性),那是可以让它善良的。可以为善,这就是善,也就是"性善"。换句话说,性善,就是人性"可以为善"。

现在清楚了。在孟子看来,人性是可以为善的,也是应该向善的。为什么应该?因为善是好的,它就是"人往高处走"的那个"高处"。那又为什么可以呢?因为人性当中原本就有善的可能性。孟子说,同情心、羞耻心、恭敬心、是非心,这四样东西,是每个人都有的,叫做"恻隐之心,人皆有之;羞恶之心,人皆有之;恭敬之心,人皆有之;是非之心,人皆有之"。恻隐之心就是仁,羞恶之心就是义,恭敬之心就是礼,是非之心就是智。所以,仁义礼智,并不是外部世界或者别的什么人强加给我们的(非由外铄),而是我们每个人本来就有的(我固有之),只不过大家没怎么注意而已(弗思耳矣)。其实只要认真想想，每个人都能明白。同样，只要追求，就能得到，这就叫"求则得之，舍则失之"。舍弃向善可能性的，就成为恶人；反之，则成为好人。这就是人有善有恶的原因。

孟子的这个说法，有什么意义呢？意义就在他为儒家主张的仁义道德找到了人性的依据。这个依据在孔子那里是有的，但没有明说，孟子却明明白白地说出来了。这是孟子对儒学的贡献。不过孟子也有不足之处，就是他没有说清楚，人为什么无须教育，就会有恻隐之心、羞恶之心、恭敬之心、是非之心。这些人性当中向善的可能性，怎么就是"我固有之"而"非由外铄"？这一点，孟子说不清楚。这就留下了一个漏洞，也留下了一个问题。这个漏洞，只能由荀子来填补。这个问题，也只能由荀子来回答。

那么，荀子怎样解决这个问题？

荀子的办法，是把人性分成两半，一半叫"性"，一半叫"伪"。什么叫"性"？《荀子·正名》说，天生如此的就叫做性（生之所以然者谓之性）。可见所谓"性"，就是人的自然属性。什么叫"伪"？《性恶》篇（下引不注者皆同）说，但凡"可学而能，可事而成"，事在人为（在人者）的，就叫"伪"。伪，通"为"。可见所谓"伪"，就是人的社会属性。两方面加起来，才相当于我们今天说的"人性"。这个分析，在荀子那里就叫做"性伪之分"。

所谓"性伪之分"，是荀子讨论人性问题的前提。荀子说，孟子主张"性善"，是并不真正懂得人性（是不及知人之性），不知道人性有两个组成部分呀（不察乎人之性、伪之分者也）！这两个部分，一个是自然的、天生的"性"，一个是社会的、人为的"伪"，只有人为的"伪"，才是"善"，天生的那个"性"是"恶"。

"人之性恶，其善者伪也"，是荀子"人性论"的核心观点。这话很容易让人认为荀子主张"人性本恶"。但韦政通先生的《中国思想史》认为,这是"最流行的一种误解",我也认为是误解。为什么说是误解?读《王制》篇就知道。在《王制》篇,荀子将世界上所有的存在物分成了四个等级。最低的一等是无机物,其特点是有物质无生命,叫做"水火有气而无生"。略高一等是植物,其特点是有生命无感知,叫做"草木有生而无知"。再高一等是动物,其特点是有感知无道德,叫做"禽兽有知而无义"。最高一等是人,既有物质、生命、感知,又有道德(有气、有生、有知,亦且有义),所以"最为天下贵也"。人的高贵既然在于道德,荀子怎么会认为"人性恶"?在《非相》篇,荀子甚至明确指出,人之为人,绝不仅仅是双腿直立,身上无毛(非特以二足而无毛也)。他之所以成为人,是因为有道德。这实在是相当科学的论断。这说明什么呢?说明早在两千二百多年前,荀子就已经能够将"生物学意义上的人"与"社会学意义上的人"区分开来了。既然如此,荀子怎么会把人的动物性看作人性?

所以,我们不能因为荀子说了"人之性恶"这句话,就认为荀子主张"人性本恶"。实际情况是:在荀子那里,性,并不等于我们今天说的"人性"。它充其量只是人性的一部分,而且是人性当中低级的那一部分,即人的自然性或者动物性。高级的部分,荀子叫做"伪"。那才是严格意义上和真正意义上的"人性"。

问题是,荀子这样强调"性伪之分",究竟有什么意义?

意义就在为礼乐制度寻找人性依据。在《性恶》篇,荀子说,人之所以要有善(人之欲为善者),就因为他的自然属性是恶(为性恶也),要不得的。怎么就要不得呢?因为如果保留它,人就变成动物了。变成动物又怎么样?无法生存。为什么无法生存?因为人的生存能力远远低于动物。在《王制》篇,荀子说,人,论力气不如牛(力不若牛),

论速度不如马（走不若马），可以说处处不如动物。然而怎么样呢？牛马却为人所用。为什么？就因为人能够组成社会，牛马不能（人能群，彼不能群也）。由此可见，人类之所以能够生存，靠的不是天赋能力，而是社会力量。结论不言而喻：社会如果解体，人就牛马不如。

那么，人为什么能组成社会？荀子说，因为有秩序。秩序为什么起作用？因为有道德。秩序就是"分"，道德就是"义"，体现道德、保证秩序的就是"礼"，使礼义深入人心的就是"乐"。它们也都是"伪"。伪，不是"虚伪"，而是"人为"，也就是"改造"。没有这个改造，人就不能从动物变成人，不能把动物性变成人性，这就叫"无伪则性不能自美"（《荀子·礼论》）。性不能自美，又怎么样？人就变成动物，甚至连动物都不如，没法生存了。所以，礼乐制度，能不重要吗？

在这里，我们看到了荀子比孔子和孟子高明、深刻的地方。孔子以人性中的善（仁爱）为理论基础，却又拒绝公开讨论人性。结果是基础不牢，地动山摇，差一点被诸家批倒。孟子单方面谈人性，既反对告子的"生之谓性"，又主张仁义礼智是"我固有之"。结果在他那里，"善的可能"就成了一种来历不明的东西，无法自圆其说。荀子却把这个来历说清楚了：善，是对恶的改造（化性而起伪）。为什么要改造？因为人有动物性，这就是性，也就是恶。为什么能改造？因为人有社会性，这就是伪，也就是善。靠什么来改造？礼乐。改造的结果是什么？普通人也能变成圣人，叫"涂之人可以为禹"（《荀子·性恶》），与孟子的理想"人皆可以为尧舜"（《孟子·告子下》）差不多。

这就是殊途同归了。殊途同归也不奇怪，他们都是儒家嘛！而且，孟子也好，荀子也好，都是在为儒家的主张寻找人性的依据，只不过孟子为仁义找依据，荀子为礼乐找依据。问题是这与韩非有什么关系呢？

韩非就算接受了荀子的观点，那他也应是儒家呀！儒家大师的学生，怎么摇身一变就成了法家的集大成者？

儒法再评价

要说韩非与荀子的联系，还得先说荀子与孟子的异同。

荀子与孟子有三个相同之处：一，他们都同意人性是道德的基础；二，他们都认为人的社会性是善；三，他们都承认人有为善和作恶的两种可能。不同的是，孟子更看重善的倾向，强调"人性向善"；荀子更注意恶的可能，强调"人性有恶"。孟子把这善的一面看作水，主张引导；荀子把那恶的可能看作火，主张防范。结果是什么呢？是荀子和孟子看起来水火不容，实际上殊途同归。

那么，荀子和孟子，就仅仅只是一个问题的两个方面吗？

没有那么简单。

表面上看，荀子和孟子，好像是在孔子之后做了一个分工：孔子是仁义礼乐都讲；孟子和荀子，则一个侧重讲仁义，一个侧重讲礼乐。仁义，就是引导向善的东西。礼乐，就是防范作恶的东西。孟子讲仁义，荀子讲礼乐，很符合他们各自的"人性论"。但是，仁义和礼乐，性质并不相同；引导和防范，方式也不相同。引导是柔性的，靠自觉；防范是刚性的，靠强制。所以孔子的说法，是"我欲仁，斯仁至矣"（《论语·述而》）；"为仁由己，而由人乎哉"（《论语·颜渊》）。孟子的说法也差不多，是"求其放心而已矣"（《孟子·告子上》）。什么意思呢？一个人向善并不难，只要把丢失的良心（放心）找回来就行。

荀子却不认为事情有这么简单。在他那里，人性中恶的一面是先天的、与生俱来的。这就不能靠引导,只能靠改造,靠镇压。改造什么?性。镇压什么?恶。改造了性,镇压了恶,人就变善了。这个工作,这个过程,就叫"化性而起伪"。化,就是改造。化性,就是改造天性。起,就是兴起。起伪,就是兴起善心。这个工作,一般人做不了,只有圣人才能做。圣人知道人的天性(自然属性)是恶的,这才设立了君权来进行统治(立君上之势以临之),明确了礼义来进行教化(明礼义以化之),制定了法度来进行治理(起法正以治之),加重了刑罚来禁止犯罪(重刑罚以禁之),以求普天之下都"出于治,合于善"(《荀子·性恶》)。试想,如果不要君权、礼义、法度、刑罚,能行吗?

不难看出,儒家学说发展到这一步,距离法家其实已只有一步之遥。专制集权的法家理论,已是呼之欲出。

那么,法家与儒家的分水岭在哪里?

在韩非。韩非比荀子多走了一步。孔子不谈人性,孟子只谈"性善",荀子兼谈"性恶",但有所保留,即恶的只是人的自然属性,社会属性还是善的。韩非却把这一点保留也去掉了——在他那里,人的自然属性和社会属性都是恶。所以,荀子只是"人性有恶"论,韩非才是"人性本恶"论。至于韩非如何讲"人性本恶",前面说过很多,这里不再重复。现在要说的是,"人性有恶"与"人性本恶",又有什么不同呢?

天壤之别。所谓"人性有恶",就意味着同时还有善。这就还有希望,即可以通过礼乐教化来化性起伪。所以,荀子还站在儒家门内,仍然主张"以德治国",只不过同时主张"兼用法术"而已。在荀子那里,君权、礼义、法度、刑罚,是一个都不能少的。韩非的"人性本恶"就不同了,那可是一点指望都没有,只能靠强权来镇压。因此,他老师的四大法宝,韩非只要三个:君权、法度、刑罚,礼义就不要。为什么不要？人性太恶，人心太坏，礼义廉耻之类，根本就没有用！有用的是什么？横行霸道，"两面三刀"，也就是前面说过的赏罚"二柄"，再加势、术、法。只不过它们在法家那里，有一个好听的名字，叫"法治"。

这就是儒法两家的分水岭。如果说，一个"兼"字，区别开儒家和墨家（儒家讲仁爱，墨家讲兼爱）；一个"无"字，区别开儒家和道家（儒家讲有为，道家讲无为）；那么，一个"法"字，就区别开儒家和法家，即儒家讲德治，法家讲法治。但我们必须记住，法家的"法"，与我们今天的"法律"并不是一回事。法家讲的"法治"，与我们今天讲的"法治"，就更是不可同日而语。前面说过，法家其实应该叫"权家"。法家所谓的"法治"，也其实应该叫做"权治"，即利用权势、权术、权能来治国，只不过要求统治者在使用权力的时候，讲点制度讲点规矩而已。能做到这一点，在法家看来，就是"以法治国"了。

那么，儒家为什么主张德治，法家为什么主张他们的所谓法治？

说来也与传统有关。正如冯友兰先生《中国哲学简史》所说，西周社会其实是依靠两种机制来运转的。这两种机制，一个是"礼"，一个是"刑"，它们的适用范围并不一样。礼的适用范围是上层社会，对象是贵族、君子。刑的适用范围是下层社会，对象是庶民、小人。适用于前者的，原则上不能用于后者；适用于后者的，原则上也不能用于前者。这个原则，就是众所周知的"礼不下庶人，刑不上大夫"（《礼记·曲礼上》）。当然，对这句话的理解，学术界也有争议，有人甚至不予承认，因为事实上小人也有礼，大夫也受刑。其实所谓"礼不下庶人，刑不上大夫"，是说治理国家、管理社会，要有两种方式，一种叫"礼治"，一种叫"刑治"。礼治主要用于贵族、君子，刑治主要用于庶民、小人。也就是说，上层社会主要靠礼来维持，下层社会主要靠刑来统治。这种分野，应该说基本属实。在西周时期，也切实可行。因为西周社会的上层，天子、诸侯、大夫，甚至士，都有血缘或亲戚关系，相互之间，不是父子兄弟，就是姑舅亲家，自然可以温文尔雅，彬彬有礼，礼尚往来。至于下层社会，地位卑下，且不乏战俘、农奴和奴隶，当然要用刑罚来威胁和惩治了。

但是到了春秋战国，情况就起了变化。为什么呢？礼坏乐崩了。社会动荡，沧海桑田，大家都重新洗牌，贵族可能变成庶民，君子可能变成小人，反过来也一样。这时再讲"礼不下庶人，刑不上大夫"，就未免可笑。这就需要对礼治和刑治这两个传统重新进行思考。思考的结果，是儒家把礼治改造为德治，法家把刑治改造为他们所谓的"法治"（以下说到法家的"法治"，都是这个意思，不再说明，也不再加引号）。德治与礼治，法治与刑治，有什么不同？礼治和刑治适用于不同的人，德治和法治适用于所有人。说得再明白一点，就是儒家的德治也适用于庶民和小人，法家的法治也适用于贵族和大夫。

不过这样一来，可就又有了问题。德治也好，法治也好，既然是适用于所有人的，那就双管齐下、并行不悖好了，何必要争个你死我活，吵个不亦乐乎呢？

这就要弄清楚儒法两家各自的思路和道理。

先说儒家。儒家为什么主张"德治"？孔子的说法，是"道之以政，齐之以刑，民免而无耻；道之以德，齐之以礼，有耻且格"（《论语·为政》）。道，就是引导。齐，就是规范。格，钱穆先生说是"达到标准"（《论语新解》），李零先生说是"遵守规定"（《丧家狗》），杨伯峻先生说是"人心归服"（《论语译注》），李泽厚先生说是"认同归依"（《论语今读》），我认为是"自觉遵守道德律令"。因此，孔子的这段话，就可以这样翻译：用政令来引导，刑罚来规范，人民不敢犯罪，但没有羞耻心（这就不能从根本上解决问题）。相反，用道德来引导，礼仪来规范，人民不但知羞耻，还能自律（这就能使每个人都成为好人）。

这样一说就很清楚。刑治和法治的结果，是人们"不敢作恶"；礼治和德治的结果，则是"不想作恶"。一个"治标不治本"，一个"标本兼治"，哪个更好，傻子都能明白。韩非不是傻子，为什么不求最好，但求其次？

很简单：孔子的方案好是好，可惜做不到。为什么做不到呢？这就要弄清楚作恶的原因。我们要问，人们为什么会作恶呢？是他们有此嗜好，喜欢作恶吗？不是。那是什么？利害使然。韩非说："安利者就之，危害者去之，此人之情也。"（《韩非子·奸劫弑臣》）也就是说，人，都是趋利避害的。利之所至，趋之若鹜；害之所加，则避之唯恐不及。这是人之常情。如果利害关系不大，或许还能讲点道德，守点规矩。一旦诱惑无法抵御，或者危害难以承受，恐怕就顾不上什么道德不道德，甚至法令不法令了。

这也是有史可鉴的。在《说林上》，韩非讲了一个伍子胥的故事。这故事说，伍子胥逃出楚国，被守关的官吏捕获。伍子胥说：大王之所以通缉我，是因为我有一颗宝贵的珍珠。不过，这颗珍珠现在已经丢了。你要是把我送到大王那里去，大王问起来，我就说珍珠被你私吞，你看着办吧！结果怎么样？那守关之吏把伍子胥放了。这是危害起作用的例子。

在《内储说下》，韩非还讲了一个楚成王的故事。这故事说，楚成王先是立商臣（也就是后来的楚穆王）为太子，后来又打算改立他人。商臣就去找自己的老师潘崇，问应该怎么办。潘崇问：你能接受事实吗？商臣说，不能。潘崇又问：你能出国避难吗？商臣又说，不能。潘崇再问：你能发动政变吗？商臣说，能。结果商臣带兵逼宫，把他老爸送上了黄泉路。这是利益起作用的例子。

那么，道德和礼仪就一点用都没有吗？也还是有的。据《左传·文公元年》，商臣带兵来逼宫时，成王提出想吃了熊掌以后再死。商臣不同意，说是太费时间。成王没有办法，只好自己去吊死。但上吊以后，却不肯闭眼睛，要求儿子给他一个体面的谥号。这个商臣同意了，成王才把眼睛闭上。吃熊掌不行，要面子可以。看来"礼"这个东西，也不是一点都不管用。只要不牵涉到利害关系，还是可以商量通融的；但如果利害巨大，就不好说了。韩非说，富家子而不仁孝，就因为"人之急利甚也"。齐桓公为什么杀了哥哥公子纠？国君之位"其利大"嘛！如果诱惑大到可以控制万乘之主、掌握一国之利，则满朝文武，还有谁不是鲁国那个犯上作乱的阳货（《韩非子·难四》）？

所以，什么礼治，什么德治，都是靠不住的。靠得住的，只有刑治和法治。问题是刑治和法治就管用吗？楚国的那个守关之吏，不就放跑了伍子胥吗？韩非认为，这不是法治没有用，而是刑罚不够严，因此主张"峭其法而严其刑"，也就是严刑峻法。当然，惩罚只是所谓"法治"的一方面，另一方面则是奖赏。但无论赏还是罚，文章都要做足，工作都要到位，这就叫"赏莫如厚而信，使民利之；罚莫如重而必，使民畏之"。厚，就是丰厚；信，就是诚信；重，就是严酷；必，就是坚决。也就是说，赏，就要高官厚禄，说话算数，让臣民有利可图；罚，就要心狠手辣，从重从快，让臣民魂飞魄散。不过更重要的，还是"法莫如一而固，使民知之"。一，就是统一；固，就是固定；知，就是知道。也就是说，执法要统一，立法要持久，法令要公开，不能政出多门，朝令夕改，暗箱操作。"赏莫如厚而信""罚莫如重而必""法莫如一而固"，就是韩非的"法治三原则"（《韩非子·五蠹》）。

有了这三原则，韩非认为，国家就可以长治久安，君主也可以高枕无忧了。为什么呢？因为君主的手上，掌握着赏罚"二柄"。这两种手段，是根据"趋利避害"的人性本能设计出来的，屡试不爽。重赏之下，必有勇夫；高压之下，必有良民。有此"二柄"，臣民怎么会不服管教，不守规矩，不听招呼？何况君主的赏与罚，又是依法办事，始终如一的。久而久之，服管教、守规矩、听招呼，就会成为一种习惯。习惯成自然，天下岂不太平？

或许有人会问：重赏和高压，就那么可靠吗？韩非说，可靠。当然，不吃这一套的人也有。比如大隐士许由，就收买不了；大侠客盗跖（跖，音直），也恐吓不了。但这是少数人，个别人。治理国家，设计制度，应该考虑多数人，一般人。政治，是针对普通人的（治也者，治常者也）；规则，也是针对普通人的（道也者，道常者也）。如果因为有许由这样的人就不设赏，有盗跖这样的人就不设刑，则"治国用民之道失矣"（《韩非子·忠孝》）。相反，如果针对普通人来设计政治制度，就万无一失。怎么个万无一失呢？第一，不用担心臣民不服从。第二，不用担心官员干坏事。第三，不用担心君主没能力。为什么不用担心？因为在这种制度下，统治者和被统治者都是普通人。统治者是普通人，就不用担心君主没能力。被统治者是普通人，就不用担心臣民不服从。唯一让人放心不下的是官员。但韩非却告诉大家毋庸过虑，因为他根本就没指望官员是好人，更没指望他们是圣人。韩非说，高明的君主治理国家，绝不寄希望于人人自觉行善，而只着眼于他们不干坏事。能够自觉行善的，一国之内不足十人；只要不干坏事，则普天之下都能太平。这就叫"恃人之为吾善也，境内不什数；用人不得为非，一国可使齐"（《韩非子·显学》）。问题是，怎样才能保证不作恶？也只有一个办法：用严刑峻法来恐吓防范，让人们不敢作恶，不能作恶，想做也做不了。

这就是所谓儒法之争。孔子主张德治,韩非主张法治。孔子认为,只有"以德治国",才能保证每个人都成为好人。韩非认为,只有"以法治国",才能保证每个人都不做坏事。那么,儒法两家,谁优谁劣,谁是谁非?

我的看法,是各有优劣,各有是非。从理想层面讲,孔子有道理;从操作层面讲,韩非更可行。我们知道,政治学是一种实践性很强的学问。政治制度的设计,更不能只考虑好不好,还要考虑行不行。相比较而言,孔子和韩非的主张,哪个更可行呢?韩非的主张。为什么?因为孔子的制度,是按照圣贤的标准来设计的,韩非的制度,则是按照常人的标准来设计的。请问,这个世界上,是圣贤多呢,还是常人多?当然是常人多。既然是常人多,那么,是圣贤的制度可行,还是常人的制度可行呢?不言而喻吧!

相反,按照孔子的主张,用圣贤的标准来设计制度,则会出问题。什么问题?做不到。做不到又怎么样呢?还有一个选择:做假。事实上,历代王朝以德治国的结果,并没能保证他们的长治久安,而是制造出一代又一代的伪君子。这些伪君子是从哪里来的?圣贤标准逼出来的。标准要求皇帝和官员都是圣贤,又做不到,除了做假,还能有什么出路?

所以,最可靠的办法,是不求"最好",只求"最不坏"。至少,在设计制度的时候,只能如此。实际上,迄今为止,世界上都没有完美的制度,只有"最不坏"的制度;而那些"最不坏"的制度,又往往比自以为"最好"的制度好。为什么?实在。

这个说法,很可能会遭到批评。批评者会说,实在就一定好吗?没错,我们这个世界上,确实是常人多。但建设一个社会,却不能以常人为标准。为什么不能?因为"取法乎上,仅得乎中"。你以常人为标准,岂非每况愈下?这个批评有道理。事实上,如果完全按照韩非那一套去做,同样会有问题。有什么问题?表面上遵纪守法,实际上心怀鬼胎;执法严峻之时规矩老实,法治不到之处偷鸡摸狗。说白了,还是当面一套,背后一套。

因此,我们不能因为韩非的方案可行,就否定孔子的理想。人,是不能没有理想的。国家、社会、民族,也一样。一个国家,一个社会,一个民族,总得要有理想、有志气、有追求,才能保持蓬勃向上的精神,也才可能争取到"最不坏"的结果。相反,如果一开始就没打算"做得好",只求"过得去",最后的结果,恐怕是"过不去"。

由此可见,孔子的德治与韩非的法治,各有各的道理,也各有各的利弊。那么,把它们结合起来,如何?不妨告诉大家,汉代以后,历朝历代的统治阶级,大体上就是这么做的,即"兼取儒法,杂用王霸"。可惜这也有问题。有什么问题呢?德治也好,法治也好,在历代统治者那里,都不是"治道",而是"治术",即维护统治的手段。既然是手段,那就只求管用。什么管用呢?德治当中,礼教管用。有了纲常伦理,人民就不会造反。法治当中,刑法管用。有了严刑峻法,人民就不敢造反。所以,历代王朝的德治,并不是当真"以德治国",而是"伦理治国",即"礼治"。历代王朝的法治,也并不是当真"以法治国",而是"刑律治国",即"刑治"。说了半天,还是回到了从前。至于他们的"兼儒法,杂王霸",则仍然是大棒加胡萝卜,连哄带吓,软硬兼施,只不过不像韩非主张的那样硬邦邦、冷冰冰、赤裸裸,而是有了一层温情脉脉的面纱。

其实,就算将儒法两家的学说看作"治道",也是不行的。为什么不行?因为孔子的德治,韩非的法治,本身都有问题。有什么问题?

孔子的德，是礼教之德，即"王道"。韩非的法，是帝王之法，即"王法"。王道只尊崇君主，王法不保护人民。它们都只属于统治阶级，不属于人民群众。用这样的德和法来治国，行吗？不行！

或许有人会问：这也不行，那也不行，怎样才行？抽象继承，合理扬弃。怎样做到这八个字？只能后面再说。为什么只能后面再说？因为众所周知，人类的问题无非三个：是什么，为什么，怎么办。前面这四章介绍儒、墨、道、法四家的基本观点，这叫"是什么"。接下来，就该讨论先秦诸子百家争鸣的前因后果，这就是"为什么"。知道了"是什么"，又知道了"为什么"，相信大家也就知道"怎么办"了。

那么，春秋战国时期为什么会出现诸子百家的竞相争鸣呢？

第五章
前因后果

事出有因

在前面四章，我们简要地介绍了先秦诸子百家争鸣的"三大战役"：儒墨之争、儒道之争、儒法之争。这样一种介绍，无疑蜻蜓点水，走马观花，难免顾此失彼，挂一漏万，甚至以偏概全。但即便如此，也足以让我们顿生敬意，平添仰慕，颇多追思，正所谓"'高山仰止，景行行止'，虽不能至，然心向往之"（《史记·孔子世家》）。同时，我相信大家也都想问：我们民族为什么会涌现出那么多伟大的思想家？这些伟大的思想家为什么集中出现在春秋战国时期？他们的思想又为什么会有那么长久旺盛的生命力和永恒的魅力？

这确实值得深思。

不过，要回答前面那三个"为什么"，还得先弄清一个问题：两千多年前，为什么会出现诸子百家的竞相争鸣，爆发一场历时约三百年之久的跨世纪大辩论？

恐怕还得从孔子说起，因为孔子是"肇事者"。孔子开了一个先例，就是以民间思想家的身份，对天下大事发表意见。此例一开，不可收拾，大家都跟着说起来。墨子说，孟子说，杨朱、庄子、荀子、韩非，都说。老子虽然好像面对着空气，也是说。这就是"争鸣"，即"争着说"，而且多半都会提到孔子。所以，"秋后算账"，得先拿孔子说事。

何况孔子也是最重要的。正如韦政通先生所言，孔子在先秦时期，便已"居于思想史的中心地位"，并成为"文化思想的代表"（《中国思想史》）。这是事实，跟我们喜欢不喜欢没关系。实际上，在世界各国人民的心目中，孔子都是中国首屈一指的思想家。比如普利策奖和自由勋章获得者、美国作家杜兰特，在撰写《历史上最伟大的思想》一书时，尽管明知"可能会引来一些质疑或争论"，还是毫不犹豫地把孔子列为"人类第一个伟大的思想家"。其余的九位伟大思想家，则依次为柏拉图、亚里士多德、圣托马斯·阿奎那、哥白尼、培根、牛顿、伏尔泰、康德、达尔文。

然而孔子的问题也不少。同样众所周知的是，孔子生前并不得志。他东奔西走，四处碰壁；栖栖皇皇，一无所获；哀哀如失群之雁，累累若丧家之狗。这就让人起疑：孔子和他的思想，真有那么伟大吗？如果真有那么伟大，为什么落得如此下场？

这个问题，孔子自己也想到了，他甚至和学生们进行过讨论。什么时候讨论的？困于陈、蔡之间时（此事我们前面已两次提到，请参看本书第一章第三节和第二章第一节）。据《史记·孔子世家》（本节下引未注者，均见此篇），当时孔子一行饿得七荤八素，整个队伍人心浮动，连最可靠的学生都忍不住变脸色（子路愠见，子贡色作）。孔子自己，也知道学生们有意见、有看法、有怨言（孔子知弟子有愠心），就分别找他们谈话。当然，孔子没找所有的学生，他找的是"学生干部"，也就是子路、子贡、颜回。谈话的核心内容，就是自己的主张究竟对不对，为什么会走投无路。学生发表了看法，孔子也发表了意见。所以，这三次谈话，很值得玩味。

第一个谈话的是子路。谈话前，照例诵诗。诗云："匪兕匪虎，率彼旷野。"翻译过来就是：不是犀牛，不是老虎，旷野之上，匆匆赶路。这意思也很清楚：我们既不是犀牛，又不是老虎，怎么跑到这旷野之上，被人围困在这里？因此孔子接着说：是我们的主张和主义不对吗（吾道非邪）？为什么会落到如此地步（吾何为于此）？

先生提出了这样严重的问题，学生当然要回答。于是子路用猜测的口气说：是不是我们还不够仁（意者吾未仁邪），人家才不信任（人之不我信也）？是不是我们还不够智（意者吾未知邪），人家才不肯实行（人之不我行也）？孔子说：有这种说法吗（有是乎）？阿由呀，如果一定要别人信任才算仁，那饿死的伯夷、叔齐算什么（譬使仁者而必信，安有伯夷、叔齐）？如果一定要别人实行才算智，那被害的王子比干算什么（使知者而必行，安有王子比干）？显然，孔子并不同意子路的说法，也不认为问题出在自己这里。

子路出去后，子贡进来了。孔子说：不是犀牛，不是老虎，旷野之上，匆匆赶路。是我们的主张和主义不对吗？为什么会落到如此地步？子贡说：哪里是先生的主张和主义不对！是先生的主张和主义太伟大了（夫子之道至大也），所以天底下没有地方能够容得下先生（故天下莫能容夫子）。接着，子贡用试探的口气说："夫子盖少贬焉？"盖，通盍，读如何，"何不"的意思。所以子贡这话的意思是：先生为什么不降低点身份降点格，不要那么伟大？言外之意也很清楚：那样一来，岂不就有容身之地了？这话孔子也不能同意。孔子说：阿赐呀，一个好农民，能够精耕细作，却未必善于收获（良农能稼而不能为穑）。一个好工匠，能够巧夺天工，却未必尽如人意（良工能巧而不能为顺）。一个君子，能够掌握真理，却未必见容于世（君子能修其道，纲而纪之，统而理之，而不能为容）。现在，你不考虑如何掌握真理，只想着怎样才能被别人了解，被别人聘用（不修尔道而求为容），赐呀，你志向不远大嘛（而〔尔〕志不远矣）！

子贡出去后，颜回进来了。孔子说：不是犀牛，不是老虎，旷野之上，匆匆赶路。是我们的主张和主义不对吗？为什么会落到如此地步？颜回说：哪里是先生的主张和主义不对！是先生的主张和主义太伟大了（夫子之道至大），所以天下不能容（故天下莫能容）。尽管如此，先生还是努力去推行（虽然，夫子推而行之）。不能见容于世算什么（不容何病）？不能见容于世，才显出君子是君子（不容然后见君子）。实际上，不能掌握真理，是我们这些士人的耻辱（道之不修也，是吾丑也）。我们掌握了真理，他们不能用，是他们那些当权派的耻辱（道既已大修而不用，是有国者之丑也）。不能见容于世算什么？越是不能见容于世，越是证明君子是君子！这下孔子高兴了。他兴高采烈地说：你们颜家子弟这么有出息吗（有是哉颜氏之子）？你要是钱多，我给你做管家（使尔多财，吾为尔宰）！

这真是妙不可言！颜回和子贡，一个比一个会说话，一个比一个说得好听，却一个比一个不着调，一个比一个不靠谱。比较靠谱的是子路。他的思考是认真的，也是对路的。怎么个对路？怎么个靠谱？在自己的身上找原因。这是战士的思路。一个好的战士，如果打不赢别人，绝不会怪别人太厉害，只会怪自己不争气。他要做的事情，也只有两件，一是练好自己的武艺，二是磨快自己的刀子。子路的思路，就是这样（意者吾未仁邪，意者吾未知邪）。所以，尽管子路并没有找出真正的原因（真正的原因下面再说），想法却对路，也值得我们借鉴、学习。可惜，子路的话，孔子听不进去（幸好还没骂他）。看来，从孔子开始，中国人就不善于也不愿意反省自己。

子路是战士，子贡是商人。商人务实。他们做事情，目的很明确，就是要成交。为了成交，可以让步，这就是讲价。但为了讲出好价钱，又要先抬价。子贡的做法就是这样。他先是帮孔子出价，而且价码极高

（夫子之道至大也），然后又建议孔子压价（夫子盖少贬焉）。这是自己和自己讨价还价，目的是成交，即见容于世，被人聘用。可惜子贡的思路和孔子的想法并不完全相同。没错，孔子是想从政，是想做官。所以，当子贡问他"有美玉于斯，韫椟而藏诸，求善贾而沽诸"时，他便飞快地一口气说了两个"沽之哉"（《论语·子罕》）。不过孔子有原则，那就是"人可以受委屈，道不能讲价钱"。比方说，做不了大官，做小官也对付，但必须行道。道，是不能打折扣的。子贡先是说"夫子之道至大也"，接着又说"夫子盖少贬焉"，孔子就怀疑他动机不纯，是为成交而成交了。因此孔子教训他，想问题，不能首先想成功不成功，而要想应该不应该。如果"不修尔道而求为容"，格调是不会高的。

子贡挨这一顿抢白，有点冤枉。因为子贡实在是好心好意，真诚地想帮助老师走出困境。子贡也比子路会说话多了。子路直通通，傻乎乎，上来就在自己这边找问题，孔子怎么会爱听？没挨骂已是万幸。子贡就聪明得多。他先是给孔子吃了一颗定心丸：先生的主张和主义，绝对没有问题。不但没有问题，还是世界上最伟大的。哄得老师高兴了，才端出自己的方案。在子贡看来，像他这样先讲大道理，后打小算盘；既务虚，又务实；既有充分肯定，又有整改措施，实在应该是万全之策了。谁知道却碰了一鼻子灰！这就远不如颜回，什么办法都没有，全是空话，却中了个头彩。

为什么会这样？因为子贡的聪明是小聪明，颜回的聪明才是大聪明。前面说了，子路像战士，所以直言不讳；子贡像商人，所以曲线救国。那么，颜回像什么？像官员，而且是那种特别会和领导打交道的官员。事实上，只有颜回，才真正领会了领导的意图。我们不妨想一想，孔子为什么要提出"吾道非邪"和"吾何为于此"这两个问题。是他当真认为自己的主张和主义有问题吗？当然不是。这一点，打死他也不会承认。问题是，这么好的主张和主义，却居然没有一个人采纳和奉行；自己和自己的学生，反倒被困在陈、蔡之间这么个鬼地方。这可不是一句"君子固穷"，就可以解释，可以交代，可以打发的。这个时候，孔子必须拿出一个说法来，才能带领大家继续前进，不至于作鸟兽散。而且，这个说法还最好是由学生们自己提出来。学生自己说服自己，自己教育自己，自己解放自己，自己鼓励自己，岂不比先生来说教好得多？这就是孔子要找三个学生干部谈话的原因。

谈话的先后也有讲究。司马迁讲得很清楚，"孔子知弟子有愠心，乃召子路而问"。可见谈话的次序，是孔子自己安排的。为什么先和子路谈？因为子路年纪最大，辈分最高，在同学们当中有威望，说话又冲。搞掂了子路，也就一了百了。万一搞不掂，还可以再找子贡和颜回。事实证明，子路并不能真正领会领导意图，他的回答让孔子很不满意。好在孔子原本就没怎么指望他，教训两句，也就算了。

子路指望不上，就只能靠子贡和颜回。为什么先找子贡呢？因为子贡聪明、乖巧，没准有个好说法。可惜这回子贡是自作聪明，他的回答让孔子更不满意。希望变成失望，当然恼火。所以，孔子批评子贡的话，就比对子路说得多，也说得重。所谓"而（尔）志不远矣"，既是"诛心之论"，也是"恨铁不成钢"。

前面这两个学生不得要领，能指望的就只有颜回了。事实上颜回也不负厚望。颜回悟性好呀！我相信他一定琢磨了一个问题：老师为什么要问"吾道非邪"和"吾何为于此"？而且，我相信他一定很快就想清楚了：老师绝不会就事论事，局限于这两个问题。为什么不会？因为老师平时教学的时候，就是主张由此及彼、举一反三、融会贯通的。因此可以肯定：第一，老师并非当真要讨论主义和主张的对错问题。这个问题，根本就不是问题。不是问题为什么还要问？需要通过问和答，对自己再做一次肯定。同样，第二个问题也不是问题。为什么不是问题？因为老师的选择，原本就是"知其不可而为之"（《论语·宪问》），怎么会为"吾何为于此"而困惑？没有困惑却又提问，那就不是问自己，而是问别人了。问谁？问学生。为什么要问学生？希望学生能够自己想明白。老师其实是在上课呀！老师其实是在做思想工作呀！想明白了这些问题，我们也就不难得出结论：孔子既不需要反思自己（这是子路的失误），也不需要整改措施（这是子贡的失误）。他需要的，只是一个说法，一个既说得过去又能稳定军心，最好还能够鼓舞士气的说法。颜回给出了这个说法，所以颜回受表扬。

但是，颜回的这个说法是有问题的。什么叫"越不能见容于世，越能证明君子是君子"（*不容然后见君子*）？按照这个逻辑，则所有的君子，就只能是孤家寡人了。这恐怕讲不通。没错，真理是往往掌握在少数人手里，但并不等于只能掌握在少数人手里，更不等于只要是少数，就一定掌握真理。用走投无路来证明自己掌握真理，说白了是一种自欺。把一切都归咎于外部条件和环境，把责任都推到别人头上，就更是阿Q精神。阿Q怎么说？孙子才画得圆呢！颜回怎么说？小人才处处受欢迎。颜回，岂非阿Q的祖师爷？

所以，颜回得到了孔子的表扬，却也留下了问题，这就是：当我们自己遇到挫折的时候，是应该像子路那样反省，还是应该像颜回这样自欺？我的看法是：反省，肯定正确；自欺，要看情况。因为自欺也不一定就不好，比如身患重病的人，就不妨"有意识地自我欺骗"。这里的关键是：第一，必须有意识，知道这是自欺；第二，只能自欺，不能欺人，除非需要集体的自欺。比如孔子他们困于陈、蔡之间时，是需要一点集体自欺的。这时，就不能讲逻辑了。当然，孔子组织的讨论，也回答不了我们前面提出的问题：孔子生前四处碰壁，走投无路，究竟是什么原因。

那么，这个问题，我们该去问谁？

问孔子的敌人，问孔子的反对派，问那些反对聘用孔子的人，比如晏婴和子西。在本书第一章第四节，我们曾经讲到，孔子在齐国被晏婴拆台，在楚国被子西拆台。这些人的反对意见，都记录在《史记·孔子世家》。看看这些意见，或许能弄清问题。

第一件事发生在公元前517年，即孔子三十五岁那年。这一年，孔子到齐国找工作，见到了齐景公。齐景公向他问政，孔子回答了八个字，道是"君君，臣臣，父父，子子"。齐景公听了很高兴，说如果君不君，臣不臣，父不父，子不子，就算有的是粮食，我也吃不到嘴里。过了几天，齐景公又向孔子问政，孔子回答说"政在节财"。齐景公又高兴了，准备把尼谿（尼溪）之田封给他。这时，晏婴出来说话了。晏婴是齐国的重臣，说话很管用的。晏婴说了两点：第一，儒者不可重用；第二，礼乐不可复兴。儒者为什么不可重用？也有四个原因：一，能言善辩，巧舌如簧，法制管不了他；二，恃才傲物，自视甚高，上级管不了他；三，崇丧厚葬，劳民伤财，不可以敦风化俗；四，游说诸侯，贪图名利，不可以治国安邦。儒者有这四个问题，当然不能重用。礼乐为什么不可复兴？因为有圣贤才有礼乐。现在，大圣贤不在了，周王室衰微了，礼乐的缺失也已经很久了。再讲礼乐，就不合时宜。然而孔子却装腔作势，不厌其烦。他那一套东西，即便旷日持久也不能穷尽（累世不能殚其学），即便年富力强也不能掌握（当年不能究其礼）。君上如果用它来移风易俗，只怕不是小民的福音（非所以先细民也）。这话齐景公听进去了，于是孔子被打发回国。

第二件事就发生在孔子困于陈、蔡之间时。当时楚昭王不但发兵来解围,还打算封给孔子七百里地。这时,子西出来说话了。子西是楚国的令尹(宰相),说话的分量当然重。子西先问昭王:大王手下的使臣,有比得上子贡的吗?昭王说,没有。又问:大王手下的宰辅,有比得上颜回的吗?昭王又说,没有。再问:大王手下的将领,有比得上子路的吗?昭王又说,没有。又再问:大王手下的官员,有比得上宰予的吗?昭王又说,没有。子西说:当年我们祖先受封于周,不过是个子爵,按规定只能纵横五十里。现在孔丘到处鼓吹恢复周礼周制。照他那一套来做,我们楚国还能堂而皇之地纵横几千里吗?子西还说:想当年,文王在丰,武王在镐,不过百里之地。大王打算封给孔丘的,却是七百里。孔丘得到这么大个地盘,又有子贡、颜回、子路、宰予这样的弟子辅佐,只怕不是楚国的福分。这话楚昭王听懂了(可不能让孔子做周文王,自己做殷纣王),于是不封孔子,孔子也只好又返回卫国。

这就很清楚。晏婴和子西反对孔子,不是因为个人恩怨,而是利害冲突,政见不同。尤其是孔子主张的礼乐制度和礼乐文化,更使他们不能赞成。子西说得很明白:恢复了周礼周制,楚国"安得世世堂堂方数千里"。晏婴也说得很明白:那些玩意早就过时(*礼乐缺有间*),哪里还能移风易俗,治国安邦?孔子的不受欢迎不得志,根本原因就在这里:孔子要恢复周礼周制,而那些执政者没有一个人赞成;孔子要维护礼乐制度,而那些执政者没有一个人感兴趣。孔子不到处碰壁,才是怪事!

晏婴和子西不喜欢的,也是墨家、道家、法家要批判的。比如《墨子》的《非儒》篇,就记录了晏婴反对齐景公重用孔子的意见,而且话说得更难听,道是"繁饰邪术,以营世君;盛为声乐,以淫遇民"。这话翻译过来就是:孔丘花言巧语,鼓吹异端邪说,迷惑当世国君;吹拉弹唱,制造文化毒品,残害天下人民。孔子在墨家的笔下,简直成了江湖骗子。

这段话，不见于《史记》，我怀疑是墨子或者其后学借晏婴之口骂孔子（当然也可以怀疑是司马迁故意删去）。这说明墨家对儒家维护的礼乐，已是恨之入骨。不过，墨家不要礼乐，还要仁义（当然内涵不同）。道家和法家，则是连仁义也不要，更不要礼乐。相反，儒家这边，孔子、孟子、荀子，则都要礼乐。因此，以对待礼乐制度和礼乐文化的态度为标准，先秦诸子可以分为两大阵营：儒家与非儒家。儒家维护礼乐，非儒家反对礼乐。只不过，他们反对的原因并不相同，提出的替代方案也不相同。但主张废除礼乐制度，用别的东西来代替，则是一致的。难怪孔子会成为众矢之的。

如此说来，则儒墨、儒道、儒法这三场争论，又可以归结为同一个问题，即要不要礼乐制度。这就是先秦诸子争论的总焦点。有此焦点，自然因为先前有过礼乐制度；有此争论，则因为礼乐制度正在面临崩溃。也就是说，有"礼坏乐崩"，才有"百家争鸣"。于是，我们就又有了三个问题：一，礼乐制度是一种什么样的制度？二，这种制度为什么会产生并得到实行？三，一个已经实行数百年之久的制度，为什么会面临崩溃？

以人为本

要回答前面提出的三个问题，恐怕还得先问问：礼乐制度是谁的发明？传统的说法是周公。周公是什么人？孔子经常梦见的人。孔子为什么不梦见别人，老梦见他？因为周公才是周文化和周制度的真正缔造者。据《尚书大传》和《礼记》，周公在他摄政的第六年"制礼作乐",结果"天下大服"。这是周公在取得了军事斗争胜利之后,进行的政治建设和文化建设。有了这两个建设,周政权才稳固了,周制度和周文化也才确立了。孔子经常梦见周公,原因就在这里。

那么,周公为什么要创立礼乐制度和礼乐文化?

直接的原因,是殷商灭亡的教训。我们知道,武王灭纣,非常之快。联军子月(周历正月)底出发,丑月(周历二月)底就攻进了殷都朝歌,殷纣王就自杀了。一个原本十分强大的政权,怎么说亡就亡了呢?直接的原因,是殷纣王派出去的部队,一到前线就掉转矛头,变成了周武王的先锋。纣王的军队为什么反戈一击?根本的原因,是殷商政权太不把人当人。具体表现也有两个,一是活人殉葬,二是活人献祭。比如江苏铜山丘湾奇代社祭遗址中,就同时发现了人骨和狗骨。可见当时是把活人像狗一样,当作牺牲品的。这种特殊的牺牲品,就叫"人牲"。牲,有两个意思,一是相对于畜,二是相对于牺。动物,养着的时候叫畜,要杀的时候叫牲,合起来叫"畜牲"。把它们用于祭祀,毛纯的叫牺,体全的叫牲,合起来叫"牺牲"。祭祀用"人牲",就是把人当牲口,是典型的不把人当人。

用人做牺牲品叫"人牲",做陪葬品叫"人殉",同样是不把人当人。可是这两种制度,在殷商时代非常盛行。这是既有文献记载,又有考古发现证明的。送上祭坛和埋进坟墓的,不仅有奴隶和平民,甚至还有贵族。这也不难理解。因为牺牲品和陪葬品,原本是人神之间进行交易的筹码。出价越高,红利越大。因此,如果是重大祭祀,有特殊要求,或者去世的人物地位特高,光杀战俘和奴隶就"不够意思",非杀贵族不可。比如纣王的大臣比干,我怀疑就是因此被杀,或者以此为借口杀的。

然而,尽管殷商政权杀了那么多的人,甚至杀了贵族来祭祀、陪葬，皇天上帝还是不保佑他们。相反，他们还亡得很快。显然，周人要想保住胜利果实，就必须反其道而行之。殷的统治者既然不把人当人，那么，周的统治者又该怎么办呢？

也只有一种选择：把人当人。

把人当人，这就是"仁"，也就是"人其人"。据《尚书·泰誓》（也写作"太誓"），周武王在伐纣之前，曾发表宣言，说"惟人万物之灵"，说"虽有周亲，不如仁人"（意思是有再多的亲戚，也不如仁爱人民）。周武王是不是真说过这话，难讲。但要说周人有这种观点，大约属实。范文澜先生甚至说，周人是废除了人牲制度和人殉制度的，而且认为这件事具有"重大进步意义"（《中国通史》）。当然，一种延续了数百年之久的制度，说废除就废除了，并不可能。事实上此后的人牲和人殉，也史不绝书。不同的是：这两件事已不像在商代那样被认为理所当然。相反，谁要再搞，还会遭到抵制和批评。

这是有证据的。比如公元前641年，宋襄公与曹国、邾国的国君会盟，让邾文公杀鄫国的国君（子爵）祭祀社神，司马子鱼就反对。据《左传·僖公十九年》，司马子鱼说：用大牲口来进行小祭祀，尚且不可（小事不用大牲），哪里还敢用人（而况敢用人乎）？子鱼还说：祭祀，原本是为了人（祭祀，以为人也）。人，是神的主人；神，是人的客人（民，神之主也）。用人做牺牲品，谁能够享用（用人，其谁飨之）？你们这样倒行逆施，只怕没有好结果。将来能够善终，就是万幸（得死为幸）！遗憾的是，子鱼的反对似乎并没有成功，那个倒霉的鄫国子爵还是被杀了。《春秋》经文的记载，是"邾人执鄫子，用之"。

好在也有反对成功的，只不过这回反对的是人殉。据《礼记·檀弓下》，齐国的大夫陈子车死于卫国，他的老婆（妻）和管家（宰）就商量着要用人殉葬，而且连要杀的人都定下来了。为什么要用人殉葬呢？老婆和管家的理由是：夫子死在卫国，生病的时候没有得到足够的照顾，所以应该派两个人到阴间照顾他（*夫子疾，莫养于下，请以殉葬*）。然而陈子车的兄弟陈子亢反对。陈子亢说：用人殉葬，不合礼法（*以殉葬，非礼也*）。当然了，你们也有你们的道理，我哥哥生病的时候"莫养于下"（养，去声，音样）嘛！不过，最该照顾他的，也就是二位（*彼疾当养者，孰若妻与宰*）。所以，我的意见是：能够不用人殉葬，最好（*得已，则吾欲已*）。实在不行，就只好杀你们两个（*不得已，则吾欲以二子者之为之也*）。结果大家也能想象，是陈子车的老婆和管家都不再坚持人殉。

其实陈子亢这个人，大家应该能够想起来，他就是《论语》中曾经向子贡和孔鲤提问的陈亢（请参看本书第一章第四节），我称之为"编外粉丝"的那个。现在看来，陈亢虽然是编外粉丝，却也得孔子真传。因为孔子也是反对人殉的，而且连用俑都反对。俑，音勇，也就是殉葬用的土偶和木偶，比如秦始皇墓中的兵马俑。对于这类东西，孔子深恶痛绝。据《礼记·檀弓下》，孔子曾明确表示"为俑者不仁"；而据《孟子·梁惠王上》，孔子的话说得更难听，道是"始作俑者，其无后乎"，意思是第一个发明俑的人，大概会断子绝孙吧！我们知道，发明土偶和木偶，原本是为了代替人。与用人殉葬相比，应该说是一个进步，孔子为什么还要诅咒？杨伯峻先生认为，是孔子不知道这个过程，以为用俑在前，用人在后。有了俑殉，就会有人殉。我倒不这样认为，我认为孔子是从根本上反对人殉。也就是说，在孔子看来，用真人、活人固然不行，用假人、用俑，也不行。因为俑是人的替身，也是人的象征。用俑殉葬，就是承认用人殉葬的合理性和合法性。何况当时的俑，都做得活灵活现，某些木俑还能"踊动"，这才叫做"俑"。所以孟子认为，孔子反对用俑，就因为它们太像人了（*为其象人而用之也*）。

《礼记·檀弓下》也说，用这样酷似真人的俑殉葬，与用人简直没有区别（不殆于用人乎哉）！故此例不可开，此风不可长。此例一开，人殉就有复辟的可能，因此连这个口子也必须堵住。显然，这是一种原始的、素朴的人道主义精神。其核心，就是要把人当人，不能把人当牲口。子鱼的态度，子亢的想法，孔子的观点，都如此。

问题是，仅仅把人当人远远不够。为什么不够？因为天命不可废，鬼神不可无。天命为什么不可废？废了天命，周的政权就没有了依据。鬼神为什么不可无？没了鬼神，周的统治就没有了手段。灭商之后，武王也好，周公也好，都一再对别人说：我们为什么要取代殷商？我们为什么能取代殷商？就因为有皇天上帝的授权。这就叫"天命"。天命，原来是给夏的。但是，后来上天改主意了，授权给商，让他们灭夏，这就叫"革命"，即"殷革夏命"。这回也一样，是我们接受上天的授权，革殷商的命，即"周革殷命"。这就是西周政权的合法性。所以，天命还得讲，鬼神还得要，祭祀和丧葬还得搞，又不能再像殷商那样不把人当人，那又该怎么办？

也只有一个办法：把神当人。

这个想法，恐怕也来源于周公。周公这个人，曾经先后生活于文王、武王和成王三个时代，亲身经历了周民族的兴起期（文王时代）、胜利期（武王时代）和建设期（成王时代），感触非常之多，体会也非常之多。这些感触和体会，有的记录在《尚书》，有的记录在《诗经》。比如，《诗经·大雅》中的《文王》，据说就是周公的作品。在这首诗里，周公提到了一件事，就是"周革殷命"以后，殷商的那些贵族，都穿着漂漂亮亮的礼服，毕恭毕敬排着队，在周人的祭祀仪式上行礼。于是周公说：天命真是伟大呀！殷商的子孙那么多，还不是统统变成了周的臣属，参加我们的祭祀？此时此刻，他们心中想念的，究竟是谁的祖宗呢?

我猜,周公是亲历过此事的。而且,这凄楚哀婉的一幕,看得他瞠目结舌、胆战心惊!谁能保证我们周人,就不会落得同样的下场?因此,他在赞美天命伟大的同时,也痛感"天命靡常"(《诗·大雅·文王》)。看来,天,并不总是只保佑某一个民族、某一个政权,瞬息之间,可能就转移了。所以,周公对召公奭说:"天不可信,我道惟宁王德延。"(《尚书·君奭》)也就是说:天命靠不住,靠得住的只有我们自己。我们能做的,就是谦虚谨慎,兢兢业业,把文王和武王的美德继承下去。否则的话,那老天爷可是会翻脸不认人的!

周公的这些话,代表着周人在胜利之后的反思。其中表现出来的理智和冷静,令人惊叹!他们没有被胜利冲昏头脑,反倒惊悚恐惧于"天不可信"和"天命靡常"。天命无常,靠得住的就只有德;天不可信,信得过的就只有人。当然,天命还在,天意还有,但"天视自我民视,天听自我民听"(《尚书·泰誓》),说到底,还是看人的表现。

因此,周公和他的同事,还有他的追随者,包括许多代以后的追随者们,便做出了一个英明的决策,或者说采取了一种高明的策略:神还要敬,命还要讲,皇天上帝也还要拜,但对于天、神、命,以及它们与人的关系,必须重新解释,重新定位。怎么解释?怎么定位?三点。一,人与天的关系,是"皇天无亲,惟德是辅"(《左传·僖公五年》引《周书》)。就是说,皇天上帝并不一定认准了只保佑某个民族、某个政权。谁有德,就保佑谁。二,人与神的关系,是"神聪明正直而壹者也,依人而行"(《左传·庄公三十二年》)。就是说,鬼神明察秋毫,人做好事他们就赐福,人做坏事他们就降灾。三,人与命的关系,是"祸福无门,唯人所召"(《左传·襄公二十三年》)。就是说,命运本身无所谓好坏,全看人们自己的选择。你选择好,就是福;你选择坏，就是祸。是福是祸，自己看着办。

这样一来，人与天、人与神、人与命的关系就全都变了，而且是越来越"不把村长当干部，不把豆包当干粮"，也就是越来越不把天、神、命当回事。事实上，说天"惟德是辅"，还多少承认上天选择的主动权；说神"依人而行"，这种主动权就打了折扣；而当他们说命运"唯人所召"时，主动权就完全在人手里了。于是，以神为本，就变成了以人为本；神的祭坛，也就变成了人的舞台。而且，越到后来，人就越占据历史舞台的中心，鬼神也就越是被边缘化。这样，发展到春秋晚期，就有了孔子的"敬鬼神而远之"（《论语·雍也》）。什么叫"敬鬼神而远之"？就是说，鬼神还是要祭祀的，但犯不着上杆子巴结。正确的态度，是敬畏鬼神，同时疏远。

显然，这里有一个问题，就是孔子究竟相信不相信鬼神的存在？我看其实不信。如果信，那就应该"亲而近之"，为什么要"敬而远之"？但是，鬼神是否存在，搞不清，也讲不清。最好的办法是存而不论，挂起来。问题是鬼神可以不讨论，祭祀却仍然要进行。既然要祭祀，就必须信神信鬼；但要相信鬼神，又实在缺乏证据。不能信，又不能不信，怎么办？好办得很！祭神祀祖的时候，权当他们存在好了。这就是所谓"祭如在，祭神如神在"（《论语·八佾》）。这不是老奸巨猾，而是抓住了问题的关键。因为在孔子看来，人之所以要祭神祇、祀祖先，无非是表达一种心意和敬意罢了。既然是表达心意和敬意，那就必须假设他们存在，认为他们存在，权当他们存在，而不要去问他们是否当真存在。比方说，我们祭祀祖先时，祖先还在吗？当然不在，但又活在我们心里。对待神，也如此。

孔子的这个主张，无疑非常明智，所以他才说"敬鬼神而远之，可谓知（智）矣"。其实这种明智也是必然的，道理很简单：把人当人，就不能"把神当神";不把神当神,就只能"把神当人"。最后的结果,则必然是不再讨论鬼神的有无。因此,这是一种理性态度,也是一种人文精神。其核心思想,就是认为现实的人和人生,比搞不清也说不清的鬼神重要。鬼神存在如何,不存在又如何?要紧的还是自己如何。这是人道主义,更是理智态度。或者说得再明白一点:把人当人,就是人道主义;把神当人,就是理智态度。

这就当然是"以人为本"了。不过这样一来,又有了新的问题。什么问题?就是在当时的情况下,你可以反对某种信仰,但不能没有信仰;可以不要某种崇拜,但不能没有崇拜。为什么不能没有?因为在人类的早期,包括人类文明的早期,所有的民族都得靠它们或他们凝聚族群。比方说,炎黄时代靠图腾,殷商时代靠鬼神。显然,周人只能用某种信仰去取代另一种信仰,用某种崇拜去替代另一种崇拜,不能取消崇拜和信仰。因此,在把神拉下神坛的同时,还必须把别的什么送上去。那么,他们又该怎么办?

说来很简单:把人当神。

这倒也不难理解。既然崇拜是必需的,那么,不崇拜神,就会崇拜人。问题是人也有好几种,周人崇拜谁?他们选择的是圣人。什么是圣人?一般来说,圣人都是历史上对我们民族起过大作用的人。他们往往同时也是过去的领袖,因此也叫"先王""先圣"。最早的,有伏羲、神农、黄帝;晚一点,有尧、舜、禹;再晚一点,有商汤、周文。不过,圣人并不一定是王。比如周公、孔子,就圣而不王。王也不一定是圣人。比如夏桀、殷纣,就王而不圣。王不一定圣,圣不一定王,怎样才算?两条:一是有大贡献,二是有大发明。比如大禹治理洪水,商汤推翻暴政,是大贡献;周公制定礼乐,孔子创立儒学,是大发明。当然,最好是既有大贡献,又有大发明,比如伏羲发明了八卦,神农发明了医药，黄帝发明了车船。这就从根本上改变了我们的生活，理应受到崇拜。早期的圣人，就是这样。他们是在我们民族历史上开思想、文化、制度之先河的人。他们留下的言论，就是"经"；他们创立的制度，就是"典"；他们阐述的思想，就是"道"。圣人，掌握了真理（道），创造了经典（文化、制度），改变了生活，因此叫"圣"。从周代开始，我们民族崇拜的，就是这样一些历史上或者传说中曾经存在过的人。儒家有此崇拜，墨家和道家也有，只不过名单不同（比如墨家崇拜大禹，道家崇拜伏羲）。实际上，圣人的名单并不固定。比如孔子，原本不是圣人的，后来是了。再后来，孟子等等，也都是了。再后来，关羽也是了，孟子则一度被拉下来。可见谁是圣人，有争议。要崇拜圣人，没问题。

这就不是"神的崇拜"，而是不折不扣的"人的崇拜"，因此应看作"以人为本"的组成部分。问题是：圣人虽然是人，享受的待遇却是神。他们不容亵渎，不容诽谤，不容非议，与神没有两样。比如魏的嵇康，就因为离经叛道菲薄圣人，被司马昭杀了。当然，司马昭杀嵇康，"非汤武而薄周孔"（嵇康《与山巨源绝交书》）只是原因之一，甚至只是借口。但能做借口，也说明问题。同样，司马昭杀嵇康虽然是在魏的景元三年（公元262年），"圣人崇拜"却是周人开的头。没有周人崇拜圣人之前因，就没有司马昭杀嵇康之后果。没错，嵇康之前，也有批判圣人的，比如庄子和韩非。不过他们只是批判某些圣人，不批判圣人的全部。何况那是在战国，礼坏乐崩，圣人也就不圣了。礼不坏乐不崩的时候，有人批判吗？没有。没有倒也不是不敢，而是因为在周代，圣人其实是被当作神来崇拜的。圣人在人们心目中的地位很高，没人会去批判。所以，圣人崇拜，就是把人当神。

不过这里还是有问题。什么问题？当作神的，不一定非得是圣人嘛！比如英雄，不能崇拜吗？当然能。然而中国人的英雄崇拜，远不能与圣人崇拜相比。比方说，追日的夸父，射日的后羿，无疑都是英雄。但是，他们能跟伏羲或者尧、舜比吗？不能。后世也一样。比如三国时期的曹操、刘备、孙权，都是英雄，可是人们崇拜的，却是诸葛亮和关羽。诸葛亮和关羽是什么人？圣人。圣人的地位高，还是英雄的地位高，不是一目了然吗？

于是我们要问：周和周以后的中国人，为什么最崇拜圣人呢？还是得弄清楚究竟什么是圣人。孟子的定义，是"人伦之至也"（《孟子·离娄上》），也就是人群当中最有道德的。比如伯夷、伊尹、柳下惠和孔子，各不相同。伯夷清高（圣之清者），伊尹负责（圣之任者），柳下惠随和（圣之和者），孔子识时务（圣之时者），但又都是圣人（《孟子·万章下》）。为什么？因为都是道德楷模。这是所谓"后圣"。回过头再看"先圣"：唐尧、虞舜、夏禹、商汤、周文，哪一个不是"有德之君"？这就叫"先圣后圣，其揆一也"（《孟子·离娄下》）。第三梯队的孔明、关羽、岳飞等等，也如此。他们能够成为圣人或者"候补圣人"，都首先是因为有道德，比如诸葛亮鞠躬尽瘁，关羽义薄云天，岳飞精忠报国。

这就清楚了。原来要成为圣人，有贡献、有发明固然重要，更重要的还是要有道德。圣人，一定是众望所归的道德楷模，这是圣人之所以成为圣人的首要条件。显然，中国人的所谓"圣人崇拜"，其实不过是"道德崇拜"。所以，如果说"把人当人"体现的是人道主义，"把神当人"体现的是理智态度，那么，"把人当神"体现的就是道德精神。人道主义、理智态度、道德精神，这三条合起来，就叫"以人为本"。

问题是，这与我们要讨论的礼乐制度又有什么关系呢？

好大一个家

　　以人为本与礼乐制度有什么关系？关系就在于，礼乐是一种制度，更是一种文化。文化比制度重要，文化精神又比文化方式重要，正如立法精神比法律条文重要。礼乐制度的精神是什么？第一条就是"以人为本"。为什么是"以人为本"呢？因为所谓"礼乐"，是周人创造的不同于夏制度和商制度的新制度，也是不同于夏文化和商文化的新文化。而区别开夏、商、周三种文化的，首先就是这一条。过去，人们总把夏、商、周简单地看作三个朝代。其实，夏、商、周不仅是三个朝代，也是三个时代，更是三个族群和三种文化。准确地说，是三个不同的族群在三个不同的时代，先后创造了三种不同的文化。这三种不同的文化，有着三种不同的精神。简单地说，就是"夏道尊命"，"殷人尊神"，"周人尊礼"（《礼记·表记》）。尊命，其实就是信天命。尊神，其实就是敬鬼神。尊礼，其实就是重人事。所以，这三种不同的文化，也可以各有一个关键词：天命、鬼神、人文。周文化既然是人文文化，当然以人为本。以人为本，就要把人当人、把神当人、把人当神。这就有了圣人崇拜。圣人是人，同时又是最有道德的人。所以，崇拜圣人，其实就是要"以德治国"。这就是礼乐制度的第二个内容，也是礼乐文化的第二种精神，而且是核心内容和核心精神。也就是说，以人为本是前提，以德治国是核心。所谓"礼乐制度"，其实就是围绕这个核心来设计的。

　　那么，周公他们又为什么要"以德治国"？

　　两个原因。一是殷商的教训，二是统治的需要。殷商为什么灭亡？

不把人当人。这就是"失德"。周人为什么胜利?把人当人。这就是"有德"。这一点,周人心里应该是有数的。据说,武王伐纣的时候曾经对联军说:纣王那边虽然人多,可是"离心离德"。我们这边虽然人少,却是"同心同德"(《尚书·泰誓》)。由于《尚书》的《泰誓》篇来历不明,这话并不能肯定是武王说的,却能代表周人的观点:失德者失天下,有德者得天下。更何况,为了解释政权的合法性,周人还一再宣称"皇天无亲,惟德是辅",也就是谁最有德,谁就能得到皇天上帝的授权。以前,夏桀失德,商汤有德,天下就归了商人。现在,殷纣失德,周王有德,天下自然就归周人。周人既然以"德"得天下,当然也就必须以"德"治天下。总之,无论是吸取教训,还是维护统治,周人都必须主张并实行"以德治国"。

然而"以德治国"是有问题的。有什么问题?道德这东西,看不见也摸不着,怎么治天下?因此,还要有实实在在的东西来辅助,来做支撑点,这就是礼乐。为什么是礼和乐?这就要弄清楚什么是礼,什么是乐,它们又各有什么作用和功能。

先说"礼"。

什么是礼?说法很多。我认为,周公"制礼作乐"的礼,是一种制度。什么制度?等级制度。这一点,举个例子就能说明。什么例子?五服。五服这玩意,中国人都知道,又未必都清楚。出了五服,就不是亲戚,这个大家都知道。但,为什么出了五服就不是亲戚?这个管着是不是亲戚的制度为什么叫"五服"?不一定明白。

其实五服是一种礼,也是一种制度。什么制度?丧服制度。什么叫"丧服制度"?就是家里死了人,怎么穿衣服。怎么穿呢?五种穿法,五个等级。最高的一级,叫"斩衰"。衰,音崔,丧服。斩衰,就是最粗糙的丧服。怎么粗糙?第一,必须是生麻布;第二,必须是粗麻布;

第三,裁剪的时候不能用剪刀,只能用刀砍,所以叫"斩衰";第四,不缝边。这种衣服,搁在今天就是"酷",搁在当时却是"苦"。正因为是苦,所以是最高规格。什么人穿呢?主要是三种人:臣(为君)、子(为父)、妻(为夫)。另外还有一个特例,就是父为嫡长子。嫡长子为什么有此特权?后面再说(请参看下一节)。

斩衰以下,还有四个等级:齐衰(读资崔)、大功、小功、缌麻。共同特点,是都用熟麻布,也都缝边。因为缝边,所以叫"齐衰"。它们之间的区别,在于麻布的粗细。齐衰最粗,大功次之,小功又次,缌麻最细。实际上,所谓"缌麻",就是细麻布。不过,齐衰再粗,也粗不过斩衰。斩衰的用布,是又生又粗,面料和做工都最差。这就是等级,也是规格。下面列出来,大家一看就明白:

第一等(斩衰):生麻布,最粗,刀砍,不缝边;

第二等(齐衰):熟麻布,次粗,裁剪,缝边;

第三等(大功):熟麻布,较粗,裁剪,缝边;

第四等(小功):熟麻布,较细,裁剪,缝边;

第五等(缌麻):熟麻布,最细,裁剪,缝边。

由此可见,规格越高,穿得就越差、越苦。为什么?丧服嘛!不差不苦,不足以表达悲痛之深。所以,丧服的规格越高(也就是穿得越差越苦),服丧的期限也越长。第一等,斩衰,三年(实际二十五个月);第二等,齐衰,或三年,或一年,或五个月,或三个月,看对象;第三等,大功,九个月;第四等,小功,五个月;第五等,缌麻,三个月。五服的等级,就表现在这三个方面:布料的好坏、做工的粗细和时间的长短。面料好坏不同,做工粗细不同,丧期长短不同,适用的

对象也不同。下面列出来,同样一看就明白:

第一等(斩衰):三年,臣为君,子为父,妻为夫,父为嫡长子;

第二等(齐衰):三年,父已去世子为母,母为嫡长子;

一年,父未去世子为母,夫为妻,孙为祖父母;

五个月,为兄弟、众子、叔伯父母、曾祖父母;

三个月,为高祖父母;

第三等(大功):九个月,男子为堂兄弟,女子为亲兄弟,公婆为嫡长子之妻;

第四等(小功):五个月,为堂祖父母、外祖父母、舅舅、姨;

第五等(缌麻):三个月,为族人、岳父母、外甥、外孙、女婿。

于是我们要问,搞这么复杂干什么呢?

体现差异。要知道,礼的一个重要作用,就是规定等级和差别,叫"礼辨异"(《礼记·乐记》)。具体地说,就是别内外、定亲疏、序长幼、明贵贱。比方说,同为祖辈,就要分爷爷奶奶和外公外婆(姥爷姥姥)。爷爷奶奶死了,服齐衰(第二等),丧期一年。外公外婆去世,服小功(第四等),五个月。为什么?内外有别,父系为内,母系为外。所以,父系为堂(堂兄、堂弟、堂姐、堂妹),母系为表(表兄、表弟、表姐、表妹)。堂,还在家里;表,则在外面。因此,中国古代的婚姻制度,是堂兄妹不能结婚,表兄妹就可以(比如贾宝玉与薛宝钗或林黛玉),还很提倡,叫"亲上加亲"。这就是"别内外"。

为什么要"别内外"?为了"定亲疏",即父系为亲,母系为疏。所以,就连表亲也还要再分,分为姑表和姨表。姑表,是父系之亲;姨表,是母系之亲。于是姑表亲于姨表。那么,舅舅、姑父、姨父,谁又最亲?对不起,舅舅第一,姑父第二,姨父第三。这个等级秩序是怎排出来的？看亲疏。舅舅是母亲家的人，与母亲同姓。姑父和姨父，则既不是父亲家的人，也不是母亲家的人，与父母亲都不同姓。结果，舅舅理所当然排第一。姑父和姨父，虽然都是外姓人，但姑姑是父系，姨妈是母系，只好委屈姨父排第三，让姑父排第二。这笔账，很好算。但是，舅舅和姑姑，哪个面子大，就不好说了。为什么？姑姑是父系，舅舅是母系。这样看，姑姑面子大。问题是，姑姑是女人，舅舅是男人，又该怎么说？传统的办法，是具体问题具体分析，一看事情，二看辈分。一般来说，国事问舅舅，家事问姑姑。家事当中，涉及父系的问姑姑，涉及母系的问舅舅。不过有一点可以肯定，就是舅舅的面子再大，也大不过姑奶奶，因为姑奶奶辈分高。中国人的传统观念，是祖辈当中，除了祖父母，就数姑奶奶面子大。如果是"老姑奶奶"，那面子就大得吓人。因此，一个女人，如果厉害非常，我们就会叫她"老姑奶奶"或者"小姑奶奶"。

由此可见，决定等级差别的，除了血系，还有辈分。这就不但要"别内外"，还必须"序长幼"。比如父亲去世，服斩衰（第一等），三年。儿子死了，服齐衰（第二等），只有五个月。这就是"长幼有序"。"序长幼"的目的是"明贵贱"，即长贵幼贱。不过，长幼只是贵贱的标准之一，此外还有男尊女卑、君尊臣卑。比如君主死了，臣子要服斩衰，这就是君尊臣卑。又比如丈夫死了，妻子服斩衰（第一等），三年。妻子去世，丈夫却只服齐衰（第二等），一年。这就是男尊女卑。尊卑，是最重要的标准。

又是尊卑，又是贵贱，又是内外，又是亲疏，如此这般地排列组合下来，就是五服。这五个等级当中，最高一级，是君主、父亲、丈夫、嫡长子。他们不是"至亲"（如丈夫），就是"至尊"（如君主），或者兼而有之（如父亲）。最低一级，则是族人、岳父、岳母、外甥、女婿、外孙。他们或者没有血缘（如女婿），或者关系疏远（如族人），所以排在第五等。五等之外，没有规定，就不算亲属或亲戚了，叫"出了五服"。很清楚，贯穿"五服"的原则，就是十六个字：内外有别，亲疏有差，长幼有序，贵贱有等。

这就是礼。它的核心，就是等级和秩序。有了这一系列的等级，整个社会就条理分明、秩序井然，因此叫"伦"。阐明这个秩序的原理，就叫伦理；体现伦理的法则，就叫礼法；体现伦理法则的制度，就叫礼制；体现伦理法则的情感，就叫仁爱。儒家主张"仁爱"，反对"兼爱"，原因就在这里。孔子一再强调"君君，臣臣，父父，子子"，认为执政之要首在"正名"，原因也在这里。

问题是，秩序为社会所需，等级却不符合人性。人，生而平等，没有人愿意做"人下人"。森严的等级，严格的规定，肯定让人不舒服、不高兴、不爽。何况周人的这些规定，也未必都合理。我们知道，五服制度有一个精神，就是越亲就越近，等级也越高；越疏则越远，等级也越低。因此，父亲去世，服斩衰（第一等），三年。祖父母去世，服齐衰（第二等），一年。曾祖父母，也是服齐衰，五个月。高祖父母，也是服齐衰，三个月。这是有道理的，亲则近，疏则远嘛！但是，父母亲，同样是最亲近的人，却不一样。父亲去世，肯定服第一等的斩衰，三年。母亲去世，却看情况。父亲不在世，三年。父亲在世，一年。而且不管是三年还是一年，都服第二等的齐衰。这就是不平等。还有，祖父母二等，外祖父母四等，岳父岳母五等，也明摆着是不合理、不平等。这也不仅仅是五服的问题。所有的礼制，都有同样的问题。这些问题，估计周公他们也清楚。那么，他们有解决的办法吗？

有。什么办法？既"制礼"，又"作乐"。

作乐，为什么就能解决问题呢？这就要看什么是"乐"。乐，有两个读音,也有两个意思。一个音岳,就是音乐。一个音勒,就是快乐。这两个意思,是相通的。为什么会相通?因为听音乐是快乐的。因此,快乐的生活,美好的社会,也应该像音乐。音乐是什么样的?是和谐的。为什么和谐?因为由不同的乐音所构成。乐音有四个不同:音高、音长、音强、音色。每个音和每个音,都不一样。有的音高,有的音低,有的音长,有的音短,但是组织在一起,很好听。这就是和谐。为什么?多样统一。

礼乐制度的创造者认为,我们的社会也应该这样。比方说音乐有宫、商、角、徵、羽,爵位就可以有公、侯、伯、子、男,丧服也就可以有斩衰、齐衰、大功、小功、缌麻嘛!五服和五爵就像五音,是等级,也是秩序。至于谁是公谁是侯,谁是伯谁是子、男,就像宫、商、角、徵、羽,也像谁是老爹谁是儿子,全是天意,没有价钱好讲。要紧的是所有的"乐音",都安分守己待在自己的位置上,君是君,臣是臣,父是父,子是子,不要乱动。不乱动,就和谐。和谐又怎么样呢?就心情舒畅,跟听音乐一样快乐了呗!

这当然有道理,不过同时也有问题。什么问题?不同的乐音组合在一起,安排得好,当然和谐;但安排不当,也很难听的。然而周人却告诉大家毋庸置疑,因为礼乐制度是周公制定的。周公是什么人?圣人。圣人做的事情,还会错吗?所以,周公设计的制度,就是最好的制度;周公安排的社会,就是最好的社会;周公谱写的乐曲,就是最好的乐曲,大家照着演奏跟着唱就是了,有什么可着急的呢?

如此说词,倒也头头是道,问题是管不管用。现在看来,作用还是有的。为什么呢?因为音乐有三大功能:宣泄功能、调节功能和情感传达功能。一个人,心里不痛快,站在黄土高坡上吼一嗓子,没准就舒服了。这就是宣泄功能。格罗塞的《艺术的起源》说,一位探险家在澳洲吃了当地禁食的贻贝，他的土著向导只好在黑夜里恐怖地歌唱"直到睡熟"。这就是调节功能。因此，完全可以用乐来进行心理调节，弥补礼的不足。

不过更重要的，还是情感的传达。所谓"传达"，就是让他人、让欣赏者也体验到相同的情感。这其实也是一切艺术的功能。事实上，当时的所谓"乐"，并不只是音乐，而是包括了一切艺术，其中最主要的是诗和舞蹈。《礼记·乐记》说："诗，言其志也；歌，咏其声也；舞，动其容也。三者本于心，然后乐器从之，是故情深而文明。"情深，就是情意深长；文明，就是文采鲜明。情意既深长，文采又鲜明，当然能够让人体验到相同的情感。体验到相同的情感又怎么样呢？就心心相印，息息相关，同心同德了。这样一种相同的情感，平时可以帮助人们和平共处，战时则可以促使人们同仇敌忾。比如《诗经》中的《无衣》，我怀疑就是秦国的一首军歌。它的歌词是这样的："岂曰无衣？与子同袍。王于兴师，修我戈矛，与子同仇。"这话翻译成白话，就是：谁说你没有军衣？我和你共一件战袍。君王就要发兵了，修理好我的长矛，我和你同一战壕！对于这首诗，历来有不同的解释。但我以为只要不是假道学和书呆子，都不难从中体验到一种强烈的情感，一种慷慨激昂的战斗豪情。我们知道，上古时代的诗，是可以歌唱的；那时的歌，也是可以舞蹈的。因此，当秦王和他的子民们载歌载舞的时候，大约会心往一处想，劲往一处使吧！因为那统一的旋律、统一的节奏和统一的动作，只能导致统一的感受和统一的行动。

这就叫"乐统同"（《礼记·乐记》）。乐统同，礼辨异，这就是礼乐最主要的作用和功能。也就是说，礼，是用来辨别差异、区分等级的；乐，则是用来统一情感、保证和谐的。礼与乐，是一个和谐互补、相辅相成的关系。

礼与乐的这种关系，有点像太极图中的阴阳二鱼，相反、相依、互动，又同在一个圆圈内，围绕同一个圆心。这个"圆心"，就是"德"。因为周公之所谓乐，并不是一般意义上的音乐，而是"有德之乐"。它们的目的也不是娱乐，而是表现伦理情感，进行道德教育。只不过，这种教育又是很快乐的，这就叫"寓教于乐"。这样的教育，就叫"乐教"。乐教与礼教合起来，就叫"礼乐教化"。礼，保证行为符合道德；乐，保证情感符合道德。行为和情感都符合道德，以德治国的方针，就落到了实处，这就叫"礼乐皆得，谓之有德，德者得也"（《礼记·乐记》）。也就是说，以德治国，礼乐辅之，一个核心（德），两个支撑点（礼与乐），这可真是煞费苦心。

现在，我们大体上明白什么是礼乐制度和礼乐文化了。简单地说，就是以人为本，以德治国，以礼维持秩序，以乐保证和谐。在这种制度下和文化中，社会是有等级的，同时又是无矛盾的，就像音乐。看来，周公是把他们的天下和社会，看作合唱团了。合唱团当然要有不同的声部：高音部、中音部、低音部等等。所以，在周公及其追随者看来，一个音乐般美好的和谐社会，也应该有不同的等级。这话貌似有理，其实不通。没错，合唱团里是有不同声部，但这只是分工的不同，绝不意味着不同声部的人在人格上不平等。事实上，在音乐作品中，乐音并没有"音格"问题。不同的乐音之间，也不存在"音格"的不平等。如果不平等（比如规定低音只能短而弱，高音必须长而强），音乐就不会和谐，也不会好听。由此可见，不平等的社会绝不可能和谐。真正和谐的社会，应该是人人平等又各有所需，各有所长，各得其所。这才是我们希望看到的。

不过平心而论，在当时的情况下，周公他们用礼乐来实施统治，实在算得上是既开明又高明，因为这比血腥镇压、草菅人命、滥杀无辜好多了。事实上，思想上确立"以人为本"，政治上实行"以德治国"，制度上推行"礼乐教化"，这一系列的举措，都说明以周公为代表的周人，已经是一个相当成熟的民族，这才创造出如此精巧高明的新制度和新文化。这也正是春秋战国时期会出现诸子百家争鸣的第一个原因——心智的成熟。

当然，这只是第一个原因。它还有第二个原因，即社会的剧变。社会剧变的具体表现，就是"礼坏乐崩"。这是先秦诸子百家争鸣的直接原因。于是我们就要问：如此煞费苦心创造出来的制度和文化为什么会出问题，又为什么会面临崩溃？

命运呼叫转移

要知道礼乐制度为什么会崩溃，先得弄清楚它为什么能实行。为什么能实行？因为"家天下"。什么叫"家天下"？就是把整个天下，看作和说成一个巨大的家族。它有一个最大的族长或家长，叫"天子"。这个巨大的家族下面，又有百十来个次大的家族，叫"国"。它们也都有各自的族长或家长，叫"诸侯"，也叫"国君"。每个次大的家族下面，是若干中等的家族，叫"家"。它们也都有各自的族长或家长，叫"大夫"，也叫"家君"。再下面，则是最小的家族，甚至小家庭。它们的族长或家长，叫"士"。士，是大夫的儿子或兄弟；大夫，是诸侯的儿子或兄弟；诸侯，大部分是天子的儿子或兄弟，小部分是其他人。不过这些其他人，也多半是天子的舅舅、外甥、女婿之类。因此，士家族是大夫家族的分支，大夫家族是诸侯家族的分支，诸侯家族则是天子家族的分支。总之，普天之下，都是一家子。这就可以实行礼乐制，也必须实行礼乐制。为什么？因为家人之间，一是要相亲相爱，这就是"仁"；二是要互帮互助，这就是"德"；三是要长幼有序，这就是"礼"；四是要其乐融融，这就是"乐"。可见，礼乐制能够实行，是因为"天下一家"。

或许有人会问：西周时的天下，范围已经很是不小，比如周在陕西，燕在河北，晋在山西，楚在湖北，宋、卫在河南，齐、鲁在山东。此外，湘、赣、苏、浙，也都有周的诸侯国。这么大的地方，这么多的人民，怎么能变成一家子呢？

周人的办法，是宗法制加封建制。什么叫"宗法制"？说得简单一点，就是在一个家族众多的子女中，确定谁是老大，谁是老二、老三的制度。谁是老大？嫡长子。谁是老二、老三？次子和庶子。什么叫"嫡长子"？父亲与正妻所生的第一个儿子。什么叫"次子"？父亲与正妻所生的其他儿子。什么叫"庶子"？父亲与侧室（妾）所生的儿子。次子和庶子，无论年龄大小，出生先后，其地位与嫡长子都不可同日而语。因为只有嫡长子，才代表着家族的血统，叫"正统"。家族的爵位和财产，原则上也只能由嫡长子继承，叫"嫡系"。正统和嫡系叫"大宗"，次子和庶子叫"小宗"。因此，嫡长子去世，就连父亲都要为他服"斩衰"，此为五服中长幼颠倒的唯一例外。这就叫"嫡长子制"，是宗法制的核心。

问题是，这种制度，与"家天下"制又有什么关系呢？周人的说法是这样的：首先，设定周王是皇天上帝的嫡长子，所以叫"天子"。如此，则诸侯是天的次子或庶子。这就确定了天子与诸侯的宗法关系。依此类推，诸侯是国族的嫡长子，大夫则是国族的次子或庶子；大夫是家族的嫡长子，士则是家族的次子或庶子。天子与诸侯、诸侯与大夫、大夫与士，都有宗法关系，岂非"天下一家"？

不过，光有宗法关系，还不行。因为宗法关系是社会关系，只能用于家庭、家族。周王国（姬姓）与宋公国（子姓）、齐侯国（姜姓）、郑伯国（姬姓）、楚子国（芈姓）、许男国（姜姓）之间，却是国家关系。这就还必须封建。什么叫"封建"？就是假定皇天上帝把天下交给了周王，周王又把天下分成若干国，各自指定一个国君去统治，这就叫"封土建国"，也叫"封邦建国"。具体地说，划定疆域叫"封"，指定国君叫"建"。国君得国以后，也不能独吞，还要再分一次，分给本国的大夫。周王分土地和人民予诸侯，叫"建国"；诸侯分土地和人民予大夫，叫"立家"。大夫"立家"以后，就不能再"封建"了，但可以给士"食田"。食田，就是吃赋税的田地，也就是给饭吃。士的食田是大夫给的，大夫的采邑是诸侯给的，诸侯的领地是天子给的，这就是"封建"。

封建制和宗法制加起来，结果是什么呢？是天子、诸侯、大夫、士之间，都有两重关系。第一是宗法关系，即嫡庶。具体地说，天子是嫡，诸侯是庶；诸侯是嫡，大夫是庶；大夫是嫡，士是庶。第二是封建关系，即君臣。具体地说，士是大夫的臣，大夫是士的君，也是家中所有庶民的君，叫"家君"。大夫是诸侯的臣，诸侯是大夫的君，也是国内所有国民的君，叫"国君"。诸侯是天子的臣，天子是诸侯的君，也是天下所有人民的君，叫"天下共主"。也就是说，天子与诸侯、诸侯与大夫、大夫与士，既是君臣，又是家人。是君臣，就要讲尊卑，这就是"礼"。是家人，就要讲和谐，这就是"乐"（音乐），也是"乐"（快乐）。由此可见，所谓"家天下制"，是由封建、宗法、礼乐三大制度共同构成的。封建制管国家形态，宗法制管社会结构，礼乐制管文化心理，各有所司，相辅相成，缺一不可。如果这三大制度不出问题，天子、诸侯、大夫、士，每一级的老大、老二、老三都各安其位，既秩序井然，又和谐快乐，用儒家的话说，就叫"天下有道"。

这就是周公他们当年设计的一整套制度。应该说，这个设计是煞费苦心的，也是相当高明的。那么，这样精细周全、严丝合缝的制度，怎么又会面临崩溃呢？

原因也很简单：都是月亮惹的祸。

这不是调侃，而是比喻。我们不妨先拿周王朝，与后来的秦、汉、唐、宋、元、明、清比较。后来这些王朝，都是统一国家，我们称之为帝国。帝国或王朝之下，不再有低一级的国家，比如王国、公国、侯国。即便有，也不是独立主权国家。同样，帝国也只有一个国家元首，即皇帝，也叫天子。天子（皇帝）之下，也没有低一级的国君，比如王、公、侯。帝国的王、公、侯，都不是国家元首。总之，在帝国时代，除个别时期外，在当时中国（海内、天下）的范围内，只有一个国家，或只承认有一个国家（比如秦帝国）；也只有一个国家元首，或只承认有一个国家元首（比如秦始皇）。这就叫"一个天下，一个国家；一个天子，一个元首"。这样一种制度，就叫"帝国制度"。

所谓"周王朝"，则不同。周王朝不是统一国家，而是国家联盟。这个联盟由许多国家组成。其中最大的一个是周王国，次为宋公国，再就是若干侯国（如齐、鲁、卫、燕），以及更小的一些国家（如郑伯国、楚子国、许男国）。它们组合在一起，共同构成一个松散的联盟。联盟的成员国，都是相对独立的国家（不同时期和不同国家独立程度不等），有自己的政府、军队和财政收入。它们的国君，比如宋公、齐侯、郑伯，也都是世袭的国家元首。这些国家的内政，周天子原则上不能干预。也就是说，在当时中国（周天下）的范围内，除了周王国，还有许多主权国家；除了周天子，还有许多国家元首。这就叫"一个天下，许多国家；一个天子，许多元首"。这样一种制度，就叫"邦国制度"。

如此看起来，"周天下"有点像联合国。但是，在联合国，国与国之间是平等的。所有的成员国，只有大小，没有主从。大国也好，小国也好，都是星星，没谁是月亮。所以，联合国只有一个主持工作和协调事务的秘书长。周天下则不同，除了许多的"成员国"，它还有一个至高无上的周天子。周天子具有三重身份：周王国的国君，周联盟的盟主，皇天上帝的嫡长子。作为国君，他叫"周王"；作为盟主，他叫"天王"；作为皇天上帝的嫡长子，他叫"天子"。因此，他不仅是周王国的君主，也是整个天下的君主和全体民族的族长，叫"天下共主"。其他各国的元首，则叫"诸侯"。诸，就是"很多"的意思。请大家想想，"诸多的侯"尊奉"共同的主"，是什么格局？周王国是"国上国"，周天子是"人上人"，是什么关系？

很清楚，联合国是群星璀璨，秦王朝（也包括后来的汉、唐、宋、元、明、清）是烈日当空，周天下是众星拱月。问题是：众星拱月，怎么就会出问题呢？

因为月亮太多。

按照前面说过的"家天下"制，从最大的家族（天下），到次大的家族（国），再到中等的家族（家），其实都是众星拱月的结构。在天下，天子是月亮，诸侯是星星；在国，诸侯是月亮，大夫是星星；在家，大夫是月亮，士是星星。也就是说，天子是大月亮，诸侯是中月亮，大夫是小月亮。但大月亮小月亮，都是月亮。于是，小月亮就会想：我怎么就不能当中月亮呢？中月亮也会想：我怎么就不能当大月亮呢？何况还有士，虽然是星星，却也是候补月亮。于是他也会想：我怎么就不能当个小月亮呢？这就要有说法。台面上的说法，是嫡庶有别。比方说，天子是皇天上帝的嫡长子，诸侯是天的次子或庶子嘛！然而实际情况又是什么呢？是周王国的实力最雄厚，其他国家就差一些，或者差得多。比如宋,是手下败将;齐,是开国元勋;楚,是参战部队。这些就只能当诸侯。不过,宋虽然是商人之后,算是战败国,但原先却是最强大的,因此封为公爵。楚,虽然参加了灭商的战争,算是同盟国,却是南方荆蛮,实力较弱,就封为子爵。可见说到底,还是谁的实力强,谁就当老大;谁的拳头硬,谁有话语权。一句话,枪杆子里面出政权。

这样一说,也就明白了。谁当星星,谁当月亮,或者谁当大月亮,谁当小月亮,真正的决定因素不是名分,而是实力。所以,周天下的秩序要想不乱,只有大小月亮和大小星星的实力永远不变。可惜这并不可能。孟子说得很对:"君子之泽,五世而斩。"(《孟子·离娄下》)也就是说,没有哪个家族能永远富贵,也没有哪种制度能一成不变。五世之后,大约也就差不多了。那么,从西周封建,到春秋战国,有多少年呢?少说也有三百多年。按二三十年一代计算,有多少代?早出五世了!这个时候,星星月亮们的实力还会是西周初年那个样子吗?当然不会。有的月亮会变小,有的星星会变大。于是我们要问:如果星星的实力变得比月亮还大,枪杆子也多,腰杆子也壮,会怎么样呢?那就会耗子腰里别了杆枪,起了打猫的心思。

比如楚国。

楚国原本是南方长江流域的一个部落联盟,因为曾经派兵参加周武王的伐纣战争,被成王封建,爵位子爵,建国丹阳(今湖北省秭归县),是个第四等的星星。但是他们并不甘居下游,便自称"蛮夷",奋发图强。到了周夷王在位(公元前885—前878)的时候,周王国已经开始衰落,众星拱月的格局发生了变化,诸侯们都不听招呼,互相打仗(《史记·楚世家》云"王室微,诸侯或不朝,相伐")。楚国的国君、第六任子爵熊渠,觉得周天子这个月亮不怎么亮了,自己反倒光彩夺目,便一口气把自己的三个儿子都封了王,公然当起月亮来。熊渠的说法，是"我蛮夷也，不与中国之号谥"。这话翻译过来就是：老子本是野蛮人，干吗由你来定名分？当然是老子想当什么，便是什么。

熊渠的称王，是在西周，当然不能成功。所以在周厉王在位（公元前877—前841）的时候，又缩了回去。但是到了春秋早期，周平王的时候，楚国又想当月亮。这时楚国的国君叫熊通，他发兵攻打与周天子同姓（姬姓）的随国，让随国的国君去告诉周王：寡人手上有几把破枪，想带了去考察一下中原地区的政治，参观学习。不过，寡人的爵位太低，怕见了面不好意思，请天子抬举一下（*我有敝甲，欲以观中国之政，请王室尊吾号*）。结果王室不同意。熊通想：你这不是给脸不兜着吗？我们蛮夷，还吃这一套？就说：你不给，我自己加（*王不加位，我自尊耳*）。而且，要加就搞个大的。于是，公元前704年，也就是孔子诞生前一百五十三年，熊通自称武王（《史记·楚世家》）。从此，楚国的国君，也世代称王。我们知道，王，是天子的称号。诸侯，最多称公。公以下，还有四个等级。熊通从子爵跳到王爵，就是坐了直升机，直接从不太大的星星变成月亮了。

不过楚人的称王，还只是放了人造卫星。天字第一号的大月亮，还是周王。所以，到春秋中期，楚人便开始向天子叫板。公元前606年，即孔子诞生五十五年前，楚庄王借战争之机，在周王的地盘上搞军事演习，耀武扬威。楚庄王叫熊侣，是春秋五霸之一，也就是自称"三年不蜚（飞），蜚将冲天；三年不鸣，鸣将惊人"（《史记·楚世家》）的那位老兄。他来搞演习，自然不怀好意。无奈这时的周王，早已摆不起天子的架子。于是周定王俣只好派了王孙满去劳军，却没想到那楚庄王，居然问起"九鼎"的大小轻重来。九鼎，是大禹担任部落联盟领袖时铸造的礼器。铸九鼎所用的青铜，据说来自"九州之牧"。这样，九鼎便象征着九州，也象征着天下的最高领导权，因此一直被奉为传国之宝。楚王问九鼎多大多重，其实就是想做猫了。于是，王孙满便义正词严地告诉庄王：天命"在德不在鼎"。鼎的大小轻重，不是可以随便问的（《左传·宣公三年》）。

这就是有名的"问鼎事件"。"问鼎中原"这个成语，就从这里演变而来。请问，这叫什么？星星不是那个星星，月亮也不是那个月亮。事实上，楚王敢于"问鼎"，就因为周王室衰微。王室衰微，诸侯就跋扈。同样，如果诸侯不行，大夫就会跋扈；如果大夫不行，家臣就会跋扈。事实也是如此。比如鲁，是最早的封国，第一任国君是周公的长子伯禽。可是到了孔子的时代，鲁国其实已经不是国君的了。是谁的呢？三家大夫，季孙氏、叔孙氏和孟孙氏。据《左传》，鲁襄公十一年（公元前562年），也就是孔子诞生十一年前，三家大夫把公室的军队一分为三，一家得一军。鲁昭公五年（公元前537年），也就是孔子十五岁那年，他们又把公室的土地和人民一分为四，季孙氏得两份，叔孙氏和孟孙氏各得一份，然后给鲁君一点小钱，算是赔偿。昭公气不过，在二十年后攻打季孙氏，结果被三家联合赶走，在外流亡七年而死。请大家想想，鲁国国内，难道不也是"耗子打猫"？

更可笑的是，三家大夫家里，也是"耗子当家"。比如季孙氏的家政，就被他的家臣阳货把持。阳货这个人，我们前面说过（请参看本书第一章第三节），也是个"打猫"的。鲁定公五年（公元前505年），即孔子四十七岁那年，阳货居然把自己的老板季桓子囚禁起来，逼他签订城下之盟，让自己在鲁国执政。这就更不像话了。不但他的老板（大夫）要听他的，就连老板的老板（国君）也要听他的，岂非乱套？这也真是恶有恶报。诸侯欺负天子，大夫又欺负诸侯；大夫欺负诸侯，家臣又欺负大夫。三年以后，阳货又勾结其他大夫的家臣谋反，要推翻三家大夫，自己当小月亮，只不过没能成功而已。

当然也有弄成了的，比如赵、魏、韩，比如陈田氏。赵、魏、韩，是晋国的三家大夫。陈田氏，是齐国的大夫，春秋时叫陈氏，战国时叫田氏，写法不同，古音一样。赵、魏、韩做的事情，是把晋国瓜分了。陈田氏做的事情，则是把齐君替代了。公元前403年，也就是墨子大约六十六岁那年，瓜分了晋国的三家大夫被周威烈王升格为侯。这就是"三家分晋"，通常作为进入战国时期的标志。十七年后（公元前386年），即墨子大约八十三岁那年，齐国的大夫田和（也叫陈和）也被周威烈王升格为侯，后来又成为齐国的国君。这就是"田氏代齐"。晋，是最古老的诸侯国之一。它的第一任国君，是周武王的儿子叔虞。齐，也是最古老的诸侯国之一。它的第一任国君，就是大名鼎鼎的姜太公。这是两个数一数二的中月亮，结果一个被星星分了，一个被星星吃了。更不像话的是，后来韩国和赵国还合兵攻周，把周王国一分为二，分为东周和西周。这个最大的月亮，终于沦落到连小星都不如。

这可真是"命运呼叫转移"。西周时期，星星是星星，月亮是月亮。诸多邦国，众星捧月般地尊奉着周王国和周天子这个"天下共主"。周王国实力雄厚，周天子地位崇高，既是至尊又是至强。诸侯的国内，大夫的家里，也是当家的能做主，做主的能当家。这在儒家看来，就叫"天下有道"。春秋时期，星星不是那个星星，月亮不是那个月亮。在天下，维持"国际秩序"的不再是天子，而是霸主。在某些诸侯的国内和大夫的家里，也是国君做不了主，大夫做主；或者家君做不了主，家臣做主。此即所谓"政由宁氏，祭则寡人"（《左传·襄公二十六年》），也就是"小老婆"当家，"大老婆"只要名分。国君只是祭祀天地祖宗，别的什么都管不了。这在儒家看来，就叫"礼坏乐崩"。战国时期，星星变成月亮，月亮变成星星，既有"天狗吃月亮"（三家分晋），又有"大鱼吃小鱼"（诸侯兼并）。而且，那些吃掉许多"小耗子"的"大耗子",后来还要公开当"猫"。大约在孟子三十九岁、庄子三十六岁的时候,齐、魏、燕、赵、秦、韩、宋各国纷纷称王。就连那个小小的中山国,也称王。这就等于是"一个天空,若干月亮"。这在儒家看来,恐怕就得叫"天下大乱"。乱,是不行的。但在当时,由乱而治,只有战争。所谓"战国",其实就是战争的时代。战争的结果,则是星星月亮都没了,只有一个星星在变成月亮以后,又变成了太阳。这就是秦。变成太阳的秦也不再是"秦王国",而是"秦帝国"。从此,郡县制度就取代了封建制度,官僚政治就取代了贵族政治,地主阶级就取代了领主阶级。一个全新的制度诞生了,一个全新的时代也开始了。这个制度,就叫"帝国制度"。这个时代,就叫"帝国时代"。从秦灭六国,到辛亥革命,我们民族实行的,就是这种制度。我们民族所处的,就是这种时代。

这样一种变化,当然是天翻地覆,可谓社会的剧变。春秋战国,则正是这一剧变的紧要关头。不难想象,作为国家和社会的重大转型期,此时此刻会激荡多少风云!事实上,这苦难的五百多年间,充满了战争、动乱和宫廷政变,刀光剑影,尔虞我诈,硝烟四起,血流成河。作为当事者,人们不会意识到这是变革必然经历的痛苦,转型必然付出的代价,而只会认为社会出了问题。于是,一个重大课题便摆在了大家的面前:中国向何处去?

那么,谁又能回答这个问题呢?

士人的崛起

回答这个问题的是士,也只能是士。

士或士人这个概念，大家应该已不陌生。因为前面一再讲到，儒、墨、道、法诸家，都是不同士人的代表。儒家代表文士，墨家代表武士，道家代表隐士，法家代表谋士。问题是，先秦诸子，为什么都是士的代表？或者说，为什么只有士，才可能成为思想家？

这就要弄清楚什么是士，士的特点又是什么。

也有四条。第一，士在秦汉以前，是最低一级的贵族。秦汉以前的社会，有阶级，也有等级。阶级有三等：贵族、平民、奴隶。贵族则分四级：天子、诸侯、大夫、士。这个等级是怎么形成的？封建所致，宗法使然。前面说过，封建是自上而下的。天子封建诸侯，诸侯封建大夫。大夫不能封建，他们的子弟侄就做士。还有，宗法只认嫡系，世袭爵位的也只有一个人（原则上是嫡长子），其他儿子怎么办？天子的其他儿子做诸侯，诸侯的其他儿子做大夫，大夫的其他儿子就做士。这就是第一点：士，是不能再封建的贵族。

第二，同为贵族，士与天子、诸侯、大夫的区别，在于前三种贵族都是领主，也都有领地。天子名义上有天下，实际上有王国；诸侯有国（封国），大夫有家（采邑），士则只有田。士的田，与诸侯的国、大夫的家又有什么区别？区别就在于国和家既包括土地，又包括人民。诸侯和大夫对这些土地有产权，对这些人民有治权。士却只有产权，没有治权；有些甚至连产权也没有（食田无产权，赏田有产权），只有经济收入，即田租和田税。这就叫"士食田"，也就是靠田赋和田税过日子。这就是第二点：士，是没有不动产的贵族。

第三，作为贵族，士拥有与天子、诸侯、大夫大体相同的权利和义务，包括参政权、参军权和祭祀权。这些权利，就表现在"冠"。我们知道，士人成年时，同其他贵族一样，也是要举行"冠礼"的。所谓"冠礼"，其实就是成年礼。但是，只有贵族成年才能"冠"，平民成年就只能"帻",也就是只能戴头巾。所谓羽扇纶巾,风流儒雅,那是后世的儒将们"玩酷",有如美国总统穿牛仔,不能算数的。相反,周代的贵族,一定不能没有冠。比如我们前面说过,子路就因为不能"免冠"而壮烈牺牲。为什么不能"免冠"?因为那是义务与权利的象征。周礼规定,贵族子弟的加冠,一共三次:第一次加的叫"缁冠",戴上它就可以参政议政;第二次加的叫"皮弁",戴上它就可以打猎参军;第三次加的叫"爵弁",戴上它就可以参加祭祀。一加缁冠,有参政权;二加皮弁,有参军权;三加爵弁,有祭祀权。这三种冠,是所有贵族都要加的。不同的是,天子、诸侯、大夫还要加冕。冕与冠的不同,是多了顶上的"延"。延的前面有"旒"(绳子穿的玉),两边有"充耳"(绳子坠的玉)。旒的意义,是提醒戴冕的人不要东张西望,叫"视而不见"。充耳的意义,则提醒他们不要听信谗言,叫"充耳不闻"。显然,天子、诸侯、大夫加冕,是因为他们有治权,要统治人民。统治的权力越大,旒就越多,比如天子十二旒,诸侯九,上大夫七,下大夫五。士没有治权,也就无冕无旒。不过,士虽不能"冠冕堂皇",却也"峨冠博带",还是十分体面。这就是第三点:士,是有参政权、参军权、祭祀权,但没有统治权的贵族。

第四,作为贵族,士一般都能接受比较良好的教育。当然,士的教育条件不一定最好,学习的积极性却可能最高。为什么呢?就因为他们是最低一级的贵族,有身份无地位,有义务无职务,有事业无产业。这就要有本事,而且非有本事不可。所以士人无不重视教育,他们就是"特别受教育的人"(张荫麟《中国史纲》)。实际上,读诗书,学礼仪,练本事,加强道德修养和文化教养,是士人的基本任务。这个任务,就叫"修身"。身修好了,就可以出来工作。为什么要出来工作?因为他们没有领地,只有食田。所谓"食田",用范文澜先生的话说,就是"吃官饭"（《中国通史》）。有工作，就有田可食；工作没了，就得交还食田，不能世袭，没有产权。其实就算有世袭的产权，那田也不会太大。如果家大口阔，就不够吃，家里也就得有人出去打工。所以士是一定要工作的。工作也有多种：帮助大夫打理采邑，叫"齐家"；协助诸侯治理邦国，叫"治国"；辅助天子安定四海，叫"平天下"。修、齐、治、平，都是士的任务，也是士的使命。这就是第四点：士，是有文化、有教养、有本事，而且必须出来工作的贵族。

那么，这与我们前面提出的问题又有什么关系呢？

有很大关系。首先我们要问：社会出了问题，礼坏乐崩了，谁最着急？天子、诸侯、大夫。为什么着急？因为诸侯强大，天子的地位就下降。大夫强大，诸侯的地位就下降。家臣强大，大夫的地位就下降。他们当然着急。谁最不着急？士。为什么不着急？因为他们原本就是最低一级的贵族。除非社会动乱到不可收拾，连贵族与平民的地位都要颠倒，否则，士人是不会着急的，也是不必着急的。这是第一点：社会剧变，士不着急。

其次，有着急的，就有兴奋的。谁最兴奋？那些在社会动荡中脱颖而出，起了"打猫"心思的新贵。为什么兴奋？因为机会来了。不过，这些家伙都是孤家寡人，还得有人帮忙才行。谁能帮忙？士。士人数量既多，本事又大，都有一技之长，甚至身怀绝技。诸侯要争霸，大夫要兼并，家臣要擅权，都离不开他们的一臂之力。这是第二点：社会剧变，士最有用。

最后，所谓"礼坏乐崩"，所谓"耗子打猫"，无非就是既定的等级秩序变了。原来高高在上的，现在一落千丈；原来俯首称臣的，现在作威作福。如果计算一下成本和效益，结果是什么呢？谁原来的地位最高，谁的亏损就最大，也最着急；谁原来的地位最低，谁的红利就最多，也最兴奋。士的地位原来是最低的，他们怎么会着急？不但不用着急，还可以趁机改变一下处境，提高一下地位，甚至升为大夫。就算不能如愿以偿，至少也不会损失什么。这是第三点：社会剧变，士最受益。

社会剧变，士不着急；社会剧变，士最有用；社会剧变，士最受益。这三条加起来，结果是什么？社会剧变，士人最牛。为什么牛？因为诸侯也好大夫也罢，着急的也好兴奋的也罢，都要请士帮忙。着急的要靠士来保住地位和地盘，兴奋的则希望攫取更多更大的利益。所以，从春秋开始，诸侯和大夫养士，就已经形成风气。到了战国，则更是养士成风。各国的国王和卿相，卑躬屈节，礼贤下士，只怕士人不来依附。从高谈阔论之子，到鸡鸣狗盗之徒，都在网罗之列。士，成了最抢手的香饽饽，岂能不牛？

这也是于史有据的。比如战国末年，养士最多的有四个人：齐国的孟尝君田文，赵国的平原君赵胜，楚国的春申君黄歇，魏国的信陵君魏无忌，正所谓"齐有孟尝，赵有平原，楚有春申，魏有信陵"（贾谊《过秦论》）。他们养的士，都在三千人以上。而且，这些贵族对士人都很客气，士们也都很牛。比如孟尝君门下，有一个食客叫冯谖（音欢）。冯谖听说孟尝君好养士，便穿着一双走远路的草鞋去见他。孟尝君问：先生远道而来，有什么要教导田文的吗？冯谖说：也没什么。只不过听说您老人家好客，在下又穷，因此来投靠。孟尝君就安排他住招待所（传舍）。十天以后，孟尝君问招待所所长，客人这几天都干什么了？所长回答说，冯先生确实太穷了，穷得只有一柄剑，每天弹着那剑唱："长铗归来乎，食无鱼！"孟尝君就让冯谖搬到宾馆（幸舍），有鱼吃。冯谖还是不满意，又弹着那剑唱："长铗归来乎，出无舆！"孟尝君又让他住星级酒店（代舍），出入有车。谁知冯谖并不领情，又弹着那剑唱："长铗归来乎，无以为家！"这就未免有些过分了，所以孟尝君心里很不高兴（不悦）。不过，不高兴归不高兴，对冯驩还是款待如故。这就是士人的牛。

士人既然很牛，脾气当然也不小。比如孟尝君门下的一个食客，就曾经大发脾气。为什么发脾气？原来孟尝君和食客们一起吃饭，饭菜一定是相同的。这个食客因为被安排坐在暗处，以为是要让他吃不一样的东西，就愤而起身罢食。那时实行分餐制，每个人面前一张几，一份饭菜，席地而坐食之。孟尝君见那人发火，就端了自己的那一份给他看（自持其饭比之），当然一模一样。于是该食客惭愧，拔剑自刎。可见当时的士人，不但有脾气，也有骨气、志气。他们虽然很牛，却牛得有理，牛得可爱。

问题是：士们为什么可以这样牛呢？

三个原因：有本事，无负担，任自由。比如前面说的这个冯驩，其实就很有本事，后来帮了孟尝君的大忙。当时，孟尝君因为有"功高盖主、专政擅权"之嫌，被齐王罢免。他门下的那三千食客，也都如鸟兽散，跑得一干二净，只有冯驩挺身而出，帮孟尝君东山再起。冯驩向孟尝君要了一辆车子和一些钱，跑到了秦国，对秦王说：现在天底下最强大的，也就是秦国和齐国。秦国强，齐国就弱；齐国强，秦国就弱。这叫"雄雌之国也，势不两立为雄"。最后的结果，是强大为雄者得天下。秦王一听，就坐直了身子问：怎样才能不让我们秦国为雌为弱？冯驩回答说：把孟尝君请来就行。齐国之所以"重于天下"，就因为有孟尝君。可是，现在他被罢免了，肯定心怀怨恨。他对齐国的情况，又了如指掌。如果大王把他请来，齐国不就是大王的了吗？不过这事要快，齐王一旦醒悟过来，就不好说了。秦王听冯驩说得在理，就派出十辆车子，带着一大笔钱去请孟尝君。冯驩见秦王行动，又抢先一步回到齐国，对齐王说：臣下听说秦王已经派了人来，要重金礼聘孟尝君了！

咱们齐国和他们秦国,可是"雄雌之国",势不两立。秦国强,齐国就弱;齐国强,秦国就弱。孟尝君一旦入秦,齐国可就危在旦夕。大王何不趁秦国使节未到之时,赶快把孟尝君稳住?齐王听了,马上派人到边境。一见秦使入境,立即就恢复了孟尝君的相位和封邑,还增加了一千户。这就是冯骥的功劳。这事和前面说的故事都记载在《史记·孟尝君列传》,请参看。

当然,孟尝、平原、春申、信陵四君子所养之士,都在三千以上,岂能全像冯骥这样既有本事又讲情义?但能有那么三五个,也就足矣。比如平原君门下那个自荐的毛遂,春申君门下的朱英,信陵君门下的侯嬴、朱亥,便都是这样的人。就连孟尝君手下那些鸡鸣狗盗之徒,也是有用的。这些故事大家耳熟能详,就不多说了。

有本事,就有本钱;无负担,就无顾虑。《史记·魏世家》说,战国初年,魏文侯的儿子子击(就是后来的魏武侯)在路上遇见文侯的老师田子方。子击连忙让车子回避,自己则下车行礼,田子方却昂然不答。子击不高兴了,就说:请问谁可以不把别人放在眼里?是荣华富贵的,还是一无所有的?田子方说:当然是一无所有的啦!诸侯看不起人就会失去封国(失其国),大夫看不起人就会失去采邑(失其家)。我们这些贫贱的士人,如果主张不被接受,言论不被采纳,换个国家就是。抛弃那些不能重用我们的诸侯、大夫,就像扔掉一只草鞋,有什么了不起?你怎么能拿我们跟你比(奈何其同之哉)!

田子方这话说得真是够牛的,却有道理。什么道理?士人自由。为什么自由?第一,没有世袭领地和爵位的士人反正一无所有,也就不怕失去什么,这叫无产者无畏,光脚的不怕穿鞋的,也就是无负担则无顾虑。这是心理的自由。第二,士人虽然是毛,只能依附在皮上,但那时皮很多。这张皮不行,换一张就是,正所谓"此处不留爷,自有留爷处"。这是身份的自由。第三，那时着急的不是士人，而是弄不好就身败名裂的大夫和诸侯。这个时候，谁能够多得到一些士，尤其是那些数一数二的无双国士，谁就有可能存亡继绝、做大做强。相反，则可能面临灭顶之灾。请问，该谁牛？当然该士人牛。这是前途的自由。

心理自由，身份自由，前途自由，又有本事，无负担，当然可以"任自由"。事实上，当时的士人，也是朝秦暮楚，今天跑到这里，明天跑到那里。想想看，孔子去了多少国家，墨子又到了多少国家？没错，孔子和墨子运气不好，基本上是到处碰钉子。这固然因为他们的主张不合时宜，也因为在春秋后期和战国之初，士的重要性还不明显。到战国中后期，就不一样了。士们，尤其是那些重量级的士，跑到哪个国家，哪个国家就兴旺发达；离开哪个国家，哪个国家就内外交困，正所谓"入楚楚重，出齐齐轻，为赵赵完，畔魏魏伤"（王充《论衡·效力》）。显然，从春秋到战国，士已经作为一个特殊的阶层而崛起，成为当时社会的中坚力量。士人之牛，就牛在这里。

现在我们知道，为什么先秦诸子都是士人的代表，或者说，为什么只有士才可能成为思想家了。很简单，社会出了麻烦，有了问题，平民解决不了，天子、诸侯、大夫又自顾不暇，只有士人是社会的中坚力量。中国向何处去，士人不来回答，谁回答？或者说，士人当中的优秀分子不回答，谁回答？

那么，他们能回答吗？

能。不但能，而且想。为什么能？为什么想？原因也有三个：特殊身份，历史使命，精英意识。首先是士的身份特别。我们知道，按照封建制度的规定，国也好，家也好，封建都是一次性的。封建之后，国就是诸侯的，家就是大夫的。诸侯的国事，天子不能管；大夫的家务，诸侯也不能管。反过来，没有授权和召唤，大夫对诸侯的事，诸侯对天子的事,也不能随便管,不能管得太多,否则就是僭越。这样算下来,家事国事天下事,都能管它一管的,就只有士。所以,没有领地的士,反倒比有领地的天子、诸侯、大夫更能"心系天下"。且他们原本就是贵族中的一员,天下也原本就是他们的;何况他们原本就有贵族的权利和义务,不能不负点责任;再加上他们的任务,原本就是修、齐、治、平,也就必须"以天下为己任"。现在天下有了麻烦,他们当然要管。中国向何处去成了问题,他们当然要回答。

所以,回答"中国向何处去"的问题,就是士的历史使命。实际上,士人当中那些优秀分子,往往都有着强烈的社会责任感和历史使命感,比如孔子就是。公元前496年,孔子周游列国时遇到麻烦,被匡人拘禁。孔子说:周文王虽然不在了,他老人家创立的文化,不都在我这里吗(*文王既没,文不在兹乎*)?老天爷如果存心要这文化灭亡(*天之将丧斯文也*),我就不会掌握这文化(*后死者不得与于斯文也*)。老天爷既然不打算让它灭亡,匡人又能把我怎么样(《论语·子罕》)?其实,不仅孔子,诸子也都如此。比如墨子,活得像苦行僧,做得像独行侠,为什么呢?又比如韩非,明知山有虎,偏向虎山行,又为什么呢?就连老子和庄子,也都有责任感和使命感。否则,他们说那么多话干什么?

当然,光有责任感和使命感,还不够,还得有条件、有能力。春秋战国时期的士,有这个条件和能力吗?有。因为至少从孔子开始,士人就已经是一个跨国界、超宗族的精英阶层。首先是国籍并不重要。他们没有义务一定要待在某个特定的国家,为这个国家的国君和大夫服务。各国的君主和执政者,也没有权力阻止他们的流动,除非谋杀。所以,卫国人吴起和商鞅,先后在楚国和秦国变法;宋国人惠施和郑国人申不害,则分别在魏国和韩国为相。其次是出身不再重要。比如韩非是王族,墨子是平民,庄子做过小吏,孔子做过家臣。但没有人在意这些。人们更在意的,是道德和学问、思想和方法,而不是血统和职务。这就实在是一个了不起的进步。因为只有超越国界和族群,才能考虑天下大事;也只有不看出身和地位,才能真正造就精英阶层。

幸运的是,春秋战国做到了这一点。因此,春秋战国的士,就有着强烈的精英意识。这种意识,曾经被孟子表现得淋漓尽致。孟子曾两次借伊尹的口说:老天爷为什么要诞育万民(天之生此民也)?就是为了"使先知觉后知,使先觉觉后觉"。我们这些社会精英,就是芸芸众生中的先知先觉(予,天民之先觉者也)。我们的历史使命,就是要用自己觉悟到的真理,去启迪和教育人民(予将以斯道觉斯民也)。这样的事情,我们不做谁做,又有谁能做(非予觉之,而谁也)?

孟子这话,真是说得大气磅礴!而且,他还说了两次,一次在《万章上》,一次在《万章下》。可见,孟子至少是把自己看作精英的。在他看来,只有他这样的人才能拯救社会。难怪他要说"当今之世,舍我其谁"(《孟子·公孙丑下》)了。是啊!士,身份特殊,可以心系天下;使命感强,必定心系天下;成为精英,则能够心系天下。可以、必定、能够,中国向何处去的问题,他们不来回答,谁来回答,又有谁能回答?

现在我们知道春秋战国时期诸子百家竞相争鸣的原因了。一是心智的成熟,这才创造了封建、宗法、礼乐三大制度,以及超越前人的新文化。二是社会的剧变,国家制度、政治制度、社会制度和文化制度都面临重大转型,有大量根本性的问题必须回答。三是士人的崛起,即已经出现一个能够产生思想家的阶层,他们是这个时期最自由也最活跃的力量。因为自由,所以是"百家";因为活跃,所以要"争鸣"。

这就回答了前面三个问题当中的两个:我们民族为什么会涌现出那

么多伟大的思想家？这些伟大的思想家又为什么集中出现在春秋战国时期？剩下的问题只有一个：他们的思想为什么会有长久旺盛的生命力和永恒的魅力？

魅力所在

前面提出的问题不好回答。先秦诸子的思想为什么会有生命力和魅力，而且还是长久旺盛和永恒的？是因为有用吗？未必。比如墨家思想，就没怎么用过，至少没在主流社会和上层社会用过。用得多的，据说是儒家思想，"半部《论语》治天下"嘛！其实这是忽悠。历代王朝的统治能够维持，真正起作用的还是法家那一套：仗势欺人（势）、阴谋诡计（术）、严刑峻法（法）。儒家的说教，则主要是用来糊弄人的。先糊弄读书人，再糊弄老百姓，或者利用读书人去糊弄老百姓。因此，说"半部《论语》哄天下"，还差不多。当然，糊弄成功，也算起作用，只不过没后世儒家吹嘘的那么大。孔子的理想，也从来就不曾真正实现过。但这绝不等于儒家的思想就没有魅力和生命力。何况孔子他们怎么讲，与统治阶级怎么用，也是两回事，不能混为一谈。可见魅力问题，与有用没用无关。

那么，是因为正确吗？难讲。比如庄子，似乎就不承认有什么绝对正确的思想。庄子有句话，叫"夔怜蚿，蚿怜蛇，蛇怜风，风怜目，目怜心"（《庄子·秋水》）。夔（音奎），就是一足兽；蚿（音咸），就是多脚虫。这句话据唐代学者成玄英的疏，有两种解释，其中一种是把"怜"解释为同情。也就是说，夔因为只用一只脚就能走路，便觉得蚿要用那么多脚，太麻烦了！蚿因为有脚可用，便觉得蛇只能用肚皮走路,太可怜了!蛇因为自己有身体,可以享受感官的快乐,便觉得风没有身体,太遗憾了!风因为自由自在,想上哪就能上哪,便觉得眼睛只能待在一个地方,太憋屈了!眼睛因为露在外面,什么都看得见,便觉得心脏藏在体内暗无天日,太窝囊了!请问,究竟谁可怜?

何况庄子这话还有另一种解释,就是把"怜"理解为羡慕。按照这种理解,我们甚至可以设想出它们之间的对话。夔对蚿说:我只有一只脚,你却有那么多,太让人羡慕了!蚿说:这有什么好羡慕的!蛇没有脚也能走路,才让人羡慕呢!蛇说:这算什么!风连身体都没有,更加无拘无束,那才叫大自由!风说:我倒是自由,可也什么都看不见了,哪里比得上眼睛,什么都能看见!眼睛说:我露在外面,老被人盯着,像个被狗仔队跟踪的明星,一点隐私都没有。心脏多好呀!什么都不用看,又什么都知道。夔"以少企多",蚿"以有羡无",蛇"以小企大",风"以暗慕明",目"以外慕内",请问究竟谁值得羡慕?

实际上,不要说这两个问题我们回答不了,就连前面那两种解释谁是谁非,也都无法判定。我们只能说,两种解释都有道理,都说得通,没谁绝对正确。先秦诸子也如此。儒、墨、道、法,公说公有理,婆说婆有理。大家都说自己讲的是"公理",别人说的是"婆理"。其实谁说的都不是"公理"(公认的真理),只能说都对,又都不是绝对的。

那就来看看他们怎么都有理。

争论是由儒家引起的,就先说儒家。儒家的主张,简单地说就是四个字:仁义礼乐。为什么要主张"仁义礼乐"?因为在儒家看来,当时社会的问题,就是"礼坏乐崩"。礼坏乐崩的具体表现是什么?是"君不君,臣不臣,父不父,子不子"。为什么会这样?因为君臣父子都不仁爱。臣不爱君,子不爱父,就犯上作乱,礼就坏了。君不爱臣,父不爱子,就以强凌弱,乐就崩了。因此救世的药方,就是"仁爱"。臣爱君，子爱父，就守规矩，礼就保住了。君爱臣，父爱子，就讲和谐，乐就保住了。所以，抓住了仁爱，就是抓住了根本，也就能标本兼治。儒家的这个主张，站在他们的立场上看，是不是很有道理？当然有道理。对症下药，什么地方出了问题，就在什么地方做补救嘛！

然而在墨家看来，儒家的这一套绝非治病救人，反倒是杀人放火，至少也是用火救火。为什么这样讲？原来墨家的立场不同，对社会问题的看法也不同。墨家认为，天下大乱的具体表现，不是犯上作乱，而是以强凌弱：强大的欺负弱小的，人多的欺负人少的，富有的欺负贫穷的，高贵的欺负卑贱的，聪明的欺负愚笨的。之所以这样，就因为以前实行的是礼乐制度，而礼乐制度在本质上是等级制度。等级变成了天经地义，人分三六九，国分大中小，可不就"强执弱，众劫寡，富侮贫，贵傲贱，诈欺愚"？在这种情况下，儒家还坚持"尊卑贵贱"，主张"爱有差等"，岂非火上浇油，让那社会越病越重？

因此墨家主张"兼爱"，也就是用"无差别的爱"，来替代"有差别的爱"。最终的目的，则是要用"平等的制度"，来替代"不平等的制度"。一旦普天之下人人平等，全人类都无差别地相亲相爱，还有谁会欺负别人，又有谁会被人欺负呢？显然，这才真叫"治本"。请大家想想，站在墨家的立场上看，这是不是也有道理？当然也有道理，而且是"更有道理"。事实上，君主制建立以后，民主制建立以前，中国社会遇到的所有问题，根子就在不平等。墨家抓住了这个要害，岂非深刻得多？

可惜墨家有道理，也有问题。什么问题？就是平等以后怎么办。众所周知，平等，是人们都希望的；无序，则是大家都不希望的。理想的状态，是"平等而有序"。但这很难，而且难就难在平等。为什么？人上一百，形形色色。到头来，正如墨子所言，势必是一个人有一个人的主张，十个人有十个人的主张，一百个人有一百个人的主张。这个时候，又该怎么办？听某一个人的？不行。普天之下人人平等，凭什么听他的？所有人的主张都听？也不行。人人自行其是，岂不天下大乱？于是墨子便提出了一个办法，就是一旦意见分歧，大家都听上级的。具体地说，就是村民听村长的，村长听乡长的，乡长听大夫的，大夫听国君的，国君听天子的。这就叫"尚同"。尚同的结果是什么呢？是普天之下所有人，不但都要唯上级之命是从，而且最终都要听天子一个人的。天子，拥有最高的审判权和裁决权。请大家想想，这究竟是平等呢，还是不平等？

由此可见，墨家的思想更深刻，问题也更大。他们追求民权和平等，最后却走向专制与独裁。儒墨两家，可以说都不能尽如人意。这就势必会有第三家出来说话，也就是道家。在道家看来，儒家和墨家都是隔靴搔痒。他们只看到社会出了问题，却不知道问题的根本在哪里。根本在哪里呢？就在总想人为地建立某种秩序。而且，先前的周公也好，后来的墨翟也好，在建立或提出这些秩序时，表现出的正是人类的无知与狂妄。他们以为自己聪明绝顶，先知先觉，可以替天行道，代天立法，却哪里知道天是不立法的。天道自然，大道不言。任何人为的秩序，无论怎样精心设计，都是自作聪明，徒劳无益，最终也都会出问题。只有顺其自然，才能天下太平。显然，此时此刻，也包括将来，唯一正确的选择，不是做什么，而是不做什么。一句话：无为。

道家这个观点有没有道理？当然有。比方说，人为什么会生病？说到底，还是因为有身体。如果没有身体，会生病吗？不会。所以老子说："及吾无身，吾有何患？"（《老子·第十三章》）也就是说，如果我没有身体，还会有什么忧患？同样，如果原本就没有秩序，或者根本就不需要秩序，还会有秩序问题吗？也不会。说实在的，这才真叫做抓住了根本。可惜这个根本，抓了等于没抓。的确，没有身体，就不会生病；无需秩序，就不会有秩序问题。但是，人能够不要身体吗？不能。同样，社会能够不要秩序吗？也不能。孔子说得对，"鸟兽不可与同群"（《论语·微子》）。人不能像动物一样，浑浑噩噩地生活在自然界。只有组成社会，人类才能生存。要组成社会，就必须有社会秩序。这个社会既然是人类的，这个秩序也就只能是人为的。既然如此，道家的"无为"，岂不是说了等于没说？

于是又有了第四家，法家。法家也赞成无为，但同时反对无序。他们的主张，是"有序而无为"。请问这又如何能够做到呢？以法治国。这里有两个关键词，一个是"法"，一个是"治"。治，就有序。法来治，人不治，就无为。但是，再好的法，也总要人来执行，因此又可以说是"有为"。这就统一了儒道两家，而且更靠谱、更可行，就连墨家的难题也解决了。墨家的难题，是没有一个最高的仲裁者，社会就没有秩序；让天子或者上级来专制独裁，人与人之间又不平等。但在法家这里，事情却很简单。意见分歧，听法律的呗！也就是说，不是由人，而是由法，来充当最高仲裁者。这确实高人一筹。韩非说得对，法律或法令这东西，是不认人的，也是最公平的，叫做"法不阿贵，绳不挠曲"（《韩非子·有度》）。可见有了法，墨家争取的平等就可以实现了。法治是井然有序的，因此儒家追求的秩序也可以实现了。而且，维持秩序，体现公平，还不必刻意为之，只要依法办事就行，这不就是道家主张的无为吗？无为、有序、平等，儒、墨、道三家的主张，岂不是都实现了？看来，法家发展到韩非，不但继承了三家，也超越了三家。

然而法家也有问题。什么问题？有"治术"无"治道"。道是什么？是根本。秩序问题的根本是什么？是为什么要有秩序。这个问题，墨家回答得最好。墨家的说法，是为了全人类的共同幸福，这就是墨子反复强调的"兴天下之利,除天下之害"。法家却相反。他们建立法治,维持秩序,不是为了天下人,而是为了一个人。这个人就是君王。为了这一个人的利益,不但人民群众的权益可以不顾,就连其后妃、子女、臣僚都要让步,都可以牺牲。这就不折不扣地是"悉天下奉一身"(《列子·杨朱》),比被写作"极端自私"的杨朱还要自私。在杨朱那里,至少人与人是平等的。君王和民众,都有权利"一毛不拔",可以平等地"自私"。法家却不给君王以外的人任何权利。这样的思想,能叫正确思想吗?

事实上,先秦诸子的学说,都不能简单地说是正确思想或者错误思想,只能说是都有道理,也都有问题,还互相冲突。正所谓"有没有用不一定,正不正确不好说"。那么,这样的思想,又怎么会有魅力呢?

那就再讲一个《庄子·秋水》中的故事。

这故事说,有一天,庄子和惠子"游于濠梁之上"。濠,就是濠水,在今安徽凤阳附近。梁,就是桥。游于濠梁之上,就是在濠水的桥上休闲。那时还没有工业污染,河水想必很清澈。庄子和惠子站在桥上,可以清楚地看见鱼在水里游。于是庄子便愉快地说:你看那白条鱼,从从容容地游来游去,这就是鱼的快乐啊(儵鱼出游从容,是鱼之乐也)!惠子却说:你又不是鱼,你哪里知道鱼的快乐(子非鱼,安知鱼之乐)?庄子说:你又不是我,你哪里知道我不知道鱼的快乐(子非我,安知我不知鱼之乐)?惠子说:这就对了!我不是你,当然不知道你;你不是鱼,也当然不知道鱼。这就都讲通了嘛(我非子,固不知子矣;子固非鱼也,子之不知鱼之乐,全矣)!庄子说:不对!你知道我知道鱼的快乐,不信我们从头来(请循其本)。想想看,你一开始就说什么?你问我哪里知道鱼的快乐(子曰"汝安知鱼乐"云者),这就说明你是知道我知道鱼快乐的。既然已经知道我知道,还要来问我(既已知吾知之而问我），那就是问我"从哪里知道"了。现在我就告诉你吧！鱼的快乐，我是从濠水之上知道的（我知之濠上也）！

这个故事是一桩有名的公案，讲《庄子》的人一般都会讲到。现在我们要问：庄子和惠子争论的问题，有用吗？没用，至少对多数人没用。鱼快不快乐，庄子知道了又怎么样，不知道又怎么样？能知道怎么样，不能知道又怎么样？都不关我们的事。那么，这问题有是非对错吗？难讲。一般认为，这场辩论庄子其实是输了，因为他最后那句话玩了文字游戏，是狡辩。怎样玩文字游戏？在"安"字上做文章。安，作为表示疑问的代词，是"什么""何处"的意思；作为表示疑问的副词，则是"岂能""怎么"的意思。惠子问庄子"安知鱼之乐"，很显然是把"安"作副词用，意思是"你怎么可能知道鱼的快乐"。庄子却偷换概念，把"安"作代词用，把惠子的意思篡改为"你在什么地方知道鱼的快乐"。偷换概念是违反游戏规则的。如果我是裁判，就要罚庄子下场。

其实庄子原本是赢家，也用不着偷换概念。一开始，惠子问：你又不是鱼，怎么可能知道鱼的快乐（子非鱼，安知鱼之乐）？庄子答：你又不是我，怎么可能知道我就不知道鱼的快乐（子非我，安知我不知鱼之乐）？这是正面回答，使用的概念也都一致，即都把"安"理解为"怎么可能"。这就对了，因为两个人讨论的都是"可能性"。可能性是一种假设，它有两个结论，一是可能，二是不可能。按照这个逻辑，庄子可以继续推理：你能肯定A不是B，就一定不可能知道B吗？如果能肯定，那么，你不是我，你就不可能知道我是否知道鱼；如果不能肯定，那么，我就有可能知道鱼。当然，也只是有可能而已。显然，顺着这个思路往下讲，最坏的结果，也不过是双方打个平手。我庄周，或许并不可能知道鱼；你惠施，不也不可能知道我吗？既然你是不知道我的,又怎么就敢肯定我不知道鱼呢?结论只能是:我庄周知不知道鱼,不能肯定。

然而惠子却把"可能"说成了"肯定":"我非子,固不知子矣;子固非鱼也,子之不知鱼之乐,全矣。"这个时候,其实是惠子犯错误了。为什么是错误呢?因为惠子已经承认自己不知道庄子。因此,庄子是否知道鱼,他也是不知道的。这样一来,惠子就把自己的路堵死了,庄子却仍然有活路。为什么说还有活路?因为惠子的逻辑是:我不是你,当然不知道你;你不是鱼,因此也不知道鱼。也就是说,A不是B,就一定不知道B。这就是惠子的逻辑前提,也是惠子的批判武器。可惜这个前提并不能成立。比方说,狼不是羊,有没有可能知道羊?羊的快乐,狼可能不知道;羊的恐惧,狼是一定知道的。可见A不是B,仍然有可能知道B,狼知道羊的恐惧就是证明。既然狼不是羊,也能知道羊的恐惧,那么,庄子不是鱼,怎么就不能知道鱼的快乐呢?再说了,如果只有羊才知道羊,只有鱼才知道鱼,我们又怎么能认识世界呢?这才是问题的关键所在。庄子的攻击,也应该从这里出手。可惜庄子这个哲学家,是"诗人哲学家",不是逻辑学家。他并不想深入讨论这样严肃的问题,便虚晃一枪,作此了断,让人觉得是开了小差。

这就是庄子和惠子的一次辩论。对大多数人而言,这场辩论没什么实际用处,是非对错也很难讲。但不管谁来讲这个故事,听的人也都有兴趣。这又是为什么呢?

我想首先还是因为好看,好看得就像足球。其次,则是因为能帮我们想问题。我们很多人有个毛病,就是看问题认死理,想问题一根筋。听了这个故事,至少可以转变观念,开阔思路。最后,顺着他们辩论的思路,我们还可以思考一些更深刻的问题。比方说,我们不是世界,不是他人,还能不能认识世界,认识他人?如果能,怎样才能?如果不能，又怎么办？这就叫"认识是否可能和如何可能"，是哲学的重大命题。所以，庄子和惠子的辩论，表面上看没有用，实际上很有意义。

也许，这就是先秦诸子的魅力所在。首先，他们争论的问题本身就具有重大意义，比如如何认识世界，比如如何治国，如何做人。其次，他们的争论十分精彩，既好看，又能活跃思维，启迪智慧，锤炼思想。因此，对先秦诸子，对百家争鸣，我有三个比方：足球场、铁匠铺、手指头。为什么是足球场？因为能活跃思维。为什么是铁匠铺？因为能锤炼思想。我们知道，铁，千锤百炼才能成钢。人的思想也一样。先秦诸子，就是能够锤炼我们思想的思想；百家争鸣，则是锤炼我们民族智慧和灵魂的过程。这个过程既然就像打铁，那就不能只打一次，也不能只打一面，必须打了又烧，烧了又打，打完这边打那边。所以，我们千万不要简单地认为某一方对，另一方不对，正如你不能说打铁的人，打这边是对的，打那边是错的。看待铁匠的锤击，只能问"是不是火候"和"在不在点上"。看待思想家的交锋，也只能问"有没有道理"和"是不是地方"。有道理，就是符合逻辑；是地方，就是击中要害。如果还做到不重复，也就是能超越前人，那就非常有思想价值了。因为每接触一种这样的思想，我们的头脑就会被锤炼一次，我们自己也就会跟着前进、跟着成长。这便正是我们要回顾先秦诸子、讲述百家争鸣的原因。

一看"球赛"，能活跃思维；二看"打铁"，能锤炼思想；三看"手指"，能启迪智慧。手指头这个比方，是受了鲍鹏山先生的启发。鲍先生在他的《先秦诸子十二讲》中，引用了禅宗的"指月之喻"。"指月之喻"是这样的：你问月亮什么样，我用手指指一下。如果你认为手指就是月亮，那就错了。月亮什么样，得你自己去看，我的手指不过帮帮忙。同样，般若智慧也好，正等正觉也好，都得你自己去悟。佛经和师父的话，只是手指头。为什么这样说？因为智慧与知识不同。知识属于社会，可以授受；智慧属于个人，只能启迪。因此，不但鲍先生和我的书只是指月之手，就连诸子的思想和著作，也都是手指头。真正的月亮，比如人生的智慧、人类的幸福，得靠每个人自己去探索，去领悟，去追求。

那么，我们该怎么办？

这便正是下一章要讨论的。

第六章

继往开来

灰色的船票

本书前四章讲了"是什么",上一章讲了"为什么",现在该说说"怎么办"了。表面上看,这似乎不成问题。众所周知,先秦诸子的思想,既是我们民族的宝贵遗产,也是人类文明的宝贵遗产,你说该怎么办?当然是继承呗!可惜这事,说起来容易做起来难。比如孔子有句名言,叫"唯女子与小人为难养也"(《论语·阳货》),请问要不要继承?就很让人尴尬、狼狈。为什么尴尬、狼狈?因为这话明摆着是歧视。有人说,孔子把女人和小人相提并论,怎么会是性别歧视?小人也是男的嘛!我想请问:孔子看得起小人吗?看不起。既然看不起小人,那他看得起被视为同类的女人吗?当然也看不起。看不起,难道不是歧视?更何况,小人只是男人的部分,女子却是女人的全部,难道不是性别歧视?至于把"女子"读成"汝子",把"小人"解释为"孩子"的,更是无稽之谈。实际上,男尊女卑,是当时的社会风气,孔子也不能免俗。这一点,后人其实也能理解。让人们愤愤不平的是,他不该将女人和小人相提并论。也就是说,你已经搞性别歧视了,怎么能再加道德歧视?正所谓"是可忍也,孰不可忍也"!所以,孔子这话,用来搞批判,行;要继承,难。

其实,孔子说"唯女子与小人为难养也",只是性别歧视和阶级歧视,没有道德歧视的意思。为什么这样说?这就要先弄清楚,这里说的

"小人"是什么意思。要知道,在孔子的时代,所谓君子小人,有两种意义。一种是等级意义,一种是品级意义。或者说,一种是身份意义,一种是道德意义。等级意义和身份意义在前,品级意义和道德意义在后。怎么回事呢?这就必须懂宗法。宗法制,我们前面说过,就是在一个家族众多的子女中,确定兄弟之间身份地位的制度。具体地说,嫡长子地位最高,算"老大"。其他嫡子(次子)次之,算"老二"。姬妾的儿子(庶子)再次,算"老三"。这些儿子分家以后,就形成同一宗族的大宗和小宗。嫡长子的宗系叫"大宗",也叫"正统""嫡系"。次子和庶子的宗系,则叫"小宗"(请参看本书第五章第四节)。也就是说,大宗就是"嫡系长房",小宗则是"庶孽旁支"。长房少,旁支多,所以大宗贵,小宗贱。大宗继承父家长的血统和爵位,为君(国君或家君)。君的儿子即"君之子",简称"君子"(正如王之子简称"王子",公之子简称"公子")。小宗不能继承爵位为君,就只能为臣。为臣也不等于没地位。比如天子之臣是诸侯,诸侯之臣是大夫,他们也是君。诸侯是国君,大夫是家君。他们的儿子,也是"君之子"(君子)。问题是,并非所有的小宗都能成为诸侯和大夫。不能成为诸侯、大夫的小宗,高级一点的就成为士人,还是贵族;低级一点的就只能成为庶人,也就是平民。实际上就连高级的小宗,甚至某些大宗,数代以后,也会变成平民。"君子之泽,五世而斩"(《孟子·离娄下》)嘛!既然"君子之泽"尚且"五世而斩",那么,小宗之后(小宗的小宗的小宗),就更只能去做平民了。总之,贵族无一例外地都来自大宗,或者是国君之子,或者是家君之子。这就是"君子"。平民则无一例外地来自小宗。这就是"小人",意思是"小宗之人"。这就是"君子"和"小人"的本义,也是这两个词的身份意义和等级意义,即君子是贵族,小人是平民。

或许有人会问，这两个词，怎么后来又有了品级意义和道德意义呢？也与宗法制有关。前面不是说了吗，大宗与小宗，贵族与平民，身份地位是不平等的。他们获得的文化资源和所受的教育，也不平等。久而久之，君之子与小宗之人，距离就拉开了。君子的教养好，修养高，品位也高。小人则相反。这样一来，君子与小人，就不但有等级的区别，也有品级的区别，即修养不同。修养，有艺术修养，也有道德修养。在贵族们看来，只有自己，才两个修养都高。小人，则两个修养都低。比方说，小人不知书，不达礼，俗气，不会欣赏古典音乐，喜欢低级趣味，等等。我们知道，在中国古代，品位与品格，文化修养与道德修养，是相通的，甚至可以打等号。结果是什么呢？是君子和小人这两个概念，又有了道德意义，即君子有道德，小人没道德；或者说，君子修养高，小人修养低。所谓"君子坦荡荡，小人长戚戚"（《论语·述而》）之类，就是这个意思。

由此可见，君子和小人，在不同的场合，有不同的定义。那么，孔子说"唯女子与小人为难养也"，是什么意思呢？是歧视，却不是道德歧视。他的意思，不是说女人没道德，或者女人修养低。而是说，男人对待女人，就像大宗之君对待小宗之人，左右为难，怎么都不是。亲近他们吧，他们没礼貌；疏远他们吧，他们有怨言。这就叫"近之则不孙（逊），远之则怨"。为什么会这样？因为大宗小宗，都是同宗；女人男人，都是家人。疏远他们，当然要抱怨。这就是"远之则怨"。但是太亲近了，他们又会没大没小，忘记君尊臣卑、男尊女卑的规矩。这就是"近之则不孙（逊）"。亲近也不行，疏远也不行，所以说"唯女子与小人为难养也"。在这里，关键词是"难"，不是女子与小人。

显然，孔子这话，有特定的背景，就是宗法制度；也有特定的用心，就是维护宗法制度。离开这些背景，我们就弄不清孔子的意思，也没法知道他的话是对是错。其实,诸子思想都如此。他们各抒己见,是因为"天下大乱";竞相争鸣,是因为"礼坏乐崩"。但是,时过境迁,沧海桑田,社会早已变化,原因和环境也不复存在。只有他们提出的问题,比如如何治国,如何做人,还在困扰着我们。正所谓,"月落乌啼,已是千年的风霜;涛声依旧,不见当初的夜晚"。那么请问:今天的你我,还能不能重复"昨天的故事"?在这"枫桥之夜",我们是该用旧船票,还是该用新船票,或者干脆不上这艘客船呢?

不上船的问题就不用讨论了,因为这等于放弃继承。作为个人,这没有问题。中国有十几亿人,难道都要读先秦诸子?作为民族,这不成问题,因为没有哪个民族会愚蠢到放弃自己的宝贵遗产。问题是如何继承。我想,至少有三点可以肯定:第一,不能全盘继承;第二,不能具体继承;第三,不能直接继承。为什么不能全盘继承?因为诸子的思想虽然魅力无穷,同时也问题多多。比如"唯女子与小人为难养也"这句话,能照单全收吗?为什么不能具体继承?因为秦时明月汉时关。遗产是过去的,时代却是今天的,岂能"守株待兔""刻舟求剑"?那么,为什么还不能直接继承呢?因为前面说过,先秦诸子和百家争鸣,是"足球场",是"铁匠铺",是"手指头"(请参看本书第五章第六节)。看足球也好,看打铁也好,能够自己下场竞技吗?看月亮就更是如此。我们要做的事,是顺着禅师的手去寻找月亮,而不是把那手指头搬回家。所以,我们不要也不能直接继承。

不能直接继承,不能具体继承,不能全盘继承,那又该怎么办?

也只有一个办法:抽象继承。

什么叫抽象继承?要回答这个问题,下定义不如打比方。比方说,南唐后主李煜的词"问君能有几多愁,恰似一江春水向东流",是大家都能体会,都能欣赏的。可是,李后主写这词,是因为"小楼昨夜又东风,故国不堪回首月明中"。他的愁,是亡国之愁;他的情感,是失位之君的情感。我们是亡国之君吗?不是。我们有失位之恨吗?没有。那我们为什么还能体会,还能欣赏?抽象体验。也就是说,我们体验到的,不是李煜"故国不堪回首月明中"的具体情感,而是人人都有的、带有普遍性的那种挥之不去、绵延不尽的忧伤和忧愁。这样的情感,我们都可能产生,也都能体验。显然,我们在欣赏文学艺术作品时,可以把最核心、最带有普遍性的情感,从文学艺术家个人的具体感受中抽离出来。这就是抽象。这样一种体验,就是抽象体验。

继承思想文化遗产,与欣赏文学艺术作品,当然并不是一回事,但事不同而理同。文学艺术家创造作品,固然有他们特定的感受和体验;思想家提出看法和观念,也往往有特定的环境和原因。环境是可以剥离的,原因也是可以忘记的。这就好比几何学,当初埃及人把它发明出来,主要是为了测量土地。因为尼罗河每年都要改道,两岸的土地也就每年都要重新测量。现在,却早就用来干别的了,而且还可以干很多别的。对待先秦诸子的思想,也如此。我们完全可以把最核心、最带有普遍性的思想,从他们提出这些思想的具体环境和原因中抽离出来,只继承其中的合理部分。这样一种继承,就是抽象继承。

那么,我们能抽象继承吗?

能。比如"唯女子与小人为难养也",就能。怎么能?看后面那句"近之则不孙(逊),远之则怨"。这句话告诉我们什么呢?就是做人做事,要有分寸感,远了近了都不合适。这就可以继承。可见抽象继承云云,关键是要看出这些思想和观点的合理之处。实际上,一个思想家提出某种观点,总有提出的道理。后面那个思想家批判他,也一定有批判的理由。这个时候,我们就不应该纠缠他们的结论,而应该关注他们的想法。这就像观看运动员的竞技,输赢是不重要的,重要的是表现。

同样，看待思想家的论争，对错也是不重要的，重要的是启迪。相反，如果把自己弄得像运动员似的，非得加入其中一方，也争个你死我活、脸红脖子粗，就不是"观看比赛"，也不是"继承遗产"了。

还是举例说明。比如墨子，是主张"鬼神论"的。这个主张，不用说别人诟病，就连墨子自己，也不能自圆其说。在《明鬼下》篇，墨子开始就说，现在的天下之所以大乱，就因为人们不信鬼神，不知道鬼神是能够"赏贤而罚暴"的。如果相信，怎么会这样乱？这话经不起推敲。比如警察，是要抓坏人的。难道犯罪分子是因为不相信世界上有警察，才违法作乱的？同样，世界上如果真有鬼神，它哪里会管你信不信？如果说你们那个"鬼神"，是一定要别人相信才起作用的，那么请问，这鬼神是当真能够赏贤罚暴呢，还是你们忽悠出来吓唬人的？恐怕是吓唬人的吧？

然而，即便是这样一种逻辑讲不通的思想，也有合理性，那就是每个人都应该心存敬畏。说得再白一点，就是每个人心里，都应该多少有一点能够吓唬自己的东西。我在《心存敬畏》一文中说过，人，原本是有敬畏之心的。先是敬畏鬼魂，后是敬畏神灵，最后是敬畏真理。对真理为什么要心存敬畏？因为真理是天下之公器。它不是哪个人的私有财产，也永远没有穷尽。心存敬畏，才不会自以为是，也才不会胆大妄为。相反，没有了敬畏，也就没有了底线。除了怕强权、怕暴力，什么都不怕。比方说，什么图纸都敢画，什么房子都敢拆；只要白大褂一穿，也甭管什么人，都敢在病人身上动刀子。大家想想，这还了得？可惜敬畏真理，也如敬畏鬼神，全看每个人自己。心存敬畏，则敬畏存；无所畏惧，则鬼神都奈何不得。岂不闻"人不要脸，鬼都害怕"？所以，对于墨子的鬼神论，也不必太较真，抽象地取其敬畏之心即可。对于先秦诸子的其他思想，也如此。

问题是怎么做?

要回答这个问题,最好是先举例,后说理。就说法家。法家的问题是比较多的,也是不容易继承的。有什么问题呢?无视民权,惨无人道,专制独裁。比如管仲剥夺人民迁徙和改变职业的自由,是无视民权;商鞅一天之内在渭水之滨处决人犯七百余口,是惨无人道;韩非主张一切权力皆"人主之所以独擅"(《韩非子·主道》),是专制独裁。韩非还有一句名言,叫做"禁奸之法,太上禁其心,其次禁其言,其次禁其事"(《韩非子·说疑》)。禁其心,就是不准乱想;禁其言,就是不准乱说;禁其事,就是不准乱动。可见按照法家的主张,人民既没有行动的自由,更没有思想言论的自由;既不能"乱说乱动",更不能"胡思乱想"。这样的所谓"法治",真是骇人听闻!他们的主张,也与现代意义上的"以法治国",其区别真不可以道里计!众所周知,现代法治的原则,是只禁止某些(不是一切)行动,不禁止思想和言论。比如你说"我要谋杀总统",没事;想一想,更没事;真干,不行。可是韩非他们刚好相反:做,不行;说,更不行;想,最不行。这就叫"太上禁其心,其次禁其言,其次禁其事"。首先要禁的,就是思想。怎么禁呢?把所有的思想文化遗产都消灭掉,同时把所有的知识分子、读书人也都消灭掉,只留下国家法令和政府官员,谓之"明主之国,无书简之文,以法为教;无先王之语,以吏为师"(《韩非子·五蠹》)。这不就是焚书坑儒的理论基础和指导思想吗?

法家主张的这种政治,当然不是什么"仁政",但也不是"暴政",至少法家自己不承认是。因为暴政也是法家反对的。韩非的说法,是"仁暴者,皆亡国者也"(《韩非子·八说》),也就是仁政、暴政都要不得。那他们这种政治该叫什么?苛政。《韩非子·二柄》说,有一次,韩昭侯酒醉睡着,管帽子的小吏便给他盖了一件衣服,结果是管衣服的也治罪，管帽子的也杀头。前者的罪名是失职，后者的罪名是越位。失职不行，越位更不行，这就是韩非所谓的"法治"。这样的政治，岂非苛政？苛政猛于虎，老百姓还是受不了。

然而即便是如此苛刻的政治，也仍有可取之处，比如执法的公开、公正、公平。这正是法家的主张。所谓"法莫如显"，"使民知之"，就是公开；所谓"法不阿贵，绳不挠曲"，就是公正；所谓"刑过不避大臣，赏善不遗匹夫"，就是公平。这些说法，分别见于《韩非子》的《难三》和《有度》，都是法家的重要观点。何况他们也是说到做到的，比如商鞅治太子罪就是。可见法家不但主张，而且当真做到了法律面前人人平等。这一点，搁在今天，也正确，完全可以予以继承。

这就奇怪。苛政怎么也会有这么多优点呢？这就要弄清楚法家为什么主张苛政。为什么？为了保证世袭的君主坐稳江山。韩非他们很清楚，在世袭制的前提下，君主的个人资质是靠不住的。你怎么能保证他们个个都天纵聪明，生性仁德，有如尧、舜？不可能。所以，只能把他们当作普通人来看待。君主是普通人，怎么就要行苛政呢？就因为他既比不上先王，又比不上圣人，甚至比不上贤人。先王有丰功伟绩，圣人有高风亮节，贤人有聪明才智，因此都有崇高威望，这就镇得住。普通人没有这些本钱，就得靠别的。靠什么？靠权势，靠手段，靠威胁利诱，靠严刑峻法，靠体现了这一切要素的规章制度。看来，法家是要把国家体制设计为一架机器。这架机器有一整套丝丝入扣的运作程序，可以自动运转。君主的任务，只是掌控按钮，帝王治天下，只要按一下。这可是再笨的人也能做的。

显然，这样一种制度，虽然未必是最好的，但一定是可行的。于是，我们就看到了法家思想的合理内核：制度比人可靠。这也正是法家比儒、道、墨三家高明和科学的地方。道家主张"无为而治"，其实是"不治"；墨家主张"贤人政治"，其实是"人治"；儒家主张"以德治国"，其实是"礼治"。不治的结果，是无政府状态；人治的结果，是人亡政息；礼治的结果，是礼坏乐崩。这才有了法家的所谓"以法治国"，即依靠一整套行之有效的规章制度，来实现国家的长治久安。这是有道理的，也是应该抽象继承的。怎么继承？就是只取"制度比人可靠"这一点，不要法家设计的专制制度。

现在我们知道怎样抽象继承了。四条：做分析，找内核，去色彩，再阐释。所谓"做分析"，就是弄清诸子为什么会提出某种观点，他们的动机、目的、方法、思路、结论是什么。然后再看这些方法、思路和结论，有哪些在今天仍有价值，仍有意义，可以借鉴，能够继承。这就是"找内核"。内核找到之后，他们的动机和目的就可以不管。比如孔子讲"仁爱"，是为了维护等级制度。但仁爱本身并不错，我们就要仁爱，不要等级制度。又比如韩非讲"公平"，是为了保证君主独裁。但公平本身并不错，我们就要公平，不要君主独裁。也就是说，我们在继承先秦诸子这笔宝贵遗产时，必须洗去他们身上时代和阶级的烙印，只留下合理的内核和普遍适用的东西。这就是"去色彩"。

这样"洗"过以后，又会怎么样呢？诸子就变成灰色的了。为什么是灰色？因为只有灰色，才可以和所有的色彩搭配。所谓"变成灰色"，无非是说，我们继承下来的东西，应该是普遍适用的。既适用于过去，又适用于今天；既适用于本民族，又适用于全人类。这就是"灰色"的意义。人们喜欢讥讽地说，生命之树常青，而理论往往是灰色的。他们不知道，理论如果不是灰色的，就不能普遍适用，也就没有生命力。所以，我在为《于丹〈论语〉心得》所写的序言中说，一个大家都需要的孔子应该是灰色的。现在，我还可以再补充一句：

不但孔子，先秦诸子也都应该是灰色的。

把诸子变成灰色之后，就可以做两件事情，一是现代解读，二是当下链接。所谓现代解读，就是站在现代立场，运用现代观念，对这些思想重新进行解释。所谓当下链接，则是把那抽象出来、可以普遍适用的"灰色"思想遗产，链接到我们这个多彩的世界。这就是"再阐释"。做分析，找内核，去色彩，再阐释，我们就会有一张"灰色的船票"。有了这张"灰色的船票"，就可以登上诸子的客船，得到想要的东西了。

当然，在此之前，还得把诸子的思想再梳理一遍。

墨子与杨朱

先说墨子与杨朱。

墨子和墨家的命运，让人扼腕叹息。想当年，这个学派可是显赫一时。《吕氏春秋》就说，当时孔子和墨子都是"从属弥众，弟子弥丰，充满天下"（《当染》），就连所谓"万乘之主"和"千乘之君"，也"不能与之争士"（《不侵》）。然而曾几何时，墨家学派就几乎销声匿迹。汉武以后，儒家从焚坑废墟中东山再起，墨家却再也没能翻过身来。墨子本人，在《史记》中也只有寥寥二十四个字的记载。这可真是"其兴也勃焉，其亡也忽焉"。

其实更惨的还是杨朱，简直就是人间蒸发。他的生平事迹几无留痕，思想学说也仅剩只言片语，散见于《孟子》《庄子》《韩非子》《吕氏春秋》《列子》，而且是真是假都不清楚。这就实在太具有戏剧性了。要知道，孔子之后，孟子之前，可是"杨朱、墨翟之言盈天下，天下之言不归杨，则归墨"（《孟子·滕文公下》）。这样红极一时的

"显学",居然一下子就消失得无影无踪,岂非咄咄怪事?

更奇怪的是,墨子和杨朱,刚好是两个极端。墨子,是为了有利于天下,恨不得像大禹一样"腓无胈,胫无毛"(《庄子·天下》);杨朱,则是"不以天下大利易其胫一毛"(《韩非子·显学》)。胫(音敬),就是小腿;腓(音肥),就是小腿肚子;胈(音拔),细毛。就是说,墨子是风里来雨里去,晴天一身汗,雨天一身泥,腿上的粗毛细毛都磨光了;杨朱,则是在他的小腿上拔一根毛都不干的。一个是"一毛不留",一个是"一毛不拔";一个是"毫不利己",一个是"毫不利人",怎么说火就同时火了,说没就同时没了呢?

也只能说明一点:墨子和杨朱的思想,必有深刻独到之处。唯其深刻独到,才会惊世骇俗,风靡天下。同样,唯其深刻独到,才很难真正被人理解,终至无声无息。

那么,墨子和杨朱的深刻独到之处在哪里?

我认为,就在于他们都提出了极其重要又被人忽视的问题。什么问题?墨子提出的,是社会的公平与正义;杨朱提出的,是个人的权利与尊严。

还是先说墨子。前面说过,争鸣的起因,是社会的剧变;社会出了问题,则是诸子的共识。也就是说,无论儒、墨、道、法,对当时的社会状态都不满意。但是,问题出在哪,解决的办法是什么,他们看法不同。墨子认为,根本的问题,是当时的社会不合理。怎样不合理?分配不公。在《非乐》篇,墨子曾经指出,人与动物的本质区别,就在于动物可以不劳动,而"衣食之财固已具矣"。人却是"赖其力者生,不赖其力者不生",非劳动不可。根据这一点,社会财富分配的原则,就应该是"出力的得,不出力的不得,多出力的多得,少出力的少得"。然而实际情况是什么呢?是占有社会资源和财富最多的,往往是出力最少的,甚至是不出力的。他们"不与其劳获其实,已非其有所取之故"(《墨子·天志下》),也就是不劳而获,取非所得,墨子称之为"无故富贵"(《墨子·尚贤下》)。

所谓"无故富贵",也有两种情况:一种是"吃祖宗饭",一种是"夺他人食"。比方说,出生在王公大人家里,生下来就有可以世袭的爵位和领地,不用对社会做任何贡献,这就是"吃祖宗饭"。又比方说,用种种不正当手段(比如盗窃、抢劫、诈骗、战争),掠夺别人的劳动成果,这就是"夺他人食"。墨子认为,社会存在这些现象,已经是不合理;更不合理的是,人们居然不以为非,反以为是。在《天志下》,墨子说,偷别人的水果瓜菜,大家都说不对,因为他"不与其劳获其实";侵略兼并别人的国家,杀害奴役别国的人民,比偷瓜偷菜严重多了,反倒变成了"义",这真是岂有此理!在《鲁问》篇,墨子说,现在的诸侯们,侵略别人的国家(攻其邻国),屠杀别国的人民(杀其民人),掠夺人家的财产(取其牛马、粟米、货财),还要"书之于竹帛,镂之于金石,以为铭于钟鼎",向后代炫耀"谁都没有我抢得多"。那么请问,一个平民百姓,也去攻打邻居家,杀邻居的人,抢邻居的猪呀,狗呀,粮食呀,衣服呀,然后也记录在他们家的本子上、器皿上,向自己的后代炫耀"谁都没有我抢得多",行吗?显然不行。同样的事情,王公贵族就干得,平民百姓就干不得;或者王公贵族干了就叫英雄业绩,平民百姓干了就叫为非作歹,天底下哪有这样的道理?这说明什么呢?说明这个社会完全没有公平和正义!

解决的办法,自然是建立一个合理的社会。合理的社会是什么样子呢?自食其力,各尽所能,机会均等,互利互爱。首先,每个人都要劳动,都要对社会做出贡献。当然,劳动也不仅是体力劳动,也包括脑力劳动。贡献也不是做同样的事情,也要有分工。分工在墨子那里叫做"分事",即"分内之事"。比如君王的分事是搞政治,士人的分事是当助理,农民的分事是种庄稼,妇人的分事是做纺织(《墨子·非乐上》)。这些都是劳动,都是贡献,也都有理由、有资格得到报酬。这就是自食其力。其次,分配的原则既然是按劳取酬,那么,为了体现公平,社会也应该保证各行各业的人都"各从事其所能"(《墨子·节用中》),让每个人的才能都得到充分的发挥。这就是各尽所能。再次,既然是各尽所能按劳分配,那么,社会的管理,就应该是有能力的上,没能力的下,即"有能则举之,无能则下之"。即便是地位卑贱的农民、工人、商贩(虽在农与工肆之人),只要有能力,也应该"高予之爵,重予之禄,任之以事,断予之令"。相反,即便是王公大人的骨肉至亲,没有能力也不能做官。总之,尊卑贵贱,都必须根据每个人的能力、表现和贡献进行调整,做到"官无常贵而民无终贱"(《墨子·尚贤上》)。这就是机会均等。至于互利互爱,就是墨子一再主张的"兼相爱,交相利"(《墨子·兼爱中》),前面已经说过(请参看本书第二章),这里不再重复。

自食其力,各尽所能,机会均等,互利互爱,这就是墨子提出的社会理想;平等、互利、博爱,这就是墨子主张的社会正义。为此,墨子献出了毕生的精力,表现出一个伟大思想家崇高的责任感。有人曾经对墨子说:现在普天之下所有的人都不行义了,只有你一个人在做,弄得自己苦不堪言,不如算了吧。墨子却说,比如一家十口,一个人种地,九个人闲着,那个唯一种地的人,能不拼命干吗(《墨子·贵义》)?由此可见,墨子确实把社会主义看作天底下最重要的东西,并用自己的行动,实践了"万事莫贵于义"(同上)的理念。

如此看来,墨子的理想,好得就像社会主义,墨子这个人,也好得就像古代雷锋,难怪其学说会风行天下。问题是,怎么后来就销声匿迹，被人遗忘了呢？

直接的原因，是统治者不赞成，老百姓也不愿意。

统治者不赞成，好理解。因为按照墨子的主张，天子、诸侯、大夫，都必须是所谓"贤人"。天子应该是最圣明的，诸侯和大夫，则是次圣明的和再次圣明的。这就叫"尚贤"。然而当时的制度，却是世袭。世袭的君主，怎么可能都是圣明的，而且还井然有序，天子最圣明，诸侯次圣明，大夫再次圣明？要知道，"君子之泽，五世而斩"（《孟子·离娄下》）。就算西周封建那时是这样，到墨子的时代，早就每况愈下了。如果实行墨子的主张，现任的那些统治者（天子、诸侯、大夫），岂非十有八九得下台？秦汉以后，皇帝也是世袭的。如果不能最圣明，是不是也得下台？他们当然不赞成。

老百姓不愿意，则是因为按照墨子那一套去做，太苦了，太难了。我们知道，墨家学派有个特点，就是"以苦为乐"。苦到什么程度呢？《庄子·天下》说，墨家之人，必须穿粗布衣服（*以裘褐为衣*），着草鞋木屐（*以跂蹻为服*），整天干活，晚上也不休息（*日夜不休*），弄得小腿上没有粗毛，腿肚子上没有细毛（*腓无胈，胫无毛*），非如此不足以为"禹道"，不足以为"墨者"。《墨子·备梯》也说，墨子的大弟子禽滑釐，追随老师三年，手上脚上都起了老茧（*手足胼胝*），脸黑得像煤炭（*面目黧黑*），做牛做马服侍先生（*役身给使*），什么问题都不敢问（*不敢问欲*）。最后，就连墨子自己都看不下去（*子墨子甚哀之*），备酒设宴请他吃饭，禽滑釐这才说自己想学守城。这样的生活，你说老百姓干吗？我看没谁愿意。

实际上，墨子的理想虽然崇高，却有三个致命伤：违背常理，没有依据，导致独裁。我们知道，趋利避害，是人之常情；追求幸福，是人之常理。墨子虽然也主张全人类的幸福，甚至许诺这种幸福，但实际上给大家的,却是苦日子。在他看来,只要大家是平等地过苦日子,那就是幸福了。如果像他这样,领导人带头过苦日子,芸芸众生就更应该欢欣鼓舞,感恩戴德。可惜他想错了。人民群众的愿望,是既要平等,也要好日子。何况平等也不等于平均。平等的意义有两条,一是人格平等,二是机会均等。只要做到这两条,先富后富,多富少富,不是问题。有人曾经说:我不关心领导人一餐几菜几汤,我只关心我们普通老百姓,能不能也四菜一汤。这才是大实话,也才是天下人的愿望。像墨者那样,人人破衣烂衫,餐餐粗茶淡饭,天天劳动不止,还不准有任何娱乐活动,恐怕不是广大人民群众向往的生活。所以《庄子·天下》说,墨子这种主张,实在是"反天下之心"。反天下之心的结果,势必是"天下不堪"。所以,就算墨子自己能够实行(墨子虽独能任),却"奈天下何"!这样"离于天下",违背人之常情常理的主义,能实行吗?不能(其去王也远矣)。

更何况,墨子的主张也没有任何依据,既没有历史的依据,也没有人性的依据。相反,儒家的主张虽然不如墨子的理想,却有依据。礼乐制度,就是历史依据;亲亲之爱,就是人性依据。如果能够恢复封建制和宗法制,孔子他们的主张,就至少能部分地实行。墨子的主张,却是根本无法实行的,因为既无依据,也没有办法。墨子的一整套改革方案,什么尚贤,什么尚同,什么非攻,什么兼爱,说起来振振有词,听起来头头是道,做起来却没有一件能够成功。比如选择最圣明的人当天子,选择次圣明和再次圣明的人当国君和大夫,就没有具体的操作办法。没有办法的事,怎么做呢?当然,要说一点都不能实行,也不是事实。在宗教团体,在起义军中,在战争年代,墨子的主张也是部分实行了的。可惜,没有一个能推广,也没有一个能持久。为什么?"反天下之心,天下不堪"嘛!

其实，我们应该谢天谢地，感谢墨子的主张不能得到实现。因为一旦实现，结果必定是专制独裁，而且是极权统治加神权统治。我们知道，按照墨子的设计，理想社会的结构是这样的：最底层，是广大民众；民众的上面，是他们必须绝对服从的村长；村长上面，是必须绝对服从的乡长；乡长上面，是必须绝对服从的大夫；大夫上面，是必须绝对服从的国君；国君上面，是必须绝对服从的天子。天子神通广大，明察秋毫，洞悉一切。村民做了好事或坏事，家里人不全知道（*其室人未遍知*），乡里人也不全知道（*乡里未遍闻*），天子却清清楚楚，直接下令或赏或罚，因此"举天下之人，皆恐惧、振动、惕栗，不敢为淫暴"。这就奇了怪了！家里人和乡里人都不全知道的事，天子怎么知道的？也只有天知道。反正按照墨子的设计，大家都说"天子之视听也神"（《墨子·尚同中》）。请问，这不是神权统治吗？

显然，墨子自己也知道说不过去，便又补充说，天子其实也不是神。他能够无所不知，是因为"使人之耳目助己视听"，也就是有人通风报信。这当然也讲得通。但我们还是要问：是谁通风报信，是谁告诉他的？人民群众吗？似乎不大可能。因为前面说的这些事，可是"其室人未遍知，乡里未遍闻"的。群众自己都不知道，怎么会去说？这就只有一种可能：天子安排了"特务"。请大家想想，这岂不可怕？实际上，这还不算可怕。如果是人民群众去告诉天子，就更恐怖。怎么恐怖？普天之下都是特务。一个普天之下都是特务，或者处处都安排了特务的社会，是美好社会吗？是和谐社会吗？当然不是。由此可见，任何在人间建设天堂的主张，一旦实施，建设出来的都势必是人间地狱。

事实上，先秦墨家已经表现出他们的恐怖了。我们知道，所谓墨家，不但是一个学派，更是一个团体，而且是一种准军事组织。从墨子开始，这个团体就有一个最高领袖，叫"巨子"。巨子具有双重身份，既是导师，又是首领，对自己的弟子有生杀予夺之权，可谓说一不二，令行禁止。据《淮南子·泰族训》，墨子当巨子的时候，手下有一百八十人。这些人，都忠心耿耿，训练有素：只要墨子一声令下，跳进火海里，走到刀山上，都不怕，叫"赴火蹈刃"；让他们去送死，脚后跟都不会转一下，迎着死亡就上去了，叫"死不还踵"。照这架势，如果墨子让他们做"人体炸弹"，估计也干。看来，墨家这个团体，多少具有黑社会性质。幸亏墨子本人心地善良道德高尚，又坚守"只防御不进攻"的底线，绝不滥杀无辜，要不然，只怕真会变成恐怖组织。

但这只是侥幸，不是必然。因为墨家在本质上是反法治的。他们的组织内部，也可以动用私刑。《吕氏春秋·去私》说，墨家后任巨子之一的腹䵍（音吞）的儿子杀了人，依法当死。秦惠王（也就是车裂商鞅的那位）得知，就对腹䵍说：先生年纪大了，又只有一个儿子，寡人已经交代法官不要杀他。腹䵍却说：墨者之法，杀人者死，伤人者刑。大王可以不杀，腹䵍却不能。结果，腹䵍还是按照他们的组织原则处死了自己的儿子。这就太恐怖了。如果任何一个民间团体，都可以动用私刑，岂有法治可言？虽然腹䵍的理由是要行义（禁杀伤人者，天下之大义也），但这样动用私刑的权力，谁能保证不被滥用？墨家巨子的权力如此之大，究竟有谁能够监督？如果不被监督，这样的绝对权力难道不会导致绝对的腐败？这些都是问题。所以，墨子本人，是不可怕的；他的主张，却是可怕的。

这就是墨子的是非得失。显然，如果把墨子的主张看作"社会主义"，那么，他的这种"社会主义"，就是贫穷的社会主义，空想的社会主义，专制的社会主义。众所周知，贫穷不是社会主义，空想和专制的也不是。因此，墨子的主张，不是社会主义。

那么，杨朱又如何？

如果说墨子关注的是社会，那么，杨朱关注的就是个人。因此，杨朱往往被看作"个人主义者"，并备受批判和攻击。其实，杨朱的思想，是被曲解、妖魔化了的。没错，杨朱是个人主义，但不是自私自利，更不是损人利己。因为杨朱虽然"毫不利人"，却也"毫不损人"。不但不"损人"，就连"损物"都反对。杨朱说："智之所贵，存我为贵；力之所贱，侵物为贱。"（《列子·杨朱》，下引皆同）翻译过来就是：智慧之所以可贵，就因为保护自己；武力之所以可鄙，就因为侵犯别人，包括侵犯小动物和自然界（物）。这意思再清楚不过：杨朱反对一切侵犯和占有！因为在他看来，这些东西都不是我们自己的。不但动物和自然不是（物非我有也），就连身体原本也不是（身非我有也）。只不过，既然已经有了生命，就只能保全它（既生，不得不全之），也只能利用动物和自然（既有，不得而去之）。但是，你不能认为这就是你该得的，不能蛮不讲理地占有它。如果蛮横地占有，那就叫霸占，用杨朱的话说，就叫"横私天下之身，横私天下之物"。横，就是蛮横；私，就是占有。为什么不能蛮横地私自占有？因为"身"也好，"物"也好，都是属于天下的。因此，应该"公天下之身，公天下之物"，把原本属于天下的变成全世界的共同所有。

哈！原来杨朱不但不自私自利，还和墨子一样，也主张"天下为公"。而且，杨朱的"天下"范围更大，不仅包括全人类，还包括自然界。这就比墨子还要彻底。他的"一毛不拔"，也不是只管自己，不管别人，而是其他人、小动物和自然界，统统一样。应该说，既要"天下为公"，又要"一毛不拔"，才是对杨朱思想完整而全面的表述。

说到这里，可能会有人嗤之以鼻。瞎白话吧你！既"天下为公"，又"一毛不拔"，怎么可能？是不大可能，是很难做到。杨朱思想最终难以被人接受，原因之一就在这里。然而杨朱的深刻之处，也在这里。

这就是：实现"天下为公"的社会理想，不能以牺牲每个人的个人利益为代价。因为"天下人的幸福"，是由每个人的幸福构成的，是天下所有人幸福的总和。如果每个人都不幸福，却说天下人是幸福的，这种幸福，靠得住吗？如果说为了天下人的幸福，必须每个人都不幸福，那样的"幸福"，又要它干什么？当然，作为个人，你可以像墨子那样，为"兴天下之利，除天下之害"而牺牲自己。如果你真诚地这么做了，我将向你表示崇高的敬意。但是，如果你因此而要求别人，要求所有人都这么做，那就只能说声对不起。对不起，你不能这么要求，你也没有权力这么要求。或者说，你可以提倡，不能强迫。因为一旦强迫，就违背了追求全人类共同幸福的初衷。

这就是我从杨朱那看似荒谬的主张中读出的深层含义。也许，这并不是杨朱的本意，只是我的一厢情愿。毕竟，杨朱留下的资料太少了。但他提出的问题，却至少是值得深思的。我甚至想到了马克思和恩格斯对共产主义的描述。马克思和恩格斯说，共产主义社会是一个联合体，在那里，"每个人的自由发展是一切人的自由发展的条件"（《共产党宣言》）。可见在马克思和恩格斯那里，个人的权利与尊严，也是被当作前提条件来看待的。站在这样一个思想高度，我们对杨朱的观点，难道不该有更深刻的认识吗？杨朱的思想，难道不该也作为我们民族思想文化的遗产，予以抽象地继承吗？

老子与庄子

现在讲老子和庄子。

老子和庄子不好讲。我读《老子》这本书，感受只有三个字：老、大、难。我们知道,老子并不姓老,也不以老为氏。他叫老子,是因为活得长。司马迁说老子活了一百六十多岁,甚至两百多岁(《史记·老子韩非列传》)。东晋葛洪的《道德经序》则说"老子生而皓首",也就是一生下来就满头白发。这当然都不可能。何况司马迁说的那个老子,是否就是《老子》一书的作者,也不一定。我的看法,多半不是。大约春秋晚期,确实有一个人,被大家叫做"老子",也就是"老先生"。这位老先生很有智慧,就连孔子也曾向他请教。后来,他离开了中原地区,不知所终。留没留下著作呢?可能没留,也可能留了,但失传,或者只留下片断。不过即便没有著作,言论总归会留下一些,口口相传。于是,到战国时期,杨朱之后,庄子之前,又有一个人,或者几个人,也是很有智慧的,便在这些只言片语的基础上,既编又著,整理出一本书,声称作者是"老先生",这就是《老子》。为什么要用"老子"的名义?也有两种可能,一是"借壳上市",二是"倚老卖老"。毕竟,此前确实有过一位老先生,此书的思想与这位老先生也颇多关联,那就说是老先生写的好了。更何况,这本书表达的,正是一个古老民族少年老成的智慧。用李零先生的话说,就是一种"老辣的智慧"(《人往低处走》)。叫做《老子》(老先生),岂非名副其实?这就是"老"。

再说"大"。《老子》这本书,虽然只有五千字,含金量却非常之高。即便不是"一句顶一万句",一千句也是顶得上的。其中讲到的内容,也遍及哲学、美学、心理学、政治学、伦理学,甚至军事学。所以陈鼓应先生说,老子的思想就像永不枯竭的水井或清泉,只要我们把桶放下去,就一定满载而归(《老庄新论》)。这虽然是借用尼采的话(还被我做了修改),但用于老子,十分合适。实际上早在战国时期,人们就从老子那里看到了不同的东西,比如庄子看到了人生态度,韩非看到了帝王之术。再往后，又有人从庄子那里看到了艺术规律。这就是"大"。又老又大，再加上不好读，也就"难"。

不过，老子（也包括庄子）的思想虽然无比丰富，却可以拎出一条基本线索，这就是人生哲学。这也正是他们与墨子的区别，即墨子关注社会，老庄关注人生。庄子的种种故事、寓言、想象，固然都围绕着这个主题；老子的宇宙论和政治学，也都最终落实到这里（请参看徐复观《中国人性论史》）。因此，读老庄，就是读人生，读人生哲学。如果说有什么不同，也不过是一个偏于人生智慧（老子），一个偏于人生态度（庄子）。

那就先说老子。

老子的人生智慧是什么？不妨与进化论做比较。进化论怎么说？天择物竞，适者生存。老子呢？天择物竞，弱者生存。有个故事，许多古书（《说苑》《战国策》《孔子家语》）都讲过，这里说《太平御览》的版本。这故事说，老子有个老师，叫商容。这个商容，也"不知何许人也"，大约是比老子还要智慧的人吧。商容病重时，老子去看他。老子说：先生有没有什么遗言要教导学生的呢？商容问：经过故乡要下车，明白吗？老子说：是不是不要忘本？商容又问：经过大树要趋行，明白吗？老子说：是不是应该敬老？商容又张开自己的嘴巴说：你看我的舌头还在吗？老子说：在。商容又问：你看我的牙齿还在吗？老子说：不在了。商容再问：你明白了吗？老子说：是不是刚硬的就灭亡，柔弱的就存活（非谓其刚亡而弱存乎）？商容笑着说：嘻嘻！所有的道理都在这里了（天下事尽矣）！

这个故事虽然没有记载在《老子》一书中，是真是假也不清楚，但确实能代表老子的思想。因为《老子》一书从头到尾，都是讲弱者的生存。老子一再说，不要以为强大的就强大，弱小的就弱小。天底下最柔弱的是什么？水。最能攻坚胜强的又是什么？还是水（《老子·第七十八章》）。所以，最弱小的，其实是最强大的；最坚强的，其实是最脆弱的。想想看，一个人，什么时候最软，活着的时候；什么时候最硬，死了以后。可见"坚强者死之徒，柔弱者生之徒"（《老子·第七十六章》）。因此，那些争先恐后的，没有一个不失败；那些巧取豪夺的，没有一个不输光（《老子·第二十九章》）；只有那些与世无争的，才最安全，也最丰富，简直就应有尽有。道理很简单：正因为他们不争，所以没人争得过他们，这就叫"以其不争，故天下莫能与之争"（《老子·第六十六章》）。请大家想想，这难道不是说给弱者听的吗？

所以老子一再说：弱一点好，软一点好，柔一点好，凡事往后靠一点好。韩非写过一篇文章，叫《喻老》，讲了许多故事来说明老子的观点。其中有一个，讲的是楚庄王与孙叔敖的事。楚庄王，是春秋五霸之一；孙叔敖，则是帮助庄王成就霸业的功臣。但是这个功臣，为人处世却十分低调。据《吕氏春秋·孟冬纪》，孙叔敖临终时，把儿子叫到跟前，嘱咐他说：老爸生前，多次谢绝了大王的封赏。我死之后，大王一定会给你加封，而你是谢绝不了的。这样吧，你就挑一块最差的。孙叔敖的儿子果真按照他爸的嘱咐去做，结果怎么样呢？按照楚国的政策，功臣的封地，两代以后就要收回，只有孙叔敖儿子的封地延续了好几代。为什么？就因为他那块地太差了，鬼都不要。于是韩非说，这就是老子所谓"善建者不拔，善抱者不脱"（《老子·第五十四章》）啊！也就是说，善于建树的，动摇不了；善于把持的，不会丢失。那么，怎样才叫做善于建树、善于把持呢？选择谁都不稀罕的。

显然，老子所谓"善建者不拔，善抱者不脱"，绝不是要你下死力，建得牢牢的，抱得死死的。事实上，你建得再牢，也能拔起；抱得再紧，也能挣脱。美国的世贸大楼建得牢不牢？牢。怎么样了呢？防不胜防嘛！所以，不要在这方面下功夫。你真正要做的，是打消别人动摇、挣脱的念头，甚至根本就不会有这念头。没人想动摇，才叫"善建者不拔"；没人想挣脱，才叫"善抱者不脱"。

问题是怎样才能做到"没人想挣脱，没人想动摇"？有句老话可供参考：不怕贼偷，就怕贼惦记。贼惦记谁？钱多的人。你不要弄那么多钱，可不就没人惦记了？树大招风。你变成小草，不就没事了？我住的地方常常刮台风，每次连根拔起的，都是参天大树，没见过草皮被刮掉的。可见老子的观点有道理。什么道理？峣峣者易缺，皦皦者易污。你把自己弄得太刚硬，就很容易被折断；你把自己弄得很干净，就很容易被污染。那又该怎么办？把自己弄得脏一点，穷一点，窝囊一点呗！你看那脏兮兮的乞丐，有人偷吗？

这就是不折不扣的弱者生存。有趣的是，老子的这一套，并非只有弱势群体才听得进，权势人物也受用。因为谁都有处于弱势的可能。即便贵为天子，也未必总是强势，或一定就是强势。就算强势，他也是孤家寡人，哪里敌得上众人觊觎？这个时候，就用得着老子哲学了。怎么用？装。《老子》书中，有一个词用得很频繁，这就是"若"。比方说，大成若缺，大盈若冲，大直若屈，大巧若拙（《老子·第四十五章》）。这个"若"，可以翻译为"就像"，也可以理解为"好像"，张舜徽先生则说"不外一个'装'字"（《周秦道论发微》）。只不过，阴谋家装，叫"韬晦"；老百姓装，叫"装蒜"。但都是"装孙子"。总之，谁会装，谁就活得下去，甚至成功。谁笑在最后，谁就笑得最好。司马懿，就是榜样。

除了"装"，还有"忍"。比如越王勾践，比如楚王韩信，比如太史公司马迁，便都是榜样。勾践忍辱负重，卧薪尝胆，以君王之身，而为敌国臣虏，受尽种种屈辱，打落牙齿往肚子里咽，终于反败为胜，报仇雪恨。韩信忍气吞声，受胯下之辱，这才有了后来的建功立业，叱咤风云。请大家想想，如果当时韩信拔剑而起，像杨志杀牛二一样杀了那小子，还有后来吗？如果司马迁不能忍受宫刑之辱，愤而自杀，还会有《史记》吗？所以苏东坡说，受到侮辱，就"拔剑而起，挺身而斗"，这不是真正的勇敢。真正的勇敢，应该是"卒然临之而不惊，无故加之而不怒"（《留侯论》）。这其实就是老子思想的应用了。老子说："勇于敢则杀，勇于不敢则活。"（《老子·第七十三章》）翻译过来就是：敢冲上去的就死，敢不冲上去的就活。老子说这话，并不奇怪，活命哲学嘛！值得注意的，是他在讲不要冲锋的时候，用的词不是"不勇"，而是"勇"。显然，在他看来，不做也是需要勇气的，恐怕还更需要勇气。这才说"勇于不敢"（不是说"不勇于敢"），即不是"不敢"，而是"敢不"。敢不，是很难的。我们日常生活中，常常会有这样的话：你敢不服从？你敢不照办？回答往往是：不敢。可见"敢不"，才是最大的勇敢。用老子式的语言来表述，就是"大勇若怯"。或者说，无勇之勇，是为大勇。

除了"忍"，还有"让"。这方面的榜样也很多。比如清代康熙年间，安徽桐城人张英（张廷玉之父）在朝廷做官，官居文华殿大学士、礼部尚书。因为邻居吴家建房，要占用两家之间的通道，家人便写信要张英出面干涉。张英却回信说："千里修书只为墙，让他三尺又何妨？长城万里今犹在，不见当年秦始皇。"家人阅罢，明白其中意思，主动让出三尺。吴家见状，深受感动，也主动让出三尺。结果，两家之间便形成一个巷子，名曰"六尺巷"，至今传为美谈。这就是"让"的作用。

看来，《老子》这本书，真可谓"最抽象也最实用"。

但是老子的思想也有问题。有什么问题呢？就是按照老子这一套去做，人人装孙子，个个缩脑袋，咱们这个民族，怎样才能实现"和平崛起"，又怎样才能实现"伟大复兴"？发展才是硬道理。但按照老子的主张去做，恐怕是国家不能发展，个人也不能发展。所以，老子的思想，也是只能抽象继承的。怎样抽象继承？就是做人低调一点好，做事却必须高标准、严要求。我有一个小朋友，曾经提出一句话，叫"高端做事，低调做人"，我很赞成。可惜这就不是道家思想了。是什么？儒家思想！

其实就连做人，老子这一套也不能全部照搬。让出三尺宅基地，也许是可以的，但劫匪到家里来行凶杀人，也让吗？事实上，示弱、示柔、示贫，装、忍、让，未必就安全可靠、万无一失。羊倒是柔顺得很，狼就不惦记吗？下岗工人的活命钱，不是照样有人偷吗？小草是不会被台风刮起，大树还不会被人践踏呢，这话又怎么说？再说了，就算装了孙子便能当大爷，这"大爷"就那么值得去当吗？比如，前面说的那个越王勾践，我就很不喜欢。勾践成功之后，居然对大功臣文种说：先生教我七种杀人的办法，寡人只用三种就灭了吴国。剩下四种，就在先生身上试试吧（《史记·越王勾践世家》）！这简直就是变态！不变态也难，憋得太久了嘛！所以，就我个人而言，反倒更喜欢那个选择自杀的吴王夫差。

这就牵涉到一个更为重要的问题：我们为什么做人？我们应该做一个什么样的人？这个问题，老子没有说，也回答不了。因为老子的功利心，其实是很重的。他口头上说"无为"，心里面想"有为"，是"以无为求有为"，目的甚至是"无不为"。所以，这个问题，只能由道家的第三个代表人物来回答。谁？庄子。

那就再说庄子。

老子难说，庄子就更难说。在我看来，庄子就像禅宗，是不能说的，一说便错。《庄子·天道》说，有一天，齐桓公在堂上读书，有个工匠在堂下做工。工匠名"扁"，因为是做车轮的，又叫"轮扁"。当然，叫他"阿扁"，大约也不错。轮扁见桓公读得津津有味，便放下工具走上前去说：小人斗胆问一句，国君您读的是什么？桓公说：是"圣人之言"。轮扁又问：圣人还在吗？桓公说：已经死了。轮扁便说：那君王您读的，就是古人的糟粕了。齐桓公听了这话，当然不高兴，便对轮扁说：寡人读书，你一个工匠岂能说三道四？有个说法倒也罢了，没道理就得去死。轮扁说：比如小人做车轮，太松了不牢固，太紧了不灵活。怎样恰到好处？小人手上知道，心里明白，可是说不出来（*得之于手而应于心，口不能言*）。小人只知道这里面有道道（*有数存焉于其间*），但是没法说给儿子听。如此看来，君上读的，多半就是圣人的糟粕了。这意思也很清楚：说得出的是糟粕，说不出的才是精华。照这逻辑，我们讲庄子，大约也只能讲糟粕了。庄子，是不是很难讲？

不过，庄子的难讲，还不完全因为这个。还因为什么呢？因为他提出了一个至今无法回答的问题：人活着，为什么？杨朱的回答是，既然活着，那就好好活，过好自己的每一天。庄子却不满足于这个答案，他还要问：什么叫好好活？什么叫过好每一天？难道像某些人主张的那样，花天酒地玩女人，就叫好好活，就叫过好每一天吗？

当然不是。那是什么？庄子的回答是：真实而自由。

庄子认为，人活着，首先要真实。《庄子·养生主》说，老聃去世，他的一个朋友叫秦失的去吊唁，哭了三声就出来了。老聃的学生问秦失：先生是我们老师的朋友吗？秦失说：是。学生又问：作为朋友，这样吊唁行吗？秦失说：行！你们这个追悼会，来的人太多了，难道都是你们老师的亲朋好友？难道他们心里都真的悲痛？必定有人是不想吊唁却来吊唁（*不蕲言而言*），不想痛哭却来痛哭（*不蕲哭而哭*）。这就是丧失天性，违背真情，忘记了自己的真实感受（遁天倍情，忘其所受），古人叫做"遁天之刑"呀！

显然，在庄子看来，不真实就等于受刑，而且是遭天谴，受天刑。因此，他把真实看作生活的基本原则。所谓真实，也就是率性。所谓率性，也就是秉承天赋，顺其自然。比如鹰，就该在天上飞；鱼，就该在水里游。这就是真实，也就是自由。庄子为什么要说"儵鱼出游从容，是鱼之乐也"（《庄子·秋水》）？就因为在这时，鱼是真实的，也是自由的。真实而自由，就快乐。因此，该是谁便是谁，该干吗就干吗！

或许有人会问：你这样说，什么意思？是不是要贫穷的永远安于贫穷，富贵的永远安享富贵？如果谁要这么想，那他就完全误解了庄子。庄子的人生主张是什么？真实而自由地活着。在这里，真实和自由是一切结果的前提。比如墨子，真心实意地愿过苦日子。苦日子对于他，就是好的。你，不愿意过，别人强迫你过，则是不对的。《庄子·马蹄》说，马，它的蹄可以踏霜雪，毛可以御风寒。饿了就吃草，渴了就喝水，高兴了就撒欢。这就是马的真性情呀（此马之真性也）。可是来了个伯乐，说自己会驯马，又是钉马掌，又是套缰绳，这马就死了三分之一。然后又训练它立正稍息齐步走，令行禁止，服服帖帖，这马就死一半了。为什么？既不真实又不自由。因此，就算这马得了奥运冠军，也是不快乐的。相反，乌龟在泥地里打滚，猪在圈里哼哼，是快乐的。所以，野鸡宁肯走十步吃一口食，走百步喝一口水，也不愿意被关在笼子里当什么鸡王（《庄子·养生主》）。

显然，问题不在"苦日子"还是"好日子"，而在真实不真实，自由不自由。所以，不但被强迫过苦日子不对，便是强迫过好日子，也不对。《庄子·至乐》说，有一只海鸟飞到了鲁国，鲁国国君喜欢疼爱得不得了，又是设酒宴，又是奏音乐，生怕怠慢了它。结果怎么样呢？

那鸟不吃不喝,三天以后就吓死了。为什么会这样?就因为鲁国国君是"以己养养鸟",不是"以鸟养养鸟"。真正爱鸟,真正为鸟好,那就应该把它放回大自然,让它去过自由自在的生活,哪怕你认为那是"苦日子"(此例又见《庄子·达生》)。

因此,任何人都不要把自己的意志强加于别人。即便出于好意,也不行。如果是虚情假意,那就更不行。《庄子·达生》说,有个管祭祀的官员,衣冠楚楚地来到猪圈,对准备当牺牲品的猪做思想工作。这官员说:猪啊猪,你何必怕死呢?从今天开始,我会好好地喂养你三个月。宰杀之前,我会十天上戒,三天作斋。然后,我会在你的身子下面铺上洁白的茅草。你的前肩和后腿,会庄重地放在最好的盘子里,那上面还雕着花,你看怎么样?当然不怎么样。庄子说,如果真正替猪着想,那就应该把它留在圈里吃糟糠!庄子还说,这个道理,是猪都明白的,可惜很多人却不明白。他们一门心思向往的,就是生前富贵,死后哀荣。为此,他们不惜扭曲了自己的天性,去做不想做的事情。他们就不想想,所谓"生前富贵,死后哀荣",不就是身子下面铺着白茅草,前肩、后腿放进花盘子吗?这又有什么可追求的呢?这些人,岂不是连猪都不如吗?

庄子这个思想,极其深刻,也极其可贵。我们知道,孔子有句名言,叫"己所不欲,勿施于人"(《论语·颜渊》),已是相当伟大。庄子却还要再进一步:己所甚欲,也勿施于人。这在中国人,是很难做到的。因为我们还有一个传统,也是孔子的主张,叫"己欲立而立人,己欲达而达人"(《论语·雍也》),也很正确。这又怎么说?我的简单看法是:如果别人真实而自由地希望你帮助他立,帮助他达,你就帮;如果别人并不希望立,并不希望达,你不能强迫。那么,如果有人好心好意地强迫我做一件他认为正确、他认为对我有好处的事,我又不愿意，该怎么办呢？具体问题具体分析。该做的还得去做，实在不该做，学会拒绝。事实上，庄子活得潇洒，就在于他能说"NO"，能够说"不要"。比方说，拒绝别人请他做官的"好意"。所以我一再说，不要，才是人的基本权利。因为只有能够说"不要"，人才是自由的。对庄子的抽象继承，便不妨从这里开始。

不信，请试试看。

再说法家

讲完庄子再来讲法家，尤其是讲韩非，很有些意思。因为这两个人完全相反。庄子追求的，是绝对的自由；韩非主张的，则是绝对的专制。庄子希望的，是社会的宽容；韩非强调的，则是国家的管制。庄子追求自由，希望宽容，是因为他认为人性天真；韩非主张专制，强调管制，是因为他认为人性本恶（请参看冯友兰《中国哲学简史》）。如此南辕北辙，也就值得深思。因此在讲韩非之前，我们还要再讲讲庄子。

还是先讲一个故事。这故事记载在《庄子》的第一篇，篇名叫《逍遥游》。什么叫逍遥游？就是真实而自由地活着。这是庄子的人生主张，因此这一篇极其重要。这篇文章开头就说，北海有一种鱼，名字叫鲲。鲲，大得不得了，不知有几千里长。它化作鸟，就叫鹏。鹏，也大得不得了，也不知有几千里长。它从海上飞起来，翅膀就像"垂天之云"，旋风直上九万里，海上水波柜敫，浪花飞溅，高达三千里。就这样，鲲鹏将用六个月的时间，从北海飞往南海。于是，鹦雀还有斑鸠、蝉，就笑起来了。它们说：干吗呀您？花那么多的时间，走那么远的路。您看我们，只要飞到一根树枝上，就停下来。实在飞不上去，就落到地面，不也很好吗（此亦飞之至也）？于是庄子说："此小大之辩也！"

　　这个故事和这句话，常常让解说《庄子》的人困惑。庄子嘲笑鹨雀、斑鸠、蝉吗？嘲笑。这一点，可以从他的语气中读出。那么，庄子为什么嘲笑鹨雀、斑鸠、蝉？是因为它们小，鲲鹏大吗？不是。为什么不是？因为不符合庄子的思想。庄子的思想，是"齐物论"。这三个字有两层含义，一是"齐物"，二是"齐论"，合起来叫"齐物论"。齐，是动词，意思是齐等、齐一。也就是说，万事万物，都是平等的；思想言论，也是平等的。谁也不比谁高贵，谁也不比谁高明。鲲鹏"抟扶摇而上者九万里"固然是逍遥游，鹨雀们在蓬间嬉戏，难道就不是逍遥？当然是。既然如此，庄子怎么会嘲笑它们？

　　然而庄子又确实嘲笑了。为什么嘲笑？原来，"翱翔蓬蒿之间"并不可笑，可笑的是它们嘲笑"之九万里而南"。这又怎么就可笑呢？因为"真实而自由地活着"，是每个生命体同等拥有的权利，任何人都没有权力去剥夺，也没有资格去嘲笑。大的尚且不能嘲笑小的，小的又岂能去嘲笑大的？然而鹨雀、斑鸠、蝉在说到鲲鹏时，态度都是"笑之"。这就太可笑了。也就是说，庄子不是嘲笑鹨雀、斑鸠、蝉们的"小"，而是嘲笑它们的"笑"。

　　显然，所谓"此小大之辩也"，不能理解为"这就是小和大的区别"，只能翻译为"这就是小和大的辩论"。事实上，《庄子》的原文，也是"辩"（辩论），不是"辨"（辨别）。按照"齐物论"的思想，庄子根本就不可能主张区分辨别。庄子说，有个养猴的老人给猴子发橡子，说"朝三而暮四"（早上三个晚上四个），猴子们都很愤怒，龇牙咧嘴说"不干"。老人便改口说，那就"朝四而暮三"（早上四个晚上三个），猴子们都很高兴，兴高采烈喊"万岁"。其实朝三暮四也好，朝四暮三也罢，加起来还不是一天七个？所以，很多事，本质是一样的，没区别。区别，不过是表面现象。

更何况，在庄子看来，大又怎么样？小又怎么样？高又怎么样？低又怎么样？美又怎么样？丑又怎么样？栋梁与小草，西施与丑八怪，只要是真实的、自由的，就是平等的，也是一样的，这就叫"道通为一"（《庄子·齐物论》）。也就是说，鲲鹏、鷃雀、栋梁、小草、西施、丑八怪，都有生存的权利，而且都有按照自己的天性和选择，来真实生存、自由生存的权利。他们都可以有自己的活法，也都会有自己的长处和短处。因此，你可以赞美鲲鹏，但不必嘲笑鷃雀；反过来，以小笑大，也不对。任何人都不能以己之长笑人之短，不能以一种自由嘲笑另一种自由，以一种真实嘲笑另一种真实。这就是庄子讲这故事的真正用心。

庄子的这个主张，就是宽容。他嘲笑鷃雀、斑鸠、蝉，是因为它们太不宽容。看来，事情也许真是"越大越宽容，越小越计较"，所以庄子觉得可笑。众所周知，宽容，是一种非常现代化的观念和意识。这样一种现代价值，当然不可能在两千多年前，被庄子清晰而明确地表述出来。但是，哪怕只有一点萌芽，一丝意思，我们都要说一声了不起。何况庄子不但主张宽容，还主张真实和自由，这就太伟大了！

那么，法家宽容吗？

很不宽容。法家的不宽容，甚至到了不近人情、不顾人命的地步。比如前面说过的韩昭侯"兼罪典衣杀典冠"（请参看本章第一节），就是不近人情；《韩非子·外储说右下》所说秦昭襄王之事，则是不顾人命。这故事说，有一年，秦国遇到灾荒，老百姓都没有饭吃。秦国的大臣主张赈灾，昭襄王却不同意。昭襄王说：我们秦国的法治，是无功不受赏。灾民有功吗？没有。如果有功无功都给粮食，岂不是大家都会去抢？这就乱了。与其让他们活着却混乱，不如让他们死去却安定（*生而*

乱，不如死而治）。请大家想想，这都是什么话！

事实上，如果说庄子表现出难得的宽容，那么，法家便表现出罕见的苛刻，甚至残忍。从商鞅到后来的酷吏，差不多都是心狠手辣，冷酷无情。他们甚至是相互之间都不同情，都不怜悯的。比如李斯之陷害韩非，比如来俊臣之整治周兴，都是如此。据《新唐书》和《资治通鉴》，有一天，来俊臣请周兴吃饭。酒过三巡，来俊臣问周兴：犯人不肯招，有什么办法吗？周兴说：好办得很！取大瓮一只，周围架上火，烧热了让他进去，没有不招的。来俊臣便当场如法炮制，然后对周兴说：有人告你谋反，请君入瓮吧！

我们知道，周兴和来俊臣，都是武则天手下的酷吏，说起来算是同伙。然而来俊臣整起周兴来，却一点都不手软。这种毫不留情、翻脸不认人的作风，从哪里来的？从商鞅那里继承的。众所周知，商鞅原本是卫国人，叫卫鞅，后来又在魏国的国相手下做事，算是魏国之臣。因为魏惠王（也就是梁惠王）不用他，才跑到了秦国，为秦孝公做事。这倒也没什么，当时的士人，都是朝秦暮楚，不算叛国。商鞅成为秦国之臣后，就怂恿秦孝公攻打魏国。这也没什么，既为秦国之臣，当然要替秦国着想，所以也不算卖国。问题是商鞅这一仗打得不地道。据《史记·商君列传》，当时魏军的统帅是公子印（音昂）。商鞅就写信给公子印说：想当年，咱俩在魏国可是好朋友，现如今，却"俱为两国将"。这就太可悲了。鞅实在不忍心动手（不忍相攻），倒是想请公子吃顿饭，我们两家讲和算了。公子印觉得有道理，就毫无戒备地前来赴宴。结果怎么样呢？商鞅在酒宴上把公子印绑架了，然后下令进攻，大败魏军。这是什么？这是欺诈！司马迁就秉笔直书云"欺魏将印"。司马迁还说，这事和商鞅的许多作为，都证明此人是很苛刻、很残忍的（足发明商君之少恩矣）。

这就有了问题:法家,为什么苛刻,甚至残忍呢?

三个原因:时代使然,渊源使然,使命使然。我们知道,法家思想的成熟,主要在战国。战国是一个什么样的时代呢?残忍的时代。我们平时总是说,春秋战国,春秋战国,实际上春秋和战国大不一样。春秋时期当然也有战争,但规模不大,常常是一天就结束。交战双方,也都很讲究军事礼仪,注重君子风度。比如有一个成语,叫"五十步笑百步",出自《孟子·梁惠王上》。其实,春秋时期的战争有个规矩,就是敌人败退,胜利的一方只能追五十步,不能多追,叫"不逐北"。也就是说,败退,跑五十步就安全了,你跑一百步干什么?所以,跑一百步是可笑的。当然,孟子的意思,是不管跑多少步,都是逃跑,这就另当别论。总之,春秋时期的战争,是不太过分的。

可惜,这样一种君子风度到战国就不复存在。战国时期的战争,常常是几十万大军征伐对峙,野战攻守持续数月,活埋战俘成千上万。比如公元前317年,也就是孟子大约五十六岁,庄子大约五十三岁那年,齐、燕、赵、魏、韩与匈奴联合攻秦,秦国大败韩赵军,斩首八万二千。公元前307年,秦国攻韩,斩首六万。公元前293年,秦将白起大破韩魏军,斩首二十四万。最惨烈的是在公元前260年,也就是荀子大约五十四岁,韩非大约二十一岁那年,还是那个秦国大将白起,竟一次坑杀赵国降卒四十多万人。这可真是"争地以战,杀人盈野;争城以战,杀人盈城"(《孟子·离娄上》),不折不扣的惨绝人寰。

战国时期诸子目睹的,就是这样一种社会状况。所以战国诸子(孟子、庄子、荀子、韩非)的心情、心境和心气,都大不同于孔子,甚至不同于墨子。不过,正如鲍鹏山先生所言,战国也有宽容的一面,是一个既残忍又宽容的时代。对谁残忍?人民。对谁宽容?士人。战国没有清代那样的文字狱,也没有哪个思想家因为言论而被杀(《先秦诸子十二讲》)。可见战国是宽容与残忍并存的。庄子,就弘扬了宽容的一面;法家,则发展了残忍的一面。他们同时出现在战国,并不奇怪。

庄子和韩非也有共同的渊源,就是老子。过去我们总是说,孔子和孟子是一派,他们的思想就叫"孔孟之道";老子和庄子是一派,他们的思想就叫"老庄哲学"。其实老子还有一个继承者,那就是韩非。老子和韩非的思想,就该叫"老韩思想"。老庄哲学,老韩思想,源头都在老子。因为老子的思想,是"以无为求有为",既"无为",又"有为",归根结底是"有为"。这两个方面发展到极致,就是庄子和韩非。老子的无为发展到庄子,就是自由;老子的有为发展到韩非,就是专制。这并不难理解。甚至,老子的无为发展到庄子,变成宽容,也不难理解。不好理解的是,老子的有为发展到韩非,怎么就不但是专制,而且是苛刻,甚至是残忍呢?

仍然与老子有关。老子的性格特征是什么?寡情。寡情的老子怎么说?他说"天地不仁,以万物为刍狗;圣人不仁,以百姓为刍狗"(《老子·第五章》)。当然,老子只是这么说,并没有真这么做。而且,他的意思也只是说,统治者对老百姓,就应该像天地对待万物那样,不闻不问,顺其自然,这就是无为,也就是"无情"(请参看本书第三章第五节)。然而法家对待人民,却真是"以百姓为刍狗",毫不留情也毫不在意地践踏、蹂躏,甚至迫害。商鞅也好,韩非也好,都认为一个国家的民众,只应该有两种人,一种是农民,一种是战士。农民给统治者种田,战士替统治者杀人。最好是,既是农民也是战士,平时做牛马,战时当炮灰。这岂不真是把人民当成了刍狗?

法家为什么就真把人民当成刍狗呢?因为他们都是"国家主义者",也都是"现实主义者"。他们的观念,是国家至上,现实唯一。所以,他们没有历史使命,只有现实使命,那就是富国强兵。为了富国强兵，可以不择手段。由是之故，法家眼里就只有国家，没有人民，更没有个人。人民和个人，是可以看作刍狗，看作工具，不当回事的。这就是他们苛刻甚至残忍的第三个原因：使命使然。

这个问题就严重了。没错，国家是应该强盛。国家的强盛，是每个国民的共同愿望。问题是，国家为什么要强盛呢？归根结底，还是为了国民的幸福。如果国家强盛了，人民却变成了刍狗，这种强盛，我们要它干什么？所以，在这个问题上，我们更赞成庄子。也就是说，只有每个国民都能真实而自由地活着，人与人之间也很宽容，这样的国家，才是好国家，这样的国家，才值得强盛，应该强盛。而且，我还可以补充一句：只有这样的国家，才有可能真正强盛，永远强盛。

然而法家却不这么认为。他们的想法是：先强盛了再说，管它那么多！所以，法家虽然最后成功了，留下的后患也不少。比如秦的二世而亡，法家就该承担部分责任。后代的许多苛政，法家也该承担部分责任。因此，法家这个学派，在历史上颇受非议，难得好评。许多学者在讲到法家时，都战战兢兢小心翼翼，唯恐一不小心，便犯了众怒。

不过我认为，如果我们真的赞成庄子，赞成他的真实、自由与宽容，那我们就得同意他的观点：万事万物，都是平等的；思想言论，也是平等的。谁也不比谁高贵，谁也不比谁高明。对待法家，也如此，不能一棍子打死，不能一篙子打翻一船人。更何况法家也确有可歌可泣、可圈可点之处，岂能全盘否定，彻底打倒？

那么，法家的可取之处在哪里？

我认为，法家最大的历史贡献，是为后来的中国设计了一种全新的国家制度，这就是"帝国制度"。他们最宝贵的文化遗产，则是提出了一种可以抽象继承的治国理念，这就是"以法治国"（《韩非子·有度》）。前者主要是商鞅设计的，后者则主要是韩非完成的。前一个问题请参看拙著《帝国的终结》,这里只说"以法治国"。

所谓"以法治国",就是"由法来治",也是"依法来治"。由法,就不由人,这就避免了人治的缺点。依法,就不依礼,这就避免了礼治的缺点。人治的问题是什么?靠不住。比如人亡政息,比如恶人当政,比如随心所欲。礼治的问题是什么?不公平。君要臣死,臣不得不死;父要子亡,子不得不亡。最后还是谁的地位高,谁就是真理,就是大爷。《韩非子·说难》说,卫灵公有一个男宠,叫弥子瑕。卫灵公宠爱他的时候,怎么看怎么好。有一次,两人一起游园。弥子瑕摘了一只桃子,吃了一口,觉得好吃,便将剩下的一半给灵公。灵公高兴地说:弥子瑕多爱我呀!好东西自己舍不得吃,让给我。但是,弥子瑕年老色衰后,卫灵公的说法就变了,说弥子瑕简直混蛋,居然把吃剩下的东西给寡人。同一个弥子瑕,同一个卫灵公,同样一件事情,前后的说法完全相反。人,怎么靠得住?礼,又怎么能够行?

法治却不会有这些问题。韩非说,"法莫如显"(《韩非子·难三》),"法莫如一而固,使民知之"(《韩非子·五蠹》)。也就是说,法有三个特点:一、固、显。一,就是统一,也是唯一;固,就是固定;显,就是公开。这就十分清楚:法,是统一的标准,唯一的标准,固定的标准,公开的标准。标准统一,就不能因人而异。标准唯一,就不能政出多门。标准固定,就不能朝令夕改。标准公开,就不能暗箱操作。这样一来,任何人想做手脚,也都做不成了。更重要的是,法不是人,也不认识人。它就像木匠的墨线一样,永远是直的,不会绕弯,也不管你是张三李四、君子小人。这就叫"法不阿贵,绳不挠曲"(《韩非子·有度》)。显然,只有"以法治国",才有可能实现社会的公平与正义。

实际上,韩非也非常重视执法的公正与公平,反对罚不当罪,也反对赏不当功。《韩非子·难一》说，公元前589年齐晋靡笄之战时，中军司马（军法官）韩厥执行军法，要杀人。中军统帅郤克（郤音戏）听说，便驾着车子去救人。等他赶到，人已经杀了。郤克便说，为什么不将他的尸体巡行示众（胡不以徇）？这话连郤克的仆人听了都觉得奇怪。仆人说，大人刚才不是还要救那个人吗？郤克说，韩厥做了得罪人的事，我怎么能不帮他分担一点骂名呢（吾敢不分谤乎）？对此，韩非评论说，郤克完全是胡来！我们先要问：韩厥杀的这个人，该不该杀？如果该杀，就不该救。救罪人，是乱国法。国法乱了，国家也乱了（法败则国乱）。如果这个人罪不当死，那就不能将他的尸体巡行示众。将他的尸体巡行示众，是加重了无辜者的冤枉和委屈（重不辜）。加重无辜者的冤枉和委屈，会导致民怨沸腾。民怨沸腾，国家就危险（民怨则国危）。要知道，人民群众对执法公平的期望是很高、很强烈的（民之望于上也甚矣）。然而郤克的做法，却只能让人民绝望（民绝望于上矣）。这不是什么分担骂名（分谤），而是增加骂名（益谤）。显然，在韩非看来，只有"以法治国"，才有可能实现公平与正义；也只有实现公平与正义，才有可能保证国家的长治久安。

这就是韩非在两千多年前提出的思想。这个思想，即便在今天也不过时。事实上，韩非主张的公开、公平、公正，和墨子的平等、互利、博爱，和庄子的真实、自由、宽容，同样可贵，同样是我们民族文化传统中的稀缺资源，是我们民族文化的宝贵遗产。

但有个问题，也得说清楚，就是以法治国并不万能。

怎样不万能呢？首先，法治只是比人治和礼治更有可能实现社会的正义与公平，并不等于就一定能够实现。事实上，目前全世界都还没有一种办法，可以完全地、绝对地做到这一点。相比较而言，法治算是最可能、最可靠的了。其次，法治意义上的公平与正义，包括两个方面,即"程序公正"和"实质正义"。所谓程序公正,就是审判的过程公平。所谓实质正义,就是审判的结果公平。过程公平,不等于结果就一定公平。在这种情况下,实质正义(结果公平)要让位于程序公正(过程公平)。也就是说,只要过程公平,在现有条件下,就算实现了社会的正义与公平。再次,程序公正也有一个前提,就是程序本身必须公正。说得直白一点,就是我们要守规矩,但规矩本身要规矩。法家的最大问题,就在于他们的"法"不合法。怎样不合法?不是人民民主的产物,而是统治阶级的一言堂,是统治阶级与人民群众之间的不平等条约,我称之为"非法之法"(请参看拙著《帝国的终结》)。非法之法不是法,也不可能从根本上实现正义与公平。最后一点也很重要,就是即便实现了社会的正义与公平,法治也只能遏制犯罪,无法倡导行善。因此,法治之外,还必须有德育,即以法治国,以德育人。这就是我对第四章第六节留下问题的回答。

以德育人,就不是法家之所长了。在这方面,长袖善舞的是儒家。那么,儒家又给我们留下了什么?

爱的呼唤

要知道儒家留下了什么,得先知道他们关注什么。

儒家关注什么?孔子关注什么?如果说,墨子关注社会,庄子关注个人,韩非关注国家,那么,孔子最关注的,就是文化。据《论语·宪问》,有一次,子贡问孔子说,管仲这个人不怎么样吧?他原本是公子纠的老师。公子纠和齐桓公争夺君位,被齐桓公杀了。按照"君辱臣死"的原则,管仲也应该去死。可是,他不但不死,反而去辅佐公子纠的敌人齐桓公。在子贡看来，这就太不像话！然而孔子怎么说呢？孔子说：哎呀，没有管仲，我们这些人都"被发左衽"了！什么叫"被发左衽"？就是头发不扎起来，衣襟朝左边开。这是所谓的"夷狄"形象，华夏民族是不能披头散发，衣襟也要朝右边开的。因此，所谓"微管仲，吾其被发左衽矣"，就是说，没有管仲，我们都变成野蛮人了。众所周知，头发怎么处理，衣襟朝哪边开，是文化问题。君主被杀，臣子应该怎么办，是道德问题。孔子是讲道德的，因此子贡认为管仲"不仁"（子路也有同样的问题，亦见《论语·宪问》）。然而孔子却对管仲赞赏有加。这说明什么呢？说明在孔子那里，文化高于道德。

这就是孔子的观点，也是孔子超级伟大的地方。要知道，我们这个民族，几千年来风风雨雨，饱受战乱、分裂和侵略蹂躏之苦，却一直屹立不倒、凝聚不散，就因为我们有共同的文化。我们的海外华侨、华人，筚路蓝缕，艰难创业，终于赢得全世界的尊重，也因为有共同的文化。文化，是一个民族最重要的东西。比如犹太人，虽然曾经一度失去自己的国土，但文化存，则民族存。所以，孔子把文化看得高于一切，实在是高人一筹。

事实上，孔子对后世的影响超过诸子，儒家对后世的影响超过诸家，原因也正在这里。我们要问：中国人（或华人）为什么是中国人（或华人）？中国人（或华人）为什么是现在这个样子？与孔子和儒家有很大关系。关系在哪里？就在中国人（或华人）的文化性格和文化心理，十有六七是孔子和儒家塑造的，另外三到四成则来自道家、法家、墨家，还有其他民族。有部电影诸位可能看过，叫《刮痧》，讲中西文化差异的。这电影说，有个中国人在美国公司做事，一次宴会上，他的儿子和美国老板的儿子打了起来。这个中国人不由分说，就给了自己儿子一耳光。后来，法庭传讯这个中国人，美国老板出庭作证。对方律师问，有没有这件事，美国人说有。退庭后，这个中国员工怒不可遏地对美国老板说：你也太不够意思了！你怎么能在法庭上这样说？要知道，我打我的儿子，是给你面子。美国老板却听得一头雾水：打你的儿子，是给我面子？什么乱七八糟的逻辑！

当然，这事最后也有一个完满的结局。美国老板亲自去做了一次刮痧，然后在法庭上证明刮痧不是虐待，而是一种特殊的治疗方式。结果，美国人理解了中国人，中国人也理解了美国人。但看到前面这个情节时，中国人都会笑，因为咱们的文化逻辑就是这样的。孔子不是说过，"父为子隐，子为父隐，直在其中"（《论语·子路》）嘛！按照这个逻辑，美国老板当然应该"友为友隐"，否则就是不够意思。请大家想想，这岂非孔子的无形影响？

至于打自己的儿子，为什么就是给对方面子，也可以追溯到儒家。儒家讲什么？讲德。儒家的德是怎样的？二人之德。也就是说，儒家只要讲到道德，这个道德就一定不会是单方面的。比如儒家讲忠，讲孝，同时也讲仁，讲慈，叫"君仁，臣忠，父慈，子孝"。君仁与臣忠、父慈与子孝，虽然不平等，却对等。所以，按照孟子的观点，如果"君之视臣如土芥"，那么，臣就可以"视君如寇仇"（《孟子·离娄下》）。总之，道德是双方的事，你不仁，就休怪我不义。这就是孟子的主张，也是一个相当值得注意的主张。

孔子虽然没有孟子这样彻底，却也主张"二人之德"。比如鲁定公问孔子，君臣之间应该怎样相处？孔子的回答，便是"君使臣以礼，臣事君以忠"（《论语·八佾》）。可见孔子也是主张对等的。对等，才能面对。面对，才需要有礼，否则要礼干什么？要面对，就要有面子。面子，就是保证两个人"面对面"的时候，能够"不失礼"的东西。因此，一旦一方"失礼"，伤害了另一方，就要说"对不起"。这句话的意思,是说我的面子太小,您老人家的面子太大,我虽然很想"对",可是"对不起"。这样一来,前面对于对方的伤害,就以伤害和贬损自己的方式找补回来了,因此是赔礼道歉的常规方式。由此可见,按照对等原则,贬损自己,就是抬高对方;打自己的儿子,也就是给对方面子。当然,如果"礼尚往来",被抬高的一方应该谢绝,或者回赠对方面子,比如赶紧说"不敢当",或者也给自己儿子一耳光。可惜,这回的对方是老外,完全不懂这个弯弯绕的道理。结果那中国孩子受了委屈,对方还不领情,难怪那个中国人浑身气都不打一处来(关于面子,请参看拙著《闲话中国人》)。

不过,《刮痧》里的那个中国人,恐怕并没有想那么多。他甚至连想都没有想,就这样做、这样说了。这说明什么呢?说明这一切,早就变成了我们的"文化无意识",几乎每个中国人不假思索就会这么做。儒家的影响,岂能小看?

其实这还不是最重要的。更重要的是,儒家还为我们民族人心的凝聚,提供了最核心的东西,这就是文化价值观。前面说过,把一个民族凝聚在一起的,只有文化。但显然,并非所有的民族,都能数千年如一日地凝聚在一起。有的民族改变了,有的民族消失了,难道他们没有自己的文化?当然不是。那问题又在哪里?恐怕就因为他们的文化缺少核心,缺少全民族心领神会、普遍认同,而且可持续发展的文化价值观。相反,一个民族,如果能像胡杨一样,千年不死,千年不倒,千年不朽,则一定有这个东西。比如犹太民族,就如此。我们民族,也一样。大家不妨想一想,从西周封建,到秦灭六国,到辛亥革命,再到当代中国,我们的社会制度也好,物质文明也好,精神风貌也好,甚至生活习惯也好,已经发生过多少变化?真可谓今非昔比。然而万变不离其宗,中国人还是中国人,中华民族还是中华民族。为什么呢?就因为我们的文化有核心价值和核心价值观。当然，这也不是少数几个人的贡献。前到周公，后到诸子，包括全体中国人民，都是创造者和贡献者。但相比较而言，儒家的贡献是相当突出的。因此，关于这个问题，我们就重点讲儒家的范畴。

那么，儒家为中华文化提供的核心价值观是什么呢？

仁爱、正义、自强。

先说仁爱。仁爱作为儒家的范畴，包含三个内容：亲亲之爱，忠恕之道，恻隐之心。其中，亲亲之爱是基础，忠恕之道是方法，恻隐之心是底线。什么叫"亲亲"？就是爱自己的亲人。在这里，第一个"亲"字，是动词，亲爱的意思。第二个"亲"字，是名词，亲人的意思。亲人当中，首先是父母，叫"双亲"；其次则是兄弟。亲爱父母，叫"孝"；亲爱兄弟，叫"悌"。孔子认为，这两种爱，但凡是人就会有，不需要教育，也不需要证明，可谓仁爱的天然基础，所以孟子说"亲亲，仁也"（《孟子·尽心上》）。

不过，孝悌或者亲亲，只是仁爱的基础，不等于就是仁爱。准确地说，仁爱是孝悌或亲亲的推广和泛化。怎么推广，怎么泛化？将心比心，推己及人。或者用孟子的话说，就是"老吾老以及人之老，幼吾幼以及人之幼"（《孟子·梁惠王上》）。也就是说，一个人，只要有这份爱心，并把它发扬光大，就可以由亲人（父母兄弟）而亲属（血缘关系）、由亲属而亲戚（婚姻关系）、由亲戚而亲友（朋友关系），以及一切沾亲带故甚至毫不相干者。结果是什么呢？是"四海之内皆兄弟也"（《论语·颜渊》）。这就是孔子的理想，也是孔子的主张。

问题是这可能吗？孔子认为可能。为什么可能？因为孝悌具有"可延伸性"。不妨设想一下，一个人，是敬爱父母的，这就是"孝"。那么，父母的父母，是不是也该敬爱？还有，子女敬爱父母，父母是不是也该疼爱子女，以及子女的子女？这样一来，从上到下，便都有了爱。同样，一个人，是友爱兄弟的，这就是"悌"。那么，亲兄弟以外的其他兄弟，比如堂兄弟、表兄弟、族兄弟，以及可以看作兄弟的朋友、同事、老乡，是不是也该友爱？你友爱他们，他们是不是也会友爱你？这样一来，前后左右，也都有了爱。这就是孔子的高明之处。孝，是纵向的，自下而上；悌，是横向的，由此及彼。有了这一纵一横的两种爱，就可以"从自己做起，从身边做起，让世界充满爱"了。

何况孔子还有实行仁爱的方法，这就是"忠恕之道"。什么是"忠"？就是"己欲立而立人，己欲达而达人"（《论语·雍也》）。什么是"恕"？就是"己所不欲，勿施于人"（《论语·颜渊》《论语·卫灵公》）。显然，忠，是积极的；恕，则是消极的。但是，消极绝不意味着不好。相反，消极的仁（恕）比积极的仁（忠）更重要。孔子自己，更看重的也是"恕"。据《论语·卫灵公》，子贡曾经问孔子，有没有一句话，可以终身受用、一贯到底的呢（有一言而可以终身行之者乎）？孔子说，是恕（其恕乎），就是"己所不欲，勿施于人"吧！孔子为什么这样说？就因为他主张"忠"和"仁"，归根结底还是为了每个人的幸福，包括自己以外的别人。正是为了也让别人幸福，这才主张"己欲立而立人，己欲达而达人"。但这样做，有两个问题。第一，作为普通人，未必都有能力让别人立，让别人达。如果心有余而力不足，又该怎样仁爱呢？第二，作为普通人，也未必都希望立，希望达。如果别人无此愿望，我们却非得要他立，要他达，岂非"己之所欲，强加于人"？这就违背了让别人幸福的初衷。恕，或者说，己所不欲，勿施于人，却没有这两个问题。第一，谁都做得到；第二，别人一定同意。恕，是不是更靠得住？

事实上，恕不但比忠更可靠，也比忠更伟大。为什么呢？因为"恕道"之中隐含着一个前提,那就是对他人的尊重。所以,在今天,它已经不仅是孔子的主张,也是人类的共识。联合国大厦里,镌刻的就是这句话。1993年世界宗教领袖大会提出的"黄金规则",也有这句话。所谓"黄金规则",就是人与人、国与国、民族与民族、宗教与宗教的相处之道。它包括两条,第一条是"把人当人",第二条就是"己所不欲,勿施于人"(请参看郭齐勇《孔子的公私观》)。这两条加起来,其实就是"仁"。因为前面说过,"仁"的本义,就是"人其人",也就是"把人当人"。正因为大家都是人,因此,我不愿意承受的,也不强加于别人。这就是"恕道"啊!请大家想想,孔子难道不是属于全世界、全人类的吗?孔子的这个思想,难道不该作为我们民族的宝贵遗产予以抽象继承吗?

但是,孔子的这个思想仍然有问题,而且理论上和事实上都有问题。

表面上看,孔子的"仁"是很有道理的。它既有亲亲之爱做基础,又有忠恕之道做方法。孝悌一纵一横,忠恕一正一反,岂非理想的方案?可惜它有一个致命伤,那就是爱有差别等级。按照孔子的说法,一个人最爱的应该是父母,其次为兄弟,然后才是亲属、亲戚、亲友、沾亲带故者,最后是"泛爱众"(《论语·学而》)。在这样一个过程中,爱是层层递减的。减到最后,正所谓"强弩之末",恐怕所剩无几。这是理论上的问题,也是墨子要反对孔子的原因。更何况到了战国时期,不要说"泛爱众",便是"亲亲"也不可能。父子兄弟,骨肉相残,你死我活,哪有什么亲亲之爱可言?这是事实上的问题。这就唱不成高调了,只能守住底线。这个底线,用孟子的话说,就是"恻隐之心"。

为什么这样说?我们先看什么是"恻隐之心"。恻和隐,都有忧伤、悲痛的意思。如此说来,则所谓"恻隐之心",就是"忧伤之心",就是"悲痛之心"。这又有什么稀罕呢?谁没有忧伤?谁不会悲痛?原来，这里讲的并不是自己悲痛，自己忧伤，而是能够体验到别人的悲痛，别人的忧伤，从而不忍心让别人悲痛忧伤。显然，所谓"恻隐之心"，其实就是同情心、怜悯心。它的基础和核心，则是"不忍之心"。

对此，孟子做过形象的解释。据《孟子·梁惠王上》，孟子曾经对齐宣王说：臣下听人讲，有一天，有人牵着一头牛从堂下走过。大王问他，这头牛要牵到哪里去？那人说，牵去宰了，用它的血来衅钟。大王说：放了它吧！我实在不忍心看它哆哆嗦嗦的样子，毫无罪过却要去死！但是衅钟的仪式又不能废除，结果大王便用一只羊换了这头牛。有这事吗？齐宣王说：有。孟子说：老百姓都认为大王小气吧？齐宣王说：是呀！不过齐国再小，寡人也不至于连一头牛都舍不得。实在是不忍心看着它哆哆嗦嗦地无罪而死，这才换成了羊。孟子说：老百姓这样讲，并不奇怪。要说"无罪而就死地"，牛和羊又有什么区别？齐宣王说：寡人也讲不清是怎么回事，看来只好让老百姓说寡人小气了。孟子说：没关系。事情其实很简单，就是大王只看见了牛，没看见羊。看见羊，大王也会不忍心的。这种"不忍之心"，就是"仁"啊（是乃仁术也）！有这份爱心，就能够实行王道、一统天下呀（是心足以王矣）！

这个故事说明了什么呢？说明了三点。第一，仁，首先是"不忍之心"，即不忍心看见别人无缘无故地受到伤害（无罪而就死地）。这种"不忍之心"不但会加之于人，还会加之于动物，比如牛、羊。第二，这个"不忍之心"乃是道德的基础和底线。实际上人们为了生存，难免会做一些"不忍之事"。一个人做点好事并不难，难的是一辈子做好事，不做坏事。既然大多数人都不可能只做好事，不做坏事，那我们凭什么判断他是好人还是坏人呢？恐怕就要看他有没有"不忍之心"。只要有这份"心"，那他就有希望成为"仁者"。所以，孟子并没有要齐宣王把那只羊也放了，反倒一再肯定"是心足以王矣"。第三,有了这个基础和底线,我们就能建立起完整的道德体系,甚至建立一个道德的社会。因为一个人有了"不忍之心",就证明他有一种设身处地、将心比心的心理能力。有这个能力,就能由此及彼,推己及人,由对某件事、某个人的"不忍",推广为对全世界、全人类的"不忍",进而推广为对全世界、全人类的"爱",这不正是孔子的主张吗?

于是我想起了2006年4月21日《南方人物周刊》的一篇文章,标题叫《老鼠,作为证据》,作者刘瑜。文章说,有一只老鼠,在厨房里被黏板粘住了,垂死挣扎。这让她想起了另一只也被粘住的老鼠,叫了两天才死去。她还想起自己小时候,有一只老鼠被邻居老爷爷用开水烫死了。这些事搁在任何地方,可能都稀松平常。灭鼠嘛,好像没什么不对,作者也没说不该灭老鼠。让她受不了的是:一,生而为鼠,并不是它的过错;二,如果一定要死的话,为什么不能让它死得痛快一点,不那么备受折磨呢?文章说:"便是'龌龊'如一只老鼠,也会痛,也会绝望,也会挣扎。更糟的是,它的痛,也会传染给你。"

说实话,这篇文章让我很感动。我没有想到,一个人的恻隐之心竟会及于一只老鼠。在许多人(也包括我)看来,老鼠是肮脏的、丑陋的、作恶多端和死有余辜的。不是说"老鼠过街,人人喊打"吗?既然必须消灭,又何必管它怎么死呢?但我们——就说我吧,却从来没有想过,生而为鼠,并不是它的过错;也没有想过,即便它罪该万死,也不意味着就该被折磨至死。然而刘瑜想到了,这让我感到惭愧。是的,惭愧!因为只有彻底到连老鼠都能同情,才真正是有恻隐之心的。不难想象,一个连老鼠之死都深感不忍的人,会怎样对待其他动物,怎样对待人!那一定是菩萨心肠啊!

事实上,不忍心其无罪而死,不忍心其折磨至死,正是现代社会法治与人权的心理基础和人性基础。比方说，国际社会一致公认不能虐待俘虏，不能虐待犯人，甚至不能虐待动物。即便保留死刑，也要慎之又慎，并尽量采取较少痛苦的方式。即便必须屠宰动物，也不能虐杀。某些国家甚至还立法，规定食用动物的某些权利（比如吸食母乳三天以上的权利，睡在干净稻草上的权利，等等）。还有一些医学院，会为实验动物建立纪念碑。这不是虚伪，而是人类在不得已的情况下，对生命尽可能地尊重。其中体现出来的，则正是孟子主张的"恻隐之心"和"不忍之心"。在这里，我们高兴地看到了传统与现代的对接。

其实，儒家思想当中可以与现代社会对接的东西还不少，比如孔子主张的"父为子隐，子为父隐"就是。这种思想体现在现代法律，就是"免证特权"。我们知道，一个人如果涉嫌刑事犯罪，那么，其他知情的公民，原则上应该向国家机关报案，并在法庭上作证。这是他们的"公民义务"。但是，现代法学的主流意见认为，应该有一个特例：近亲属除外。也就是说，近亲属可以"知情不报"。而且，在法庭上，他们有权利提供有利于犯罪嫌疑人的证据，没有义务提供不利于犯罪嫌疑人的证据，甚至可以不出庭。这就是"免证特权"。说得再明白一点，就是"父为子隐，子为父隐'合法。这是一个相当人性也相当人道的主张，已为许多现代国家的法律所采纳。实际上，正如郭齐勇先生所说，父子、夫妻、兄弟、朋友、师生之间互相告发，其实是很野蛮的，更不用说把亲属们抓起来严刑拷打逼供了（《孔子的公私观》）。在这个问题上，我们真的应该多听儒家的意见，少受法家的影响。

这就是"仁爱"。它是亲亲之爱、忠恕之道、恻隐之心，是孔子和儒家代表我们民族甚至整个人类发出的爱的呼唤。我们应该响应这个呼唤，我们应该实践这个呼唤。

那么，正义与自强又如何？

正义与自强

孔曰成仁，孟曰取义。义，主要是孟子的范畴。但孔子也说"义"，说得还不少，比如"君子喻于义，小人喻于利"（《论语·里仁》）。但孔子一般不把"仁"和"义"并列，搁在一起说是知（智），比如"知（智）者乐水，仁者乐山；知（智）者动，仁者静；知（智）者乐，仁者寿"（《论语·雍也》）。孟子则不说仁智，而说仁义，比如"仁，人心也；义，人路也"（《孟子·告子上》），比如"亲亲，仁也；敬长，义也"（《孟子·尽心上》）。这是孟子对儒家思想体系的重大调整。从此以后，中国人就都不讲仁与智，改说仁与义了，比如不能"不仁不义"，比如"你不仁，休怪我不义"等等。这正是孟子的深远影响。

孟子为什么要仁义并举？因为单说仁，有问题。比如孔子说，只有那些"仁人"，才能够真正做到爱憎分明，喜欢该喜欢的，憎恶该憎恶的，叫做"唯仁者能好人，能恶人"（《论语·里仁》）。这当然有道理。问题在于，仁是爱呀！一个充满爱心的人，怎么去憎恶别人呢？说起来总归别扭。还有，仁，是"不忍之心"。对别人不忍，对自己当然也不忍。但是，有些事情又不能不狠下心来去做，这就需要在道德上有个说法。何况到了孟子的时代，那些"有国者"早就没什么爱心了。整个天下，是生灵涂炭，残暴不仁，孟子也就不能不"以义补仁"。这倒也符合老子的推理，"失仁而后义"嘛（请参看本书第三章第四节）！

那么，什么是"义"？

随便举个例子就能明白。比如有个老汉，只有一个儿子，该不该仁，该不该爱？恐怕大家都会说：该！可是如果这儿子当了汉奸，带着鬼子兵来烧杀掠抢，残害乡亲，又该怎么办？恐怕大家又都会说：大义灭亲嘛！这就全明白了：义与仁，刚好是相反的。仁，是"亲亲"；义，则可以"灭亲"。当然这里有个前提，就是那家伙罪有应得。所以，义有两层意思，一是"该"，二是"灭"。合起来，就是"该灭"。

其实，这正是"义"的本义。义，最基本的意思有两个，一是威仪的仪，二是适宜的宜。威仪的仪，本字就是义，单人旁是后加的。它的字形，是一个人，头上有羊角，手中有武器。这个形象，可谓"威风八面"。所以许慎说，"义"就是"己之威仪"（《说文解字》）。同时，它也有一个意思，就是"应该去战斗"。适宜的宜，字形是一块肉放在砧板上，因此文字学家容庚先生、唐兰先生，文化学家庞朴先生，都认为"宜"有"该杀"之意（请参看庞朴《儒家辩证法研究》）。只不过后来杀气没有了，就变成了"适宜"。

这就与"仁"大相径庭，即仁主生，义主杀；仁讲爱，义讲憎。其实我们去看那些与"义"有关的词，比如大义灭亲、见义勇为、义无反顾、舍生取义，其中的"义"，都不能被替换为"仁"。所以，孟子讲义，就解决了"仁学"无法回答的问题：那些该死的怎么办？孟子的观点很明确：该杀就杀，不该杀就绝不能杀。"杀一无罪非仁也"（《孟子·尽心上》），滥杀无辜是"不仁"。但该杀不杀，则是"不义"。

孟子的这个范畴有道理，也有问题。首先，什么是"义"，什么是"不义"，就说不清楚。我们知道，义，有很多种。比方说，有道义，有仁义，有忠义，有正义，有情义，有侠义。这么多"义"搁在一块，有时候会闹矛盾。《孟子·离娄下》说，有一次，郑国和卫国发生战争，两国各有一个顶尖级的射手出场。然而，当他们在战场上相遇时，卫国的射手却发现郑国的射手一动不动。卫国的射手就问：先生为什么不拿起弓来？郑国的射手说：我今天病了，拿不动。这下卫国的射手为难了，因为他是郑国射手的学生的学生，用"太老师"教的武艺，去杀不能战斗的"太老师"，显然不义；放弃战斗，背叛国家，同样不义。最后的解决办法是：卫国射手抽出箭来，在车轮子上把箭头敲掉，胡乱射了几箭走人。

孟子讲这个故事，或许是想说明，所谓"义的冲突"是可以解决的。但我看没那么乐观。卫国那个射手的做法可行，是因为"春秋无义战"（《孟子·尽心下》）。战争本身既然无义可言，不战而退也就没什么关系。但如果卫国正义呢？那射手岂不得自己一头撞死？甚至撞死都不行，撞死就不算背义、不算叛国了？大约也只能先杀了"师爷爷"，自己再自杀。不过这样一来，问题就更大。杀了老师的老师，这是"欺师灭祖"；杀了本国的战士（他自己），这是"叛国资敌"；杀一个没有还手能力的老人，这是"乘人之危"；犯了错误又自杀，这是"逃避责任"。请大家想想，一旦遇到这种情况，岂非左右不是人？

其实，义的问题很是不少。比如李逵劫法场滥杀无辜，宋江害得秦明等人家破人亡，却都被说成是"义气深重"；后来一起去投降，也被说成是"义"，叫做"忠义"。这就很成问题。所以我认为，孔子的仁，可以大讲特讲，怎么讲都不过分。讲到义，就要格外小心，不能过分强调。强调过分，是很恐怖的。掌握分寸的办法，是把"义"这个概念，锁定在"正义"的范畴。其他某些"义"，尤其是忠义和侠义，讲起来必须慎之又慎。

实际上，作为中华文化核心价值的"义"，应该就是"正义"。这一点，甚至可能是儒墨两家的共识，即墨子和孟子都主张正义，而且都把正义看得高于生命。墨子说：如果有人提出，把整个天下送给你，请你拿命来换，你干吗？没人肯干。然而，却有人愿意为了正义献出生命,就因为"贵义于其身"(《墨子·贵义》)。孟子也说:鱼,是我想要的。熊掌,也是我想要的。如果"二者不可得兼",那就"舍鱼而取熊掌"。同样,生命,是我想要的。正义,也是我想要的。如果"二者不可得兼",那就"舍生而取义"(《孟子·告子上》)。这是我们很熟悉的话,也是很了不起的精神。正是由于有这样一种精神,我们民族才涌现出一代又一代的仁人志士和英雄豪杰。鲁迅先生说:"我们从古以来,就有埋头苦干的人,有拼命硬干的人,有为民请命的人,有舍身求法的人……虽是等于为帝王将相作家谱的所谓'正史',也往往掩不住他们的光耀,这就是中国的脊梁。"(《中国人失掉自信力了吗》)那么请问,这些"中国的脊梁"是怎样挺起来的呢?正义和正义感使然。

的确,正如孟子所认为,正义和正义感能够塑造伟大而刚强的人格。这是义与仁不同的地方。仁爱也能使人伟大,但仁爱造就的伟大表现为宽厚,正义造就的伟大表现为刚强。为什么?就因为行义不易。孟子说:"恻隐之心,仁也;羞恶之心,义也。"(《孟子·告子上》)羞,就是自己羞愧;恶,就是憎恶别人。由此可见,义是一把刀,既要对别人,也要对自己。这就实在不容易。因此,行义,不但要有精神上的支柱,还要有生理上的支持。这就是"气",孟子称之为"浩然之气"。这种"气",是很伟大很刚强的,叫做"至大至刚"。为什么"至大至刚"?因为它是"集义所生者",并非"义袭而取之"(《孟子·公孙丑上》)。就是说,浩然之气,是正义长期积累的结果,而非偶然行义所能取得,当然又伟大又刚强。

显然,孟子的"浩然之气",就是"正气",所以也叫"浩然正气"。一个人,如果有了这种气,就会怎么样呢?第一,他就会以天下为己任,以正义为担当,而且"不怨天,不尤人"(《孟子·公孙丑下》)。第二,他就会成为顶天立地的男子汉大丈夫,"富贵不能淫,贫贱不能移,威武不能屈"(《孟子·滕文公下》)。第三,他还会成为世界上最美的人,因为在他的身上有一种人格的魅力。孟子说,正气这东西,如果我们精心培养它,小心呵护它,不去伤害它,它就会浩浩荡荡地充盈于宇宙(塞于天地之间),成为"浩然之气"(《孟子·公孙丑上》)。这种"浩然之气"如果充盈于一个人的胸中,那他就是"美人",这叫"充实之谓美"。如果不但胸中充满正气,而且还能让这正气放射出光芒,那他就是"大人",这叫"充实而有光辉之谓大"。如果不但自己光辉灿烂,还能感化和影响别人,那他就是"圣人",这叫"大而化之之谓圣"。如果不但能够感化影响别人,而且这种感化和影响还是不知不觉的,那他就是"神人",这叫"圣而不可知之之谓神"(《孟子·尽心下》)。美、大、圣、神,这是人格魅力的四个层次和四种境界,它们都来源于"浩然之气"。

结论是什么呢?是我们应该"养气"。谁来养?自己养。由此,我们又可以得出一个结论:正义必自强。

那就再说自强。

明确提出"自强"概念的,不是孔子,不是孟子,也不是荀子,而是《易传》。《易传》是《周易》的一部分。我们现在看到的《周易》一书,其实包括两个部分,即《易经》和《易传》。《易经》比《易传》早,大约形成于殷周之际。《易传》则大约是战国后期或秦汉之际儒家的作品,是解释《易经》的。《易传》共有七种十篇,即《彖辞上》《彖辞下》《象辞上》《象辞下》《系辞上》《系辞下》《文言》《说卦》《序卦》《杂卦》,所以又叫"十翼"。自强,就出自乾卦的《象辞》,原文是"天行健,君子以自强不息"。

不过,《易传》虽然提出了"自强"这个核心价值观,却没有解释为什么"天行健",君子就该"自强不息"。真正做出解释的是荀子。荀子是先秦儒家的第三位大师。作为战国晚期的儒学大师,荀子面临着诸家,尤其是道家的挑战和质疑。我们知道,先秦道家与先秦儒家的区别之一,就在老子和庄子谈"天"(自然),孔子和孟子说"人"(社会)。孔子说"天命"不说"天道",孟子说"人性"不说"天性",结果是什么呢?是儒家在辩论中并不能占上风,也很难说服其他人。于是到了荀子,就觉得非谈自然不可了。

怎么谈?科学地谈。在《天论》篇(下引不注者皆同),荀子集中讨论了人与自然的关系(天人之分)。他的基本观点,是主张严格区分自然与社会,然后探寻各自的规律。因此,对待自然现象,就应该有一种自然科学的态度。不要大惊小怪,也不要以为人就可以随意改变它。比如流星坠落,树木发声,便都是自然界的正常现象,只不过比较罕见而已。少见难免多怪。所以,奇怪,可以理解;害怕,就犯不着。同样,天不下雨,就呼天抢地去求雨;日蚀月蚀,就敲锣打鼓地去营救,也犯不着。当然,举行一些诸如此类的仪式,表达一下关切之情,也是可以的,但不要以为真能管什么事。实际上,你不求,那雨该下还是会下(犹不雩而雨也)。不该下,求也没用。当了真,那错误就犯大了(以为神则凶也)。

这真是十分难得的科学精神。实际上,在先秦诸子中,荀子是最具有科学精神的。如果说,对待自然,孔子和孟子采取了回避的态度,老子和庄子采取了哲学的态度,那么,荀子采取的就是科学的态度。在《天论》篇,荀子开宗明义就提出一个观点:"天行有常,不为尧存,不为桀亡。"也就是说,自然界有自己的规律(天行有常),并不以人的意志为转移(不为尧存),也不因统治者是什么人就会怎么样(不为桀亡)。这是一个相当重要的观点,也是一个相当科学的观点,是荀子看待天人关系思想的总纲。于是，从这一点出发，荀子逻辑地得出了以下结论：

第一，既然"天行有常，不以尧存，不以桀亡"，那么，我们就不能把人类社会的希望寄托在自然界身上。荀子问：国家的治乱，天下的兴亡，是因为天象吗？不是。日出于东，月落于西，无论是尧当家，还是桀掌权，都一样。是因为时令吗？不是。春耕夏耘，秋收冬藏，无论是尧当家，还是桀掌权，都一样。是因为地理吗？不是。土地肥沃庄稼就生长，土壤贫瘠庄稼就死亡，无论是尧当家，还是桀掌权，也都一样。那么，为什么尧当家就天下大治，桀掌权就天下大乱？还是因为人嘛！显然，自然是自然，社会是社会，不能混为一谈。自然有自然的法则，人类有人类的规范。人类社会的兴衰治乱，与自然界没有关系。既然没有关系，那就不必受制于自然，也不必拜倒在自然的面前。只要加紧生产，厉行节约，天就不能让我们贫穷；只要丰衣足食，动静守时，天就不能让我们生病；只要遵循规律，坚定不移，天就不能让我们倒霉。一句话：天不可畏，事在人为。

第二，既然"天行有常，不以尧存，不以桀亡"，那么，我们就不能强迫自然服从人类的愿望，只能通过掌握自然规律，去有效地利用自然。所以荀子说，最能干的人一定有所不为，最智慧的人一定有所不思，叫"大巧在所不为，大智在所不虑"。什么事情不为？违背规律的不为。什么事情不思？对抗自然的不思。可以做的是什么？可以从天那里了解气候的变化，可以从地那里了解土壤是否适宜种庄稼，可以从四季那里了解如何安排农业生产，可以从阴阳关系那里领悟治乱的道理。掌握了这些规律，再采取合理的措施，就会成功；相反，则会失败。这就叫"应之以治则吉，应之以乱则凶"。哈！荀子这个观点，夸张一点讲，真可以说是最早的"科学发展观"。

第三，既然"天行有常，不以尧存，不以桀亡"，那么，自然界就是自运行的。这叫什么？这叫"自为"。同样，人也好，人类社会也好，既然与天、与自然界无关，当然也只能"自为"。这样一来，荀子就既接过了道家的思想武器，又与道家划清了界限。道家的思想武器是什么？以天道说人道。这是道家的方法，也是荀子的方法。不同的是，道家认为天道的本质是"无为"，荀子认为天道的本质是"自为"。在道家看来，既然天道无为，那么，人也应该无为。荀子则认为，既然天道自为，那么，人也应该自为。于是，从这个实事求是的科学精神出发，荀子提出了又一种人生智慧：与其怨天尤人，不如奋发图强；与其听天由命，不如自力更生。也就是说，从来就没有什么救世主，也不靠皇天上帝，要创造人类的幸福，全靠我们自己。

所以荀子说，一个君子，最看重的是属于自己的东西。他尊重自己的不懈努力（敬其在己者），从来就不凭空指望自然界的恩赐（不慕其在天者），这才能够天天向上（是以日进也）。请大家想想，这不就是"君子自强"吗？至于"君子自强"与"天道行健"的关系，前面其实已经讲得很清楚了：天自为，则人自为；天行健，则人自强嘛！荀子说，天，是不会因为人们怕冷，就没有冬季的（天不为人之恶寒也辍冬）；地，也是不会因为人们怕远，就不再广阔的（地不为人之恶辽远也辍广）。那么，一个君子，难道会因为小人吵吵嚷嚷，就停止行动了吗？当然也不会（君子不为小人之匈匈也辍行）。奋发有为，自强不息，把所有的义务和责任都担负起来，这才是君子的高贵品质！

这实在是一种非常了不起的人生智慧，也是荀子对儒家思想体系的卓越贡献。前面我们说，荀子是诸子当中最有科学精神的。其实，他也是最有人文精神的。冯友兰先生甚至认为，荀子的理论可以称为"文化哲学"（《中国哲学简史》）。因为在他那里，自然只是自然，文化却属于人。自然的东西是"性",人文的东西是"伪"。伪不是虚伪,而是人为。没有人为,自然不可能自动地变成文化,也不会有真善美,这就叫"无伪则性不能自美"(《荀子·礼论》)。既然如此,人能不努力吗?

这就是荀子留给我们的思想文化遗产:事在人为,科学发展,自力更生,奋发图强。这种精神,一直在鼓舞和激励着我们中国人,当然毋庸置疑地也是中华文化的核心价值观。因此,当深受荀子影响的《易传》说出"天行健,君子以自强不息"这句话时,就为先秦诸子的百家争鸣画上了一个闪光的惊叹号!

似乎可以总结一下先秦诸子这笔宝贵的思想文化遗产了。也许可以这样说:墨家关注社会,留下了社会理想,这就是平等、互利、博爱;道家关注人生,留下了人生追求,这就是真实、自由、宽容;法家关注国家,留下了治国理念,这就是公开、公平、公正;儒家关注文化,留下了核心价值,这就是仁爱、正义、自强。或者说,墨家留下了建设家园的美好理想,道家留下了指导人生的智慧结晶,法家留下了应对变革的思想资源,儒家留下了凝聚民心的价值体系。所有这些,都是我们民族的精神财富。而且,当我们把这些宝贵的遗产抽象地继承下来时,我们就有希望实现中国人民、同时也是全人类的一个共同理想——

众所周知,这就是"和谐"。

关于和谐,讲的人已经很多了,这里不再赘述。要说的是,和谐的一个基本定义,就是"多样统一"。先秦诸子的百家争鸣,从总体上说就体现了这样一种精神。他们的思想、观点、立场和方法是不同的,这就是"多样"。他们的问题、态度、愿望和目标则是相同的,即都在面对中国社会的重大转型,都在认真思考"中国向何处去",也都希望天下太平。这就是"统一"。所以,诸子的思想,是可以求同存异的。

我们可以各取所需，但不必厚此薄彼。相反，我们应该尽可能地从各家汲取营养，再把它们统一起来。统一于什么呢？统一于我们祖国的和平崛起，统一于中华民族的伟大复兴，统一于全人类的共同幸福。这就是"和谐"。我相信，这也应该是先秦诸子的共同愿望。

现在，让我们起立，向所有这些伟大的思想家表示最崇高的敬意！让我们告诉他们，中华儿女一定会无愧于自己的祖先！

天道行健，君子自强；自强之路，坦坦荡荡！

重读诸子歌并注（代后记）

> 武王伐纣开基业，周公摄政德治国。
> 亲疏嫡庶次第封，乐统和同礼辨别。
> 未料君恩五世泽，礼坏乐崩天下裂。
> 兄弟相逢弯弓月，郊原遍洒男儿血。
> 纷纷诸子来献策，老子冷峻孟子热。
> 墨护草根杨爱身，孔慕商周庄梦蝶。
> 荀卿解蔽终难结，天下滔滔人恻恻。
> 始皇一剑定乾坤，商韩简在帝王侧。
> 汉武尊儒罢百家，唐宗宋祖继相接。
> 金殿不闻仗马鸣，但见童生头飞雪。
> 半部论语任忽悠，兵临城下签条约。
> 狼烟滚滚国门开，先生却姓赛与德。
> 痛定思痛问前哲，正道沧桑谁省得？
> 海能为大在兼容，百花杀尽非春色。
> 洗心再读诸子书，千丝万缕从头说。
> 重整山河待轻装，历史当翻新一页。

注：

　　武王伐纣开基业：武王领导的革命战争及其胜利，不但意味着一个政权替代了另一个政权，更意味着一种文化替代了另一种文化，一种制度替代了另一种制度。中华文化的基础，其实主要是周人奠定的。

周公摄政德治国：周公的施政纲领，可以概括为"以人为本，以德治国"。

亲疏嫡庶次第封，乐统和同礼辨别：周公创立的政治制度，是宗法、封建、礼乐的"三位一体"。宗法制分亲疏嫡庶，封建制行封土建国，礼乐制讲统和同、礼辨异别。

未料君恩五世泽：《孟子》云"君子之泽，五世而斩"。

礼坏乐崩天下裂：《论语》云"三年不为礼，礼必坏；三年不为乐，乐必崩"。

兄弟相逢弯弓月，郊原遍洒男儿血：毛泽东《贺新郎·读史》云"上疆场彼此弯弓月，流遍了，郊原血"。

纷纷诸子来献策：先秦诸子百家争鸣系因解决当时问题而起（以上均请参看本书第三章）。

老子冷峻孟子热：老子尚无为，冷静理智；孟子讲仁义，古道热肠。

墨护草根杨爱身：墨子关心劳动人民，杨朱维护个人权益。

孔慕商周庄梦蝶：孔子主张克己复礼，谓之"吾从周"；庄子主张真实自由地生活，谓之"逍遥游"。

荀卿解蔽终难结：《荀子》一书有《解蔽》《非十二子》等篇，意欲终结百家争鸣。

天下滔滔人恻恻：《论语》云"滔滔者天下皆是也，而谁以易之"。

始皇一剑定乾坤，商韩简在帝王侧：秦兼天下，系实行商鞅、韩非之主张，后又以法家学说为国家意识形态。

汉武尊儒罢百家，唐宗宋祖继相接：此述汉武帝罢黜百家独尊儒术，及隋唐后之科举制，从此百家争鸣不复存在矣！

金殿不闻仗马鸣，但见童生头飞雪：《新唐书·李林甫传》云"君等独不见立仗马乎？终日无声而饫三品刍豆，一鸣则黜之矣"。

半部论语任忽悠，兵临城下签条约：历代统治阶级鼓吹所谓"半部论语治天下"，其实是自欺欺人。鸦片战争一声炮响，则无可欺矣。

重整山河待轻装，历史当翻新一页：鸦片战争后，中国人重新审视自己的历史，认识到只有科学、民主与法治，才是强国之道；也认识到只有海纳百川，多样统一，才是和谐之道。在此前提下重读先秦诸子，将有助于实现中华民族的伟大复兴（请参看本书第六章）。

易中天

2008年11月28日

易中天

1947年出生于长沙。

曾在新疆工作,先后任教于武汉大学、厦门大学。

现居江南某镇,潜心写作。

先秦诸子

作者 _ 易中天

产品经理 _ 林昕韵　　产品总监 _ 王光裕

技术编辑 _ 白咏明　　责任印制 _ 梁拥军　　出品人 _ 贺彦军

物料设计 _ 于欣

鸣谢（排名不分先后）

周颖　唐梦婷

果麦
www.guomai.cn

以 微 小 的 力 量 推 动 文 明

图书在版编目（CIP）数据

先秦诸子 / 易中天著. -- 杭州：浙江文艺出版社，2024.6（2025.3重印）
ISBN 978-7-5339-7605-7

Ⅰ．①先… Ⅱ．①易… Ⅲ．①先秦哲学－研究 Ⅳ．① B220.5

中国国家版本馆CIP数据核字（2024）第 093763 号

先秦诸子
易中天 著

责任编辑　汪心怡
装帧设计　唐梦婷

出版发行	浙江文艺出版社
地　　址	杭州市环城北路 177 号 15 楼　邮编 310003
经　　销	浙江省新华书店集团有限公司
	果麦文化传媒股份有限公司
印　　刷	河北鹏润印刷有限公司
开　　本	880 毫米 ×1230 毫米　1/32
字　　数	279 千字
印　　张	11.25
印　　数	17001-21800
版　　次	2024 年 6 月第 1 版
印　　次	2025 年 3 月第 4 次印刷
书　　号	ISBN 978-7-5339-7605-7
定　　价	68.00 元

版权所有　侵权必究
如发现印装质量问题，影响阅读，请联系 021-64386496 调换。